Matthias Binder

Ohrenschmaus

Neun biblische Erzählungen

nicht nur für kulinarische Anlässe

Umschlagbild:
Rawpixel.com @ pexels

Schrifttype Gentium Basic:
SIL Open Font License v1.10

Bibliografische Information der Deutschen Nationalbibliothek: Die Deutsche Nationalbibliothek verzeichnet diese Publikation in der Deutschen Nationalbibliografie; detaillierte bibliografische Daten sind im Internet über dnb.dnb.de abrufbar.

Herstellung und Verlag:
BoD – Books on Demand, Norderstedt

ISBN 978-3-7528-7006-0

Inhalt

Aperitif

Ohrenschmaus und Gaumenfreude

Biblische Geschichten zu hören ist etwas Lustvolles. Sie sind spannend, haben etwas Sinnliches. Und sie gehören dahin, wo die Geschichten entstanden und ihren ursprünglichen Platz haben: Treffpunkte und Märkte, Freizeitorte und Essplätze. Außerdem in der Welt erwachsener Menschen. Das ist die Idee dieses Buches.

So sind seine Erzählungen fürs Wirtshaus entstanden. Es wurde eingeladen zum morgenländisch-kulinarisch-biblischen Abend, und es wurde je eine biblische Figur neu erzählt im Wechsel mit einem Vier-Gänge-Menü. Es hatte natürlich eine orientalische Note. Hier variieren Dramatik und Plauderton, humorvolle und hintergründige Passagen.

Die Bibel wurde sicherlich im Schreibhaus geformt. Aber es ist unmöglich, dass ihre Erzählungen hier geboren wurden. Dafür sind sie zu lebendig, zu phantasie- und humorvoll. Wer selbst gern erzählt, merkt bei mancher biblischer Formulierung, wie sie *beim Erzählen* entstand, weil der Erzähler merkte: das Detail brauche ich jetzt noch, sonst bleibt es unlogisch oder unverständlich. Fürs Verlesen im Gottesdienst in liturgischer Sprache entstanden die Geschichten jedenfalls nicht, auch nicht zur Meditation in der Bibelstunde (obwohl auch das mit Lustgewinn verbunden ist). Sie sind auch nicht in erster Linie für den Kindergottesdienst und den Religionsunterricht der Grundschule gemacht. Seltsamerweise gehören sie, die doch wirklich nicht sehr jugendfrei sind, heute zum pädagogischen Programm für Kinder, dagegen fast gar nicht zum Gemeindegottesdienst und zur Arbeit unter Erwachsenen. Wir gewöhnen uns an, all das wegzulassen, was uns als zu harte Kost für Kinder erscheint, noch bevor wir überlegen, was die Erzählung an sich sagt. Daher werden sie hier wieder im Zusammenhang erzählt.

Die Sammlung biblischer Gestalten in diesem Band führt dazu, dass größere Linien sichtbar werden, selbst wenn die ganz Großen (Mose, David, Jesus) kein Kapitel haben. Josefs ambivalente Beziehung zum alten Ägypten ist bei Abraham im Kleinen vorgeprägt; mit später neuerwachten Ägypten-Hoffnungen setzt sich Jeremia kritisch auseinander. Die Assyrer sind bei Elia noch fern, zu Tobits Zeit sind sie an der Macht, Jeremia kennt sie nur noch im Rückblick. Elias Feind Baal taucht bei Daniel als Bel wieder auf; und Daniels visionäre Schreckensfrist der 3½ Jahre in der Vision der himmlischen Maria. Griechen waren manchem Juden zur Makkabäerzeit ein Gräuel; Paulus versucht sie miteinander zu versöhnen. Und die Erwartung des gerechten Königs zieht sich von Jeremia über die Makkabäer bis zum Sohn der Maria.

Aber das sind nur einige interessante Details. Die Geschichten biblischer Personen können identitätsstiftend und glaubensfördernd sein. Wie gut, wenn man sie einfach erleben kann mit seinen Sinnen und inmitten einer plaudernden Gesellschaft.

Lese- und Kochanweisung

Liebe geht mitunter durch den Magen, auch die Liebe zur Bibel. Die biblischen Gestalten sind ganz normale Menschen, die Gefühle haben und sogar gern essen. Die etwas Neues – und sei es der Glaube – erst ausprobieren müssen. Das macht es leichter, sich mit ihnen zu identifizieren. Daher wurden die Geschichten von Maria, Abraham oder Paulus am gedeckten Tisch erzählt. Die Abende dauerten nicht unter drei Stunden, aber wurden den Gästen nicht langweilig – sie kamen wieder.

Die neun Geschichten sind natürlich auch in anderen Zusammenhängen lesens- und hörenswert. Man überspringe dafür gerne das Vorwort, oder suche vorhandene Hörfassungen bei YouTube heraus. Doch zugeschnitten sind sie so, dass sie an einem Abend erzählt werden können. Sie sind je in drei Blöcke aufgeteilt, oft mit wechselnden Erzählerperspektiven. Wer sie vorträgt, sollte Schwerpunkte setzen. Etwa 20 min. pro Erzählteil sind angemessen, einmal dürfen es auch 30 min. werden. Den Passagen, die unbesehen gekürzt werden können, ohne dass der Zusammenhang gestört wird, geht in diesem Buch ein *Sternchen voraus; ein Kreis° schließt sie ab. Aufgepasst, manche Erzählungen sind leichter zu verdauen – Jakob, Josef oder Tobit –, andere brauchen vielleicht einen geübten Magen – die Gerichtspredigt des Jeremia oder die komplexe Doppel-Erzählung von Daniel und den Makkabäern zum Beispiel.

Wechselnde Erzählperspektiven lassen sich durch wechselnde Kostüme oder Accessoires bei den Vortragenden kennzeichnen, oder durch Einsatz mehrerer Mitwirkender. Ein ärmel- und knöchellanges Herrenkleid, Turban, Fez oder „Pali", ein Frauenschleier, Gehänge am Ohr oder Handgelenk oder etwas Henna passen natürlich, wenn nicht eine Decke oder Strickjacke es tun sollen.

Es finden sich durchaus interessierte Wirtsleute und Köche/Köchinnen, die sich über die Möglichkeit freuen, einmal Rezepte mit orientalischer Note zusammenzustellen und zu kochen. Zur Unterstützung gibt es biblische Kochbücher und den Suchbegriff *orientalische Küche*. Vielleicht möchte auch jemand mitkochen, der selbst aus den Ländern des Orients stammt.

Klar, dass bei Jakob eine Linsensuppe vorkommt und bei Tobit ein Fischgericht. Und dass man bei Elia auch einmal mit einem Fladen Brot auskommen kann, mit Kräutertunke, wogegen das Versöhnungsmahl Josefs mit seinen Brüdern üppiger ausfällt. Geht die Reise mit Tobias nach Persien, dann ist der Reis safrangefärbt, oder es findet sich Berberitze daruntergemischt. Sind wir mit Paulus in Griechenland und in Rom, können auch Souvlaki und Pizza Napolitana auf dem Tisch stehen.

Sehr appetit- und gesprächsanregend für die ankommenden Gäste ist es, wenn sie die Vorspeisen - Mezze - schon vorfinden, bevor es richtig losgeht. Dazu kann Fladenbrot gehören zum Eintunken in Olivenöl und dann in Dukka oder Za'tar - herzhaft herbe orientalische Kräutermischungen. Oliven, gefülltes oder geschmortes oder mariniertes Gemüse, Taboule, Zwiebeln in Tamarinde, überbackener Schafskäse, Teigtäschchen, Hummus, Zaziki oder andere Dips zum Brot... Mezze sind eine Welt für sich. Den ganzen Abend gibt es dazu unbegrenzt Wasser aus Krügen, vielleicht auch Minztee aus Kannen.

Es folgen vielleicht zweitens Suppe und drittens Fleischgericht, oder Fisch und dann Fleisch, vielleicht Fischsuppe und dann Geflügel – je nach Aufwand, den man treiben will. Lamm passt fast immer, mag aber nicht jeder. Mitunter haben wir zumindest Lamm und Kalb gemischt. Die Bällchenform und die Suppenform sind bei Fisch wie Fleisch eine gute Möglichkeit, größere Portionenzahlen zu bewältigen. Man darf vermuten, dass es im Orient bei der Bewirtung von Gästen normalerweise Fleisch gab, aber vegetarische Varianten werden vom heutigen Publikum bekanntlich gewürdigt: mit Feta oder Falafel, reisgefüllten Weinblättern oder Paprika - Dolmas eben. Schwein, Hase und Krabben dürfen natürlich nicht sein! Abgesehen von der Pauluserzählung vielleicht.

Orientalisch wirken die Hauptgerichte durch Beilagen wie Couscous, Reis, Hirse, Linsen, Kichererbsen, weiße Bohnen. Zutaten wie Sesam, Pinienkerne, Mandeln, Pistazien, Rosinen, Aprikosen, Granatapfelkerne. Gemüse wie grüne Bohnen, Auberginen, Okra, Stangensellerie, Paprika. Kräuter und Gewürze wie Korianderblätter und -samen, Kardamom, Minze, Zimt, Knoblauch, Schwarzkümmel, außerdem alles, was rot färbt und scharf schmeckt. Und dann ist es immer gut, wenn noch einiges dabei ist, das uns Westeuropäern *nicht* fremd ist.

Und die Nachspeisen erst – Baklava oder Halva tischt man vielleicht beim ersten Mal auf. Aber dann entdeckt man, dass es auch noch Zimteis und Sternfrucht und Granatapfel gibt, oder Datteln mit Ziegenkäseparfait und Walnüssen, oder Pistazien-Gebäck mit Mandelmilch oder Nusspudding, oder Knabbernüsse zu süßem Schwarztee oder Kardamomplätzchen mit türkischem Kaffee...

Orientalische Musik haben wir nur einmal eingesetzt während des Essens, und festgestellt: es besteht so viel Redebedarf, dass kaum jemand sie hört. Anders die Deko, die wird wahrgenommen. Abrahams Sternenhimmel oder Josefs ägyptischer Wüstensand auf den Tischen, Elias Ginsterzweige oder die persönliche Gewürzsaatmischung der Sara: alles, was Sinne und Phantasie anregt, tut gut beim Ankommen und zwischendrin.

Manchmal hatten wir das Lokal für uns allein, manchmal das Nebenzimmer. Auch ein Gemeindehaus geht natürlich, wenn man alles selbst machen will oder einen Caterer hat – aber es nimmt den Charme eines öffentlich frequentierten Orts. Der Preis kann günstig gehalten werden, weil nur eine Speisenfolge vorzubereiten ist und wenn 30 bis 50 Personen kommen. Wasser oder Pfefferminztee gehen inklusive, andere Getränke werden extra kassiert – ein guter Kompromiss zwischen Küche und Kundschaft. Ein bisschen was kosten darf es das Publikum übrigens schon – es ist das Geld wert. Oder man verschenkt hie und da einen Essensgutschein.

Dass jede und jeder die Gestaltung und das Erzählen letztlich nach eigenem Geschmack und eigener Meinung verändern möge, braucht fast nicht gesagt zu werden.

Und nun zur kulinarischen Lektüre – Guten Appetit dabei, oder auch: gesegnete Mahlzeit!

– ﻭﻭﻭﻭ –

Sara und Abraham

Vorspeise

Sara erzählt

Erster Gang

Abraham erzählt I

Zweiter Gang

Abraham erzählt II

Dessert

Sara erzählt

Sarai, meine Herrin! Höre ich, hingehaucht.
Ach Abraham, du schmeichelst ja nur! Gebe ich
zurück.
Doch, du bist die Herrin, gebiete, und ich gehorche!
Säuselt er.
Wenn's dich glücklich macht. Sage ich.
Er: He, weißt du, was Sarai bedeutet?
Ich weiß es. Es bedeutet „meine Herrin". Nun denn, mein
Knecht: Geh und kehr die Scherben aus dem Laden!
Abrahams Miene ändert sich schlagartig: Aber das doch
nicht! Das ist nicht romantisch! Du verdirbst es schon
wieder.
Ich herrsche ihn an: Ich nehme dich beim Wort, dann
folge du auch meinem Wort!
Er: Da ist sie, Sarai, die Streitsüchtige.

Gerade noch bedeutete Sarai „meine Herrin". Aber
wenn die Herrscherin wirklich herrscht, heißt es „die
Streitsüchtige". Leider gaben mir meine Eltern einen
Namen mit zwei möglichen Bedeutungen.

Liebe Gäste, so, wie ich es erzähle, kann es zugehen in
einer Ehe. So muss es auch zwischen mir und meinem
Mann gewesen sein. Aber das ist lange her. Dann hat Gott
Klarheit geschaffen und mich umbenannt in Sara, das
bedeutet Herrin. Eindeutig. Das war an dem Tag, als Gott
mir sagte, ich würde einen Sohn kriegen. Und seit das
Kind dann wirklich da war, nennen mich alle Sara. Ich
habe inzwischen aber gelernt, dass man es nicht alleine
dem Ehemann und den Leuten überlassen soll, wer man ist
– mal Herrin, mal Streitsüchtige. Sondern dass man das
lieber mit sich selbst ausmacht, oder höchstens vielleicht
auch mit Gott, aber niemand sonst.

Bis heute ist mir übrigens mein Name manchmal ein Rätsel. Herrin! Was kann man denn je in seinem Leben selbst bestimmen? Freie Wahl des Aufenthaltsorts? Nein. Ich wäre gern in unserem schönen Zuhause in Haran geblieben – aber ich konnte nicht wählen. Das hat Abraham übernommen. Und *er* hat gesagt: wir gehen fort, in die Fremde. Abraham sagt wiederum: das habe Gott so bestimmt und auch er habe nur gehorcht. Und in der Tat, anders als Gott es bestimmt, geschieht gar nichts im Leben. Da bist du keineswegs die Herrin.

Tja, und nun – auch wann das Ende kommt, kannst du nicht selbst bestimmen. Jetzt verbringe ich also die Tage und vor allem die Nächte hier in Hebron und kann kaum etwas tun. Tags lasse ich mir im Zelt einen Brei geben und nachts schaue ich unter freiem Himmel die Sterne an. Was gibt es noch anderes für eine 127 Jahre alte Frau? Abraham ist liebevoll zu mir, aber er ist noch älter und auch er hat keine Zähne mehr, und sieht so schlecht, dass er mir die Sternbilder nicht mehr zeigen kann. Ich fühle mein Ende kommen, und er wird noch ein paar Jahre haben.

Dabei hat mit den Sternen alles angefangen. Das wussten Sie vielleicht nicht. Das erzählen sich eher die Juden und die Moslems, und nicht so oft die Christen, dass es mit den Sternen anfing. Abraham, der aufstrebende Philosoph aus der Stadt Ur ganz weit am unteren Euphrat, wo man die Sternenkunde studiert. Abraham, der dann zu uns nach Haran kam, in die Stadt seiner Vorfahren. Und mich heiratete. Und die Sterne weiter beobachtete. Und zu dem Schluss kam, sie können einfach keine Götter sein, die Sterne. Denn sie unterliegen selbst einer Ordnung. Abraham, der trotzdem für seinen Vater Terach Sternengötterfiguren aus Ton verkaufen musste. Bis eines Tages mein Schwiegervater in seinen Laden kam und erschrak: Da lagen alle Tonfiguren zerschlagen und zerstreut. Bis auf eine: das war die, die einen Stab in der Hand hielt. Daneben ein interessiert schauender Abraham.

Was soll das? Hat Terach erschüttert geschrien.
Der große Gott da hat die anderen Götter mit seinem Stab zerschlagen. Antwortete Abraham.
Das kann er nicht! Das sind alles bloß Tonfiguren! Hat Terach geschrien.
Stimmt, es sind Tonfiguren und keine Götter. Es gibt sie nämlich nicht. Hat Abraham geantwortet.

Und da bin ich ein wenig stolz auf ihn. Da fällt sein Ruhm auch ein wenig auf seine Frau ab. Mein Mann – der, der erkannte, dass es nur einen Gott gibt. Ich unterstütze ihn darin, und man hat mich dafür eine Prophetin genannt. Abraham hat gemeint, dass man sich unter Gott etwas ganz anderes vorstellen muss als Figuren oder Sterne, nämlich jemand, der über *allem* steht. Und weil nur einer über allem stehen kann, kann es Gott auch nur einmal geben.

Wie gesagt, das sind so die Geschichten, die manche erzählen. Ich war ja nicht dabei im Laden, als es die Scherben und den Streit gab, aber ich erzähle es auch gerne. Weit realer als diese Geschichten war für mich, dass ich wegen dieses unsichtbaren einen Gottes meine Heimat aufgegeben habe und nun in Kanaan zuhause bin. Man ist also selten Herrin über sein eigenes Leben. Wahrscheinlich geht es Ihnen auch nicht viel anders. Was nicht heißt, dass wir unzufrieden sein müssen.

Seither ist unser Leben ein Nomadenleben. Mit Schafen und Ziegen und vielen Hüte-Knechten. Mit Milch und Käse und Milch-Mägden. Mit Zelten und Vorratsbeuteln und mit ein paar Trage-Eseln. Ein Leben immer auf der Suche nach neuen Weideplätzen und mit Streit um die neuen Weideplätze. Streit gibt es nicht nur mit den Sesshaften, den Städtern, denen wir als Gesindel gelten. Sie können nicht sehen, dass wir eine eigene großartige

Kultur und eine ziemliche wirkungsvolle Familien-Organisation haben. Abraham ist ja kein unbedeutender Mann, sondern Patriarch eines großen Menschenverbundes. Aber trotzdem, das wollte ich sagen – Streit gab es trotzdem nicht nur mit den Städtern, sondern auch unter uns selbst.

Und zwar war Lot mitgekommen aus Haran. Lot, das ist Abrahams Neffe. Doch irgendwann war er und waren auch seine Hirten gar nicht mehr zufrieden. Die Herden wuchsen, es wurde zu eng, die Konflikte häuften sich. Am Ende blieben nur die Trennung und eine grundsätzliche Aufteilung der Weidegebiete. Wer geht in welche Himmelsrichtung? Wir hätten das Los entscheiden lassen können. Abraham ließ Lot entscheiden, ganz der bescheidene Philosoph. Lot wählte die Gegend um die Stadt Sodom. Damit hatte er das saftigere Weideland. Aber das war von kurzer Dauer. Dann wollte er es nicht einmal mehr haben. Bald gab er seinen Beruf auf und wurde wieder Städter. In Sodom und Gomorrha gibt es nämlich Pech, und das war für die Leute ein Glück und machte sie reich. Das klingt paradox für Sie. Mit Pech meine ich das, was man als pichend-zähe schwarze Flüssigkeit aus dem Boden gewinnt. Das Zeug ist brennbar wie Öl. Aber Öl ist es ja nicht, Öl ist etwas Pflanzliches, man macht es aus Oliven. Für die schwarze Flüssigkeit sollte man vielleicht das Wort Steinöl oder Erdöl erfinden. Einstweilen nennen wir es Pech.

Lot suchte also in Sodom das Glück, aber er hatte zuerst mal kein Glück. Feinde kamen und eroberten die Stadt und nahmen die Bewohner einschließlich Lot gefangen. Sein Glück war dann sein Patriarchen-Onkel. Abraham hat ihn und die Stadt gerettet, aber das soll er ihnen einmal selbst erzählen, ich mag die Kriegsgeschichten nicht so.

Dann konnte Lot in der Stadt Fuß fassen. Er hat dort geheiratet und zwei Töchter bekommen. Und hat am Ende noch viel Schrecklicheres erlebt als den Krieg: nämlich den totalen Untergang. Die Stadt Sodom gibt es heute nicht mehr. Und Lots Frau lebt nicht mehr. Sie steht jetzt als Salzsäule zwischen all den anderen Salzsteinformationen beim Südufer des Toten Meeres, wo Sodom gestanden hatte. Aber alles der Reihe nach. Obwohl wir Lot nie mehr sahen, hat sich doch einiges herumgesprochen.

Man erzählt, dass Lot in seinem Sodomer Haus eines Tages Besuch bekommen hatte, zwei hübsche junge Männer. Er hat sie natürlich gastfreundlich aufgenommen. Du bist ja ganz schön gastfreundlich! Haben sie gesagt, und haben geheimnisvoll dazu gesagt: also gibt es doch noch einen Gerechten in Sodom. Aber es gibt nicht *genug* Gerechte. Die Stadt wird deshalb untergehen! Sagten sie zu Lot. Also packt alle Sachen zusammen. Ihr müsst heute noch fliehen.

So sagten sie. Dieser Zusammenhang zwischen dem Untergang der Stadt und der Meinung, dass zu wenige Gerechte in der Stadt lebten, das beschäftigt mich. Das beschäftigt auch Abraham, das merke ich, wenn ich ihn darauf anspreche. Er macht dann nur ein nachdenkliches M-Hm wie einer, der nicht mehr sagen will.

Ach, und wenn ihr flieht, so sagten dann die zwei Männer zu Lot, wenn ihr flieht, dürft ihr auch nicht zurückschauen, das würde euch versteinern. So wie die Menschen dieser Stadt versteinert und verhärtet sind. Findet ihr? Hat Lot gefragt. Findet ihr Sodom so schlimm?

Wie zur Antwort hörte man laute Schläge an der Tür. Lot schaute hinaus und fand einen Mob von Leuten. Sie hatten von den zwei hübschen Gästen gehört, und nun wollten sie – da steigt mir die Schamesröte ins Gesicht – sie wollten die zwei jungen Gäste zum Sex haben. Lot konnte das natürlich nicht zulassen, man kann seine Gäste nicht den Leuten als Sexspielzeug ausleihen. Das wäre die Schande jedes Gastgebers. Was den Leuten so einfällt, da fällt einem nichts mehr ein. Wenn es da immer so zuging, dann war Sodom wirklich schlimm. Aber nun war der Mob schon fast dabei, das Haus zu stürmen. Sie wollten sich die zwei Männer selbst holen. Da fiel Lot in seiner Not nichts anderes ein, als dem Mob stattdessen seine eigenen zwei Töchter anzubieten.

Schauen Sie, da kann man jetzt fragen, warum erzählt Sara Ihnen die Geschichte von Lot? Was hat Lot mit mir zu tun? Aber das kann ich Ihnen erklären: hier sehen Sie bereits den Stellenwert von Frauen bei uns. Das hohe Gut der Gastfreundschaft steht zum Beispiel höher als die eigenen Töchter. Sagen Sie bitte nicht, das sei bei Ihnen besser geregelt. Jede Kultur ist, wie sie ist, das hat alles Gründe. Aber dass ich als Frau bei dieser Geschichte so meine eigenen Gefühle habe, können Sie sich denken. Kultur hin oder her. Sie werden nachher sehen: in Wahrheit ist das auch meine eigene Geschichte. Aber schlimme Sachen erzählt man lieber von anderen als von sich.

Aber für Lots Töchter war es auch eine Rettungsgeschichte. Die zwei Gäste in Sodom haben sich nämlich als zwei wahre Wundermänner entpuppt. Bevor den Mädchen etwas geschah. Von diesen Wundermännern ging eine ungeheure Gewalt aus, wie, sagen wir, vom Erzengel Michael. Ihre Kraft wirkte, der Mob wich, die Steine wichen, die Stadt bebte, die Pechfelder rissen auf, Feuer griff um sich, das viele Pech war jetzt wirklich ein Pech, unterirdische Höhlen voll von Brennstoff unter der Stadt. Jeder rannte orientierungslos herum, versank in Boden und Feuer. Die zwei Männer führten Lot und seine Familie sicher hinaus. Sie schauten nicht zurück, sondern, wie man es in der Not machen soll, vorwärts. Nur Lots Frau drehte sich dann doch einmal um nach ihrer Heimat. Und das war der Moment, in dem sie zum Salzstein wurde, so wie auch diese Stadt nur noch ein Steinhaufen ist, verhärtet, versteinert, wie die Engel gemeint hatten.

Ich habe mit meiner, sagen wir, steinernen Schwägerin teils Mitgefühl, teils auch nicht. Ich hatte genauso an meiner Heimatstadt Haran gehangen, ich hatte mich damals auch umgedreht, als ich sie verlassen musste. Ich habe aber gelernt, in der Fremde hat man andere Möglichkeiten, in einem gewissen Sinn bleibt man beweglicher. Immer zurückschauen kann wirklich hart machen.

Jetzt bin ich gerade einmal in Hebron, und lange bleiben werde ich hier auch nicht mehr. Aber nicht weil wir bald aufbrechen. Ich bin alt. Meine letzte Reise steht bevor. Bald werden sie mich in die Erde legen. Oder vielleicht in eine Höhle. Abraham redet zurzeit öfter von so einer Idee, dass er die Höhle von Machpelá als Grabhöhle kaufen will. Wenn er das tut, dann werde ich darin liegen wie in einem Mutterleib. Fast als wäre ich wieder in dem Mutterleib, aus dem ich kam.

Mein eigener Mutterleib blieb lange, lange leer. Es war sehr schwer, das auszuhalten. Doppelt schwer: Denn als Gott in Haran meinen Abraham aufgefordert hatte in die Fremde zu gehen, hat er ihm ja Land verheißen *und* Nachkommen. Aber ich wartete und wartete, und es gab keine Nachkommen. Ich überlegte, ob dieses Versprechen Gottes falsch war, und ob es dann überhaupt auch falsch war, nach Kanaan zu gehen.

Doch Nomaden waren wir jetzt nun mal. Immer wieder woanders. Einmal sogar in Ägypten. Da war nun auch Abraham wirklich nicht mehr Herr seiner selbst, da war nur die blanke Not. In Kanaan herrschte Hungersnot. Ägypten ist schon immer der Kornspeicher unserer orientalischen Welt, da treten Wasser und Schlamm des Nils jährlich über die Ufer und das Land wird fruchtbar und feucht. Also gingen wir nach Ägypten.

Tja, und da bin ich an dem Punkt: *Manches* scheint bei uns über dem Wert einer Frau zu stehen. Ich wollte es Ihnen nicht erzählen. Die Erinnerung macht mich einerseits ganz hilflos, andererseits beschämt sie mich sehr. Aber bevor ich sterbe, muss es doch einmal gesagt sein.

Diesmal war *ich* die Frau, die einem Fremden zur... Verfügung gestellt wurde. Der Fremde war in diesem Fall der Herrscher Ägyptens, der Pharao. Mein Abraham, mein Philosoph, mein Verfechter eines höchsten Gottes, mein Familienpatriarch – bot mich dem Pharao an, aus Angst um sein Leben. In seiner philosophisch-ethischen Abwägung kam er offenbar zu dem Schluss, dass der mögliche Tod schlimmer wiegt als die Schande und die Verletzung einer hergegebenen Ehefrau. Ich weiß nur, dass es so schlimm war für mich, dass ich es anschließend nur vergessen wollte – und vergessen musste, wenn ich viele weitere Jahrzehnte mit Abraham als meinem Ehemann verbringen wollte.

Also, es kam so: Abraham und ich hatten Hunger, und wir mussten um Getreide beim Pharao vorsprechen. Weil ich jung und hübsch war, bestand die Gefahr, dass der Pharao mich nehmen würde, und vorher meinen Ehemann umbringen würde, damit er ihm nicht im Weg stand. Um das zu vermeiden, behauptete Abraham, ich sei seine Schwester. Dann konnte der Pharao, wenn er wollte, mich nehmen ohne zu morden, und Abraham würde sogar noch zum vermeintlichen Schwager werden und reich beschenkt werden.

Der Pharao wollte.

Mein Mann hat mich also verleugnet, damit er überlebt und damit die Familie – welche Familie? – wieder eine wirtschaftliche Grundlage hat. Ich weiß nicht, was schlimmer ist, diese Verleugnung, oder danach die Vergewaltigung durch den Pharao, die aus seiner Sicht natürlich keine Vergewaltigung war, aus *seiner* wohlgemerkt, oder dass ich dem Pharao dann eigentlich auch egal war inmitten seines großen Harems, oder dass ich am Ende wieder zurückgegeben wurde wie ein Fehleinkauf.

Hier, beim Erzählen, merke ich gerade etwas: Nicht nur weil es schlimm war, habe ich nie darüber geredet. Sondern ich fürchtete mich auch davor, dass jemand sagt: Siehst du, du hast es überstanden, dann kann es ja nicht so schlimm gewesen sein. Es gibt Schlimmeres. Solche Kommentare möchte ich mir sparen. Falls zum Beispiel *Sie* solche Gedanken gehabt haben sollten.

Geholfen hat mir nur einer, und das war der eine Gott. Der besitzt offenbar ein Rechtsgefühl. Denn man weiß ja am Ende selbst nicht mehr, was richtig und falsch ist. Man denkt sich dann: Es geht vielen Frauen so, es gibt viele Harems, vielleicht muss es einfach so sein. Aber nach dem, wie Gott es gelenkt hat, konnte jeder sehen: es sollte eben nicht so sein. Gott hat es schlau eingerichtet, und zwar so: Seit ich Pharaos Frau war, eine von seinen Frauen war, hat es den Pharao überall gezwickt und gezwackt. Gesundheitlich, finanziell, politisch... da hat er angefangen nachzudenken, seit wann es ihn so zwickt. Und das war, seit ich beim ihm war. Ein Pharao hat ja auch seine Methoden und seine Erfahrung. Er hat also herausgefunden, dass mit *mir* etwas nicht stimmen kann und hat mein Umfeld überprüft, und hat in Erfahrung gebracht: der Fehler war der, dass ich in Wahrheit schon mit einem anderen verheiratet war. Und der Pharao hat Abraham zur Rede gestellt wegen des Betrugs. Er hat mich aber auch Abraham zurückgegeben und hat uns fortgeschickt, weil er – wie er sagte – mit den Göttern keinen Ärger mehr haben wollte wegen mir. Für ihn waren es die Götter gewesen, die das Recht wieder herstellen wollten, für mich war es der eine Gott. Dem werde ich das nie vergessen. Den Pharao und mich hat etwas verbunden: Wir haben beide gemerkt, dass es ganz schön daneben gehen kann, wenn man sein Schicksal selbst in die Hand nimmt, wenn man Gott spielt, so wie Abraham es getan hatte.

So. Jetzt ist es heraus, was mit mir als Frau geschehen ist. Und was war dann? Tja, das darf ich dann auch nicht verschweigen.

Dann war mir nämlich alles egal, dann habe ich das auch einmal ausprobiert, Gott zu spielen. In der Not, sagte ich mir, sind alle Mittel recht. Wir hatten immer noch keine Kinder. So sagte ich mir: wenn das mit Abraham und mir nichts wird, dann sorgen wir auf andere Art dafür. Wir besorgen eine Leihmutter. Eine Magd namens Hagar suchte ich mir dafür aus und schickte sie zu Abraham aufs Nachtlager. Der schickte sie wieder fort. Nun wurde ich zur Herrin und wurde streitsüchtig zugleich und bedrängte Abraham so lange, bis er nachgab und mit Hagar ein Kind zeugte. In Hagars Mutterleib wuchs ein kleiner Ismael heran. Der sollte unser aller Kind werden.

Um es kurz zu machen: es ging daneben. Es gab einen Gefühlsmix: Mein Triumph, mein Glück über einen gelungenen Coup. Mein Neid auf die werdende Mutter, meine Beschämung, weil sie mich auslachte, ihr Triumph, und meine Wut. Es gab dauernd Streit, und am Ende brachte ich Abraham dazu, dass ich mit Hagar machen durfte, was ich wollte. Ich wollte sie in die Wüste schicken, ich wollte das Geschehene wieder auslöschen. Allerdings war das ein noch größerer Fehler als der erste. Eine Schwangere in die Wüste zu schicken, das ist quasi ein Gottesurteil, selbst wenn man ihr Wasser und Brot mitgibt. Wenn eine das überlebt, dann nur mit Gottes Hilfe. Es mischte sich noch das schlechte Gewissen zu meinen Gefühlen. War ich vielleicht auch noch an ihrem Tod schuld?

Hagar fand mit Gottes Hilfe zurück, wir waren gezwungen, sie wieder aufzunehmen. Der kleine Ismael wurde geboren. Erneut eine Niederlage, auch Gott gegenüber. Das Gottesurteil stand gegen mich. Aber als ich kapierte, dass Ismael einmal Erbe werden würde, hielt ich es trotzdem nicht mehr aus. Wir schickten diesmal alle beide, Mutter und Sohn, in die Wüste.

Keine Sorge, zwischenzeitlich haben wir erfahren, dass beide noch am Leben sind. Gott hat ihnen offenbar *noch* einmal beigestanden. Ich war insgeheim froh, es zu hören. Aber mein Gewissen ist seither noch schlechter. Wenn Gott Hagar beigestanden hat, heißt das wohl, ich war im Unrecht. Ich muss mir eingestehen, dass meine Lösung keine Lösung war. Meinem ersehnten Kind brachte mich das keinen Schritt näher. Wann immer ich Abraham Vorwürfe mache, wie er die Frauen behandelt, muss ich mir nun genau denselben Vorwurf gefallen lassen. Und ich kann nur hoffen, dass die Welt einmal besser klar kommt mit der Rollenverteilung von Männern und Frauen.

Und trotzdem hat dann ein guter Stern über meinem Leben gestanden.

Sie merken, wie ich mich ausdrücke; der alte Glaube an die Sterne steckt noch tief in mir drin. Lassen Sie mich also lieber sagen: Gott hat gütig auf uns gesehen. Ich bin mit 90 Jahren noch Mutter geworden. Erst hat Gott es mir vorhergesagt, in Mamre, und dann ist es wahr geworden. Heute ist mein Sohn Isaak längst erwachsen. Und ich heiße, wie gesagt, eine Herrin, das nehme ich in der Bedeutung, dass ich noch irgendwie zu einem Recht und zu einer Ehre gekommen bin. Obwohl ich dann auch noch *ganz* alt geworden bin und keine Zähne mehr habe.

Für eine Suppe reicht es aber noch aus. Vielleicht wollen Sie ja eine mitessen. Dann setzen Sie sich doch her, ich teile gerne!

– ריבית –

Abraham erzählt I

Hebron, Freundchen. Ich glaube, diesmal bleiben wir hier. Irgendwann kommt vielleicht auch das Leben eines Nomaden ans Ziel. Warum nicht in Hebron. Hebron heißt Freundchen. Manche sagen, das hätte etwas damit zu tun, dass Abraham, der gern in Hebron ist, ein Freundchen Gottes ist. Wenn dem so ist, dann bleibe ich erst recht hier. Zuletzt waren wir in Beerscheba. Von dort führt ein Weg hierher. Hier in Hebron heißt der Weg natürlich Beerschebastraße, doch dort in Beerscheba heißt der Weg natürlich Hebronstraße. Dort in Beerscheba an der Hebronstraße ist unser Brunnen. Sie können einmal hinziehen und ihn anschauen, wenn Sie mit ihren Herden dort unterwegs sein sollten.

Doch zuerst werden Sie sicher mich anschauen. Schau, hier ist er: Abraham, der seiner Frau Sara so Unschönes in Ägypten zugefügt hat. Jetzt habe ich verschiedene Möglichkeiten, auf diese Steilvorlage meiner Frau einzusteigen. Ich könnte alles dementieren. Oder ich könnte mich verteidigen. Ich könnte von mir ablenken und das, was Sara mit *Hagar* gemacht hat, noch etwas genauer erzählen.

Ich werde versuchen mich nicht zu schonen, und alles bestätigen. Und ich will außerdem bekennen, dass ich den Trick von Ägypten sogar nochmal wiederholt habe. Aber auch hier: alles der Reihe nach.

Nach etlichen Jahren hatten wir beschlossen, an den Rand des Negev zu gehen. Das ist ein Wüstenland im Süden, an der Sinaihalbinsel, man muss schon ein guter Hirte sein, um da mit den Herden klarzukommen. Aber unsere Hüte-Knechte sind auch gute Brunnengräber, mit ihnen kommt man zurecht. Nun, und prompt erging es uns dort, wie es Fremden eben gehen kann. Kaum hatten wir uns einen Brunnen gegraben – so gerade an dem Weg von Hebron her, am Straßenrand, wie gesagt – da kam eine Rotte von bewaffneten Kerlen, sie vertrieben uns und behielten den Brunnen für sich. Man wehrt sich natürlich, aber man muss auch vorsichtig sein und dann gibt man lieber nach. Was tun? Wir versuchten herauszufinden, wer diese Leute waren. Ein Händler half uns weiter. Wir erfuhren: die Bewaffneten waren von der Stadt Gerar gekommen. Die ganze Gegend wurde von Gerar aus kontrolliert. Der Händler beschrieb uns den Weg dahin, so ungefähr mitten in den Gazastreifen hinein. In der Stadt Gerar herrschte der König Abimelech, und Kriegsknechte Abimelechs waren die Leute, die uns unseren neuen Brunnen genommen hatten. Wir sollten uns an König Abimelech wenden, wenn wir etwas wollten. Also gingen wir nach Gerar.

Ich traf meine Vorsorgemaßnahmen wie schon einmal, als ich irgendwo fremd hinkam und nicht genau wusste, ob man mir wohlgesonnen ist. Ich gab also meine Frau Sara als erstes wieder als meine Schwester aus. Und in der Tat, Abimelech erblickte Sara, und wer weiß, was er mir angetan hätte, um sie zu kriegen. Wenn Sie nur einen Blick auf sie werfen könnten, würden Sie verstehen, dass jeder sie haben will. Eine jetzt alte, aber ehrwürdige Frau, wie sie ist, vor allem eine Frau von Stand; ich bin stolz auf Sara. Abimelech würde natürlich nie einem Ehemann seine Ehefrau wegnehmen, bei Ehebruch riskiert in Kanaan sogar ein König göttliche Strafe. Abimelech und mir war jedenfalls klar: Ehebruch würde er nie begehen, aber eine Witwe konnte er ohne weiteres zu sich nehmen. Und ich wollte verhindern, dass sie zur Witwe gemacht wurde. So also, da Abimelech glaubte, sie sei meine Schwester, brauchte er sie nicht zur Witwe zu machen, er ließ er sie einfach in seinen Palast bringen und ließ mich und meine Leute in Frieden.

Da wird es Ihnen vielleicht im Gesäß jucken, dass Sie aufspringen wollen, und sagen wollen: Abraham, tu was für deine Frau! Liefere sie nicht aus! Aber bedenken Sie: Sie sind nicht wir, bei uns nimmt sich der König eine Frau, wenn er sie will, man muss das hinnehmen und das Beste draus machen und manchmal ein Opfer bringen.

Und es war ja nicht gesagt, dass du zum Opfer würdest, Sara, manchmal gibt es einen Ausweg. Und der Ausweg kam so – ich weiß es von Abimelech selbst: nachts, als die Sterne auch über Abimelechs Schlaf wachten, kam Gott zu ihm im Traum und sagte zu ihm: Abimelech, du bist des Todes und alles, was zu dir gehört ist des Todes. Wegen der Frau, die du genommen hast. Denn sie ist die Ehefrau eines Mannes. Und wie gesagt, so etwas darf nicht sein.

Abimelech aber antwortete Gott noch *in* seinem Traum, so voll Schreckens war er: Ich habe diese Frau noch nicht berührt, sagte er. Das stimmte wirklich. Und Abimelech redete im Traum um sein Leben: Herr, würdest du denn auch gerechte Menschen umbringen? Und außerdem hatte doch Abraham gesagt, sie sei seine Schwester! Ich konnte nicht wissen, was ich da tue! Ich habe doch alles mit reinem Herzen getan und mit unschuldigen Händen.

Dann wieder Gott im Traum: *Ich* weiß *auch*, dass du das mit reinem Herzen getan hast. Das hat mir auch gut gefallen, und ich habe dafür gesorgt, dass es nicht zur Tat kommt, und habe es nicht zugelassen, dass du sie berührst. Aber gib nun dem Mann seine Frau wieder, *sonst* bist du des Todes und alles, was dir gehört.

Als Abimelech früh am Morgen aufwachte, bewies er, dass er ein großer König ist mit einem transparenten Herrschaftsstil, völlig kommunikativ. Er rief alle seine Fürsten zusammen und legte sein nächtliches Gespräch mit Gott offen. Die Fürsten waren sehr betroffen, denn sie gehörten in gewissem Sinne auch dem König; sie waren direkt betroffen von der Todesgefahr.

Dann rief Abimelech auch mich herzu und erzählte es auch mir und stellte mich zur Rede: Warum ich ihm das angetan hätte, und ob er sich je an mir etwas zu Schulden kommen lassen habe, ich hätte ihn ja geradezu verleitet, sich an meiner Frau zu versündigen (scheinheilig war er, nicht wahr?).

Dann verteidigte ich mich: ich erklärte meine Angst, was sie mir vielleicht tun würden, um an Sara zu kommen, ich hätte ja nicht wissen können, ob in Gerar anständige Leute leben, jetzt wüsste ich es erst, dass sie überaus anständig sind und ihr König am allermeisten (scheinheilig war auch ich, nicht wahr?).

Dann nahm Abimelech Schafe und Rinder, Knechte und Mägde und gab sie alle mir, und gab mir Sara, meine Frau, wieder, und sagte, ich dürfe weiter im Land wohnen bleiben, und gab mir noch tausend Silberstücke, um alles wiedergutzumachen. Er hat sich vor Gott gefürchtet. Ich möchte sogar sagen, der Plan ist aufgegangen. Sara ist nichts passiert, uns allen nicht, wir hatten unser Auskommen, und das alles nur durch diesen kleinen Trick, dich, Sara, als meine Schwester auszugeben.

Ich gebe zu, beim ersten Mal, in Ägypten, ging dieses Spielchen nicht auf. Und ich muss Ihnen sagen, ich weiß nicht mehr, ob ich richtig gehandelt habe. Das heißt, wenn ich mir überlege, wie ich Sara das erklären kann, dann gibt es keine Erklärung. Manche würden vielleicht sagen, ich hätte schon darauf vertraut, dass Gott es zum Guten wendet, und dass Sara nichts passiert, aber wenn ich so ein Vertrauen gehabt hätte, dann hätte ich gleich ohne Tricks arbeiten können. Stattdessen muss ich mich eher als einen Taktierer betrachten, und einen Menschen, der sich absichert.

Auch Verträge dienen der Absicherung. Abimelech und ich, wir haben alsbald einen Vertrag gemacht, einen richtigen Bund geschlossen. Nach alledem waren wir ja nun keine Fremden mehr und lebten in Frieden. Und wenn man verbündet ist, kann man auch ganz anders miteinander umgehen. Wir haben dann nämlich mit Abimelech einen Ortstermin ausgemacht bei dem Brunnen, den unsere Knechte gegraben hatten. Dort konnte ich Abimelech von Aug zu Aug fragen, warum seine Milizen uns von dort vertrieben hatten, und es war ihm sehr peinlich, er hätte gar nichts davon gewusst, sagte er, und wir durften ihn natürlich wieder haben. Wir zwei haben gleich dem Brunnen einen Namen gegeben. Beerscheba haben wir ihn genannt. Be'er heißt ja Brunnen, und scheba' – na ja, scheba' heißt sieben und scheba' heißt auch schwören. Wir haben uns dort noch mal Bündnistreue ge*schworen*, insofern heißt Beerscheba *Schwur*-brunnen. Und ich habe meinem neuen Freund dort noch *sieben* weiße Lämmer geschenkt, als Bündnisgeschenk. So heißt der Brunnen genauso auch *Sieben*brunnen. Das habe ich absichtlich so gemacht, denn das kann sich jeder merken: dies ist Abrahams Siebenbrunnen, wo er dem Abimelech sieben Lämmer geschenkt hat. Der Brunnen gehört Abraham, dass das keiner mehr verwechselt. Wir, er und ich, sind seither wirklich friedlich geblieben, und Beerscheba konnte sich zu einer Stadt entwickeln.

*Auch wenn ich mich wiederhole: Wenn Sie mal dahin kommen, schauen Sie nach dem Brunnen Abrahams, da gibt es einen, wie gesagt, direkt an der Hebronstraße, Ecke Ha-Atzmautgasse, wo es heißt Abrahams Brunnen, beachtliche 26 Meter tief. – Wie, was sagst du? Moment... Ach so, warten Sie: Sara flüstert mir gerade zu, Sie sollen in Beerscheba nicht in die Hebronstraße gehen, Ecke Ha-Atzmautgasse, wo es *heißt* Abrahams Brunnen, beachtliche 26 Meter tief. Sondern Sie sollen zu dem Ausgrabungshügel Tell Beerscheba gehen, draußen vor der modernen Stadt, da ist dann wirklich noch ein älterer Brunnen, beachtliche 69 Meter tief. – Wie nochmal? Moment... Ach wissen Sie, Sara sagt, dass man da natürlich auch nicht wissen kann, ob das dann wirklich Abrahams Brunnen ist. Die ist manchmal skeptisch, meine Frau...°

Bünde schließen war mein Leben. Wo ich hinkam, musste ich das tun, so hatte ich auch Erfolg. Melchisedek zum Beispiel, der Priesterkönig. Das heißt also, kein normaler Priester, der in sonst eine Priesterhierarchie eingeordnet werden kann, sondern Priester nach einer ganz eigenen königlichen Ordnung, ein Einzelfall. Diese Einzelfall-Ordnung nennt man „Ordnung Melchisedek". In tausend Jahren oder so wird es dann noch einmal einen geben nach der Ordnung Melchisedek, den werden sie Jesus nennen, und das ist dann schon wieder ein Einzelfall. Dieser Melchisedek war durchaus mächtig. Ich habe mich auch mit ihm für eine Zeit verbündet und dafür gute Bedingungen ausgehandelt. Das ist schon sehr lange her, und kam so.

Sie wissen, glaube ich, dass ich einen Neffen habe namens Lot, der war nach Sodom gegangen und war dort ansässig geworden. Warum, das kann ich Ihnen mal bei einem Becher Wein erklären. Sodom war dann überfallen worden, und vom Feind besetzt. Da konnte ich nicht anders als Lot herauszuhauen. Ich bin ja nicht nur sein Onkel, sondern verantwortliches Oberhaupt einer ganzen Sippe. Ich habe 350 Kämpfer zusammengebracht, um die Stadt Sodom zu befreien und damit auch Lot. Sie merken, 350, das ist keine furchtbar große Armee, aber doch nicht ganz schlecht. Als Nomade hat man nach und nach schon Beziehungen überall. Ich helfe dir, dann hilfst du mir später auch einmal, das muss man nur oft genug machen, und noch die eigenen Knechte mitbringen, dann kriegst du 350 Kämpfer zusammen. Und in der Stadt waren ja auch die Besatzer geschwächt vom Krieg. Und die Besetzten waren ja auch mit uns gegen die Besatzer. Da haben wir 350 schon gereicht. Wir haben also Lot heraus gehauen, und die Feinde vertrieben. Damals habe ich also meinen Neffen noch einmal getroffen. Und habe nebenbei seine Stadt gerettet. Das gelang mir das zweite Mal nicht, aber das ist eine andere Geschichte.

Nach unserem Sieg von Sodom kamen wir jedenfalls mit unseren Herden in die Nähe von Jerusalem, das wollte ich ja erzählen. Jerusalem, das ist noch so eine mittelgroße Stadt weiter oben in den Hügeln zwischen Juda und Ephraim, mit einem eigenen Kleinkönigtum. Der Stadtkönig war eben jener Melchisedek, von dem ich erzählen wollte, der auch Priester war. Sein Name Melchisedek bedeutet, dass er an einen Gott Melech geglaubt hat. Wir haben diesen Gott – den es, wie ich finde, gar nicht gibt – später Moloch genannt, weil das finsterer klingt als Melech. Wir fanden ihn einen finsteren Gott. Sie wissen vielleicht, dass dem Moloch noch viele Jahrhunderte lang Kinder Jerusalems geopfert wurden. Jerusalem war für mich deswegen keine sympathische Stadt, und wir waren skeptisch, als wir hinkamen. Aber andererseits, wenn wir nun schon einmal da waren, wollte ich schon schauen, ob man hier Zelte aufbauen und Tiere hüten und neue Beziehungen knüpfen kann.

Nun, mein Name war vielleicht doch durch unseren Sieg in Sodom bekannt geworden. Oder vielleicht hatte ich ja schon ein paar Boten vorausgeschickt. Jedenfalls, wir kamen zur Stadtmauer Jerusalems, oder eigentlich Dorfmauer, viel kleiner damals als Sie es kennen. Und sofort kam Melchisedek heraus, höchstpersönlich. Mit Gefolge, mit Pauken und Trompeten, und – das kommt vielleicht jetzt etwas abrupt – er segnete mich. Einfach so. Naja, oder doch nicht einfach so.

Er sagte zunächst: „Gesegnet sei Abraham vom höchsten Gott, dem Schöpfer des Himmels und der Erde, gepriesen sei der höchste Gott, der dir den Sieg in Sodom verliehen hat". Er segnete mich unter dem Namen des höchsten Gottes, das fand ich nicht schlecht, wo er doch an Melech glaubte.

Ich dagegen zahlte zukünftig Steuern an ihn in Höhe von zehn Prozent. Das war für ihn natürlich auch nicht schlecht. Ich erkannte ihn vorübergehend als Herrscher an, er ließ uns da wohnen. Das Leben besteht aus Tauschhandel. Gott sei Dank; dieser Handel mit Melchisedek hat uns sehr geholfen damals.

Sie werden sich jetzt fragen, das ist doch nicht der Abraham, den wir kennen. Ja, von mir erzählt man Dinge, die ich selbst nicht so genau weiß. Da gibt es einen gewissen Paulus, der sagt, Abraham sei ein großes Vorbild im Gottvertrauen. Abraham und Gott, ein Vertrauensverhältnis ohne Bedingungen sozusagen. Bestimmt hat Paulus gute Gründe, dass er darauf kam. Aber haben Sie in meiner Geschichte bis jetzt irgendetwas gehört, wo ich aus Gottvertrauen heraus gehandelt hätte?

Also gut, Sara hat Ihnen ja gesagt, dass ich aus Gehorsam von Haran weggegangen bin und Nomade hier in Kanaan geworden bin. Das schon. Aber insgesamt, nein, insgesamt handelte ich vielmehr aus Angst um mein Leben, und ich arbeitete mit Tricks und mit Bündnissen. Meine Geschichten sind nicht die des gläubigen Abraham, sondern die Geschichten eines wohlmeinenden einen Gottes.

Höchstens damals, die Nacht unter dem Sternenhimmel. Keine Sorge, das sind für mich keine Götter, die Sterne, ah, das werden Sie wissen, dass ich mich viel mit Sternenkunde befasst habe in meiner Jugend, weil ich ja in Chaldäa aufgewachsen bin. Irgendwann merkt man, dass sie ihren Platz nie verlassen, die Sterne, nicht frei sind, und so können sie nicht Götter sein. Aber davon wollte ich jetzt eigentlich gar nicht reden. Sondern als ich in Kanaan eines Nachts von Gott berührt wurde, und vor das Zelt ging und die Sterne anschaute.

Da waren so viele Sterne, alle an ihrem Platz. Und wo war mein Platz? Wir in der Fremde, eine Gruppe Nomaden.

Höchstens Kometen, die unstet am Himmel irren. Vielleicht konnte ich hoffen, dass wenigstens *eine* Sternschnuppe herunterfällt und mir ein kleines Glück bringt. Das wäre schon viel, ansonsten war ich aufs Kämpfen eingestellt und aufs Verhandeln.

Und dann sagte Gott: *Alle* Sterne bist du, nicht so eine kleine Schnuppe. *Alle*. Sie stehen für deine Nachkommen. Da habe ich schon gesagt: Ja, wenn du es sagst. Da will ich darauf vertrauen.

Das war schon ein Moment. Ein Moment mit Zukunft? Glauben statt Händel, wie Paulus sagt? Es ging ja in eine andere Richtung weiter. Zwei Kapitel später habe ich mit Gott einen Bund geschlossen. Ein Bund ist auch ein Vertrag. Vielleicht gibt es auch Bünde ohne Absprachen, Liebesbünde, nur bei den Liebesbünden weiß man vorher nicht, was dabei herauskommt. *Wir* hatten jedenfalls Absprachen. Ich habe versprochen, mich an Gottes Gebote zu halten. Sichtbarer Ausdruck dafür war das Gebot der Beschneidung – wir haben uns beschneiden lassen, alle männlichen Mitglieder unseres Nomadenhäufleins. Gott hat uns seinerseits Land versprochen, Segen, vor allem Nachkommen, nicht nur einen weiteren Sohn außer Ismael, sondern ein ganzes Volk. Und ich kann sagen, ich meinerseits habe den Bund gehalten, und wir haben bis jetzt immer das nötige Land gefunden, Gott war auch bündnistreu. Und *zusätzlich* haben dann nochmal die menschlichen Bünde geholfen, mit Lot, mit Melchisedek, mit Abimelech. Ist das Vertrauen, oder sind das nicht doch einfach klare Absprachen? Hält sich einer nicht dran, ist es vorbei mit dem Bund.

Behaupten Sie nicht, Sie Christen und Paulusfreunde wären frei von solchen Absprachen und Bundesschlüssen. Wären Sie in der Lage zu vertrauen ohne Bedingungen? Bünde zu schließen ist lebensnotwendig. Gegenüber Menschen und gegenüber Gott. So ist unser Leben.

Und doch, einmal, einmal, habe ich alles Taktieren sein lassen, und das war der Moment, den ich Sara nie erzählt habe. Ich habe mich bis heute nicht getraut, dir, Sara, zu sagen, warum ich Isaak nach Morija mitgenommen habe, und warum du dich von ihm verabschieden solltest. Aber ich habe nicht mehr viel Zeit, es dir zu sagen, also muss ich es jetzt tun. Es war nicht nur irgendeine gefährliche Reise. Sondern ich hatte Gottes Stimme vernommen, und Gott hatte mir gesagt, er wollte Isaak wieder haben.

Irgendwie habe ich gewusst: Ich kann das jetzt nicht verhandeln. Ich habe gemerkt: Isaak gehört nicht mir, auch wenn er mein Kind ist. Isaak haben wir nicht uns zu verdanken, wahrhaftig nicht. Ich wünsche keinem Menschen, dass er je in so eine Entscheidungssituation kommt, sich zwischen seinem Kind und Gott zu entscheiden. Es war ja im Grunde auch die falsche Alternative, mein Kind oder Gott. Ich hätte es wohl wissen müssen, dass Gott so etwas nicht durchziehen wird. Sein Kind zu opfern! Wahrscheinlich habe *ich* nur gedacht, Gott will das wirklich, weil es manchmal für die anderen Götter so gemacht wird, für den Moloch in Jerusalem zum Beispiel. Es wohnen ja nicht wenige bei uns im ganzen Land, die denken, Gott wollte ihr ältestes Kind geopfert haben. Ich dachte zwar, lieber will ich mich selbst hingeben, aber ich habe getan, was ich tun zu müssen glaubte.

Also sind wir losgezogen. Isaak hat sich gefreut, er mochte gern mit mir etwas unternehmen. Auch Brennholz und Feuerzeug und ein scharfes Messer mitzunehmen, so etwas machen die Buben gern. Ich konnte ihn nicht anschauen. Konnte nichts sagen.

Und dann, auf dem Berg Morija, als wir ohne die Knechte alleine weiter gegangen sind, wie er mich gefragt hat: Da ist Holz, da ist ein Messer – aber wo ist das Opfer, wir wollen doch bestimmt ein Opfer bringen? Das... das kommt mir schier nicht über die Lippen. Ich habe... ich habe gesagt, Gott wird uns schon ein Opfer schicken. Und dann habe ich ihn festgehalten, und gebunden, und auf das Holz gelegt, und hatte das Messer schon in der Hand.

Und dann die Stimme – halt ein, Abraham, halt ein, ich weiß, dass du gottesfürchtig bist. Und dann der Widder, der sich im Gestrüpp verfangen hatte und scharrte und schnaubte. Und zu merken, Gott schickt wirklich ein eigenes Opfer, und ich soll *nicht* meinen Sohn opfern, sondern diesen Widder.

Also, Sara, außer dass wir unsere Heimat verließen damals – außer dem war das in Morija wirklich *das* eine Mal, dass ich ohne Wenn und Aber Gott vertrauen wollte, nicht nur mit Worten, sondern auch mit Taten. Und es war vielleicht genau das falsche Mal. Ich hätte uns den Sohn genommen, und ich habe unser Kind vielleicht für immer traumatisiert. Gott weiß, dass ich ihm treu sein wollte. Ich habe vertraut, dass es richtig ist – und das Vertrauen hat sich erfüllt, aber ganz anders als gedacht.

Du wirst mich für verrückt erklären, Sara. Ist das nicht irre – du tust das Falsche in vollem Vertrauen, und es wird am Ende trotzdem Richtiges draus? Das kommt nicht oft vor. Aber das Ergebnis war so richtig wie noch was: Die Erkenntnis, Gott will kein Menschenopfer. Das ist das Ergebnis. Das habe ich gelernt, und das soll es in Israel nie geben. Das kann man Isaak sagen. So gesehen war die Reise nach Morija gut. Opfern heißt bestenfalls sich selbst hingeben für etwas Gutes.

Und dann haben wir uns erstmal gestärkt. Sie werden mir glauben, dass man da eine Stärkung braucht.

– 𐤍𐤍𐤍𐤍 –

Abraham erzählt II

Miteinander Mahlzeit halten, das ist doch etwas Wunderbares. Wie damals in Mamre, als ich aufgeregt zu den Rindern lief, um ein zartes, gutes Tier zu finden, und wie ich es den Köchen gab, und wie sie es in der Küche eilig zubereiteten. Wir hatten Besuch. Das war ein sehr guter Moment in meinem Leben. Aufgeregt war ich, aber danach sehr zufrieden, weil meine drei Gäste zufrieden waren.

Sara, meine Frau, warst du damals genauso zufrieden? Du hast damals das Brot gebacken, bist mit Anstand im Zelt geblieben. Aber du hast mitgehört, das weiß ich, weil du dann gelacht hast.

Es schmeckt sehr fein, sagte kauend mein Besuch.
Das freut mich, mein Herr.
In einem Jahr komme ich wieder.
Jederzeit gerne! Es wird wieder etwas Gutes geben, wenn Gott es will.
Gott will das sicher, sagte mein Besuch. Also, ich komme wieder, und da werdet ihr bereits einen Sohn haben.
Wie meinst du das, mein Herr?

Da haben wir dich lachen hören, Sara. Ich höre dich gern lachen. Obwohl du es nicht zugeben wolltest, weil man ja einen Gast nicht bloßstellen will.

Meines Wissens sind wir uns da einig – Gastfreundschaft ist eines der wichtigsten Dinge. Wir sind auf eine gute Beziehung zu Gästen angewiesen. Das ist so wichtig, wenn man als Nomade fremd ist, überall wo man hinkommt. Da lacht man Gäste nicht aus, selbst wenn sie einer 90jährigen Frau sagen, sie würde schwanger werden. Wo war ich stehen geblieben? Ja, bei der Gastfreundschaft. Sie ist heilig. Lot, glaub nicht, dass ich dich *gar* nicht verstehen könnte, als du um der Gastfreundschaft willen deine Töchter... Wir tun seltsame Dinge, wenn wir uns zu etwas verpflichtet fühlen. Und erst hinterher fragen wir uns, ob der Zweck wirklich die Mittel heiligt. Gastfreundschaft.

Und wenn es dann auch noch der Herr ist, der einen besucht... Ich hatte da so schön im Schatten der Terebinthe gesessen. Man sitzt im Schatten und genießt die Kühle und den harzigen Duft. Kennen Sie diesen Baum? Terebinthen, die kennen Sie wohl nicht. Aus dem Harz destillieren wir Terebinthin, aber ich glaube, das kennen Sie auch nicht, bei Ihnen gibt es ja nur den billigen Terebinthin-Ersatz.

Egal – unter jenem speziellen Baum saß ich also. In Mamre, bei Hebron, wie gesagt. Im Westjordanland. Da können Sie den Baum des Abraham besuchen. Der war ja *jetzt* schon so alt, als ich drunter saß, und wenn *Sie* da mal hinkommen, dann muss der ja schon bald 4.000 Jahre alt sein. Ich muss aber sagen, Terebinthen gibt es viele, ob das dann wirklich meine Terebinthe ist, die dort gezeigt wird, wer weiß. Vielleicht zeigt man Ihnen sogar eine Eiche. Außerdem, was heißt schon „mein Baum". Es ist ja ein öffentlicher Platz, jeder kann herkommen zu diesem Gottesbaum in Mamre. Ja, Gottesbaum heißt er in unserer Sprache, also, fast. „Elahim" heißen die Terebinthen hier, fast so wie Elohim, Gott. Alle kommen zu den Gottesbäumen auf den Hügeln und beten zu ihren Göttern. Manchmal kommen Leute sogar von der Küste, Seefahrer.

Die haben mir mal ihre Geschichte von einem Hyrieus aus Griechenland erzählt, der göttlichen Besuch hatte. Die drei Götter Zeus, Poseidon und Hermes sollen Hyrieus und seine unfruchtbare Frau unerkannt besucht haben. Die zwei Leutchen haben die drei Götter bewirtet, und zehn Monate später hat die Frau endlich ihr Kind gekriegt. Was es alles gibt, nicht wahr? Wenn das stimmt, dann sind meine Sara und ich nicht die einzigen, die das Glück eines göttlichen Besuchs hatten, mit anschließendem Kinder-glück. Denn, ich muss sagen: auch unser Besuch stellte sich als göttlicher Besuch heraus.

Nun, an dem Tag waren weiter keine Pilger in Mamre. Ich hatte allein unter dem Baum gesessen, in Gedanken versunken, und da stand plötzlich der Herr vor mir. Alle drei waren sie da. Oder soll ich sagen: Alle drei war er da. Ich kann ja unmöglich von drei Göttern erzählen. Das haben wir hinter uns mit dem Mehrgottglauben, das hat Ihnen meine Sara schon erklärt. Es war aber ein Dreierbesuch. Den habe ich begrüßt.

Mein Herr, habe ich gesagt, wenn ich Gnade bei dir gefunden habe, dann sei mein Gast. Ich bin mir selbst nicht so sicher, ob ich „mein Herr" wie zu einem Menschen oder wie zu Gott selbst gesagt habe. Oft merkt man ja erst hinterher, dass man soeben Gott begegnet ist. Jedenfalls haben sich die drei angesprochen gefühlt. Ist das nicht ein Ding, dass Sie, soviel ich weiß, auch einen Gott ihren Herrn nennen, der einer ist und doch drei?

Na, und dann kam das andere, wir sind gelaufen, die Gäste zu bewirten, und der Besuch hat uns einen Sohn angekündigt. Und er sagte: Du lachst, Sarai (da hieß sie ja noch Sarai), du glaubst mir nicht. Aber du wirst es nächs-tes Jahr sehen. Einstweilen sollst du schon einmal Sara heißen. Dass sich alles erfüllt hat, wissen Sie ja schon. Unser Isaak ist inzwischen längst ein stattlicher Mann.

Was ich aber noch erzählen will, das ist, wie die drei dann wieder aufgebrochen sind.

Danke, Abraham, es war fein bei dir, jetzt gehen wir weiter.
Nun, so bleibt doch noch ein bisschen.
Nein, wir haben zu tun.
Aber ihr seid doch müde.
Du hast uns vorzüglich gestärkt.
Habe ich *keine* Gnade bei euch gefunden?

Du sollst versichert sein, wir wären sehr gern geblieben.
Gut, aber sagt, wohin soll es gehen?
Nach Sodom gehen wir und nach Gomorra.
Nach Sodom? Das kenne ich ja!
Ja, kennst du da denn jemand?
Jaja, mein Neffe wohnt da, Lot heißt er. Mit seiner Familie.

Sie sehen, es ist *immer* gut, gastfreundlich zu sein. Du weißt vorher nie wozu. Aber schon hast du neue Beziehungen. Du kennst dann jemand, der kennt wieder jemand. Vielleicht kann Lot den dreien etwas Gutes tun, dann habe ich wieder etwas gut bei ihnen. Oder die drei tun dem Lot was Gutes, dann habe ich bei Lot was gut.

Sie denken vielleicht: was ist der Abraham berechnend. Der könnte doch einfach Gäste haben und sich freuen, und fertig. Denken Sie ruhig so. Aber Sie haben leicht denken. Sie leben ja auch in einem Land mit Rechtsstaat, Sozial-fürsorge, Arbeitnehmervertretung. Wir leben als Fremde in fremden Ländern. Einfach so Freunde haben, das klingt schön. Aber davon können wir nicht leben. Eine Hand wäscht die andere, anders geht es bei uns nicht. Sie nennen das Vetternwirtschaft, Abhängigkeit, Filz. Aber es ist unsere einzige Sicherheit. Ich merke, ich fange an mich zu verteidigen, das brauche ich nicht. Ach, und ich glaube eigentlich gar nicht, dass bei Ihnen alle Gastfreund-schaften so uneigennützig sind. Ich glaube, Sie haben schon auch Ihren Eigennutz.

Ich begleite also meine drei Gäste aus dem Schatten meiner Terebinthe heraus. Ich denke nach – die gehen jetzt also nach Sodom, wo Lot wohnt. Was wollen sie da wohl. Und da merke ich, der eine schaut mich auch so nachdenklich an. Als ob er noch etwas weiß und sich noch überlegen muss, ob er mir es sagen will. Und dann hat er mir tatsächlich gesagt, warum er nach Sodom will. Denn wenn ich eine Beziehung pflegen will, muss ich dem anderen schon immer auch einigermaßen das sagen, was ich weiß. Das hat also mein Besuch eingesehen, und so habe ich die Sache mit Sodom erfahren.

Der Herr sagte: Wir müssen nach Sodom, um zu sehen, ob die Menschen wirklich so gottlos sind, wie man erzählt. Und wenn es so ist, soll auch nichts von dieser Stadt übrig bleiben. So gingen sie los.

Wirklich, der Tag in Mamre mit dem Rindfleisch im Topf war einer meiner besten Momente. Ich dachte an meinen Neffen. Es war meine Chance. Und wie habe ich sie genutzt! Es ging zu wie auf einem orientalischen Markt, jeder ist mit seiner Maximalforderung eingestiegen, man muss gut einschätzen können, mit welcher Zahl man anfängt, ich bin mit 50 eingestiegen.

Ich also rief hinterher: Es könnten einige gute Menschen dort wohnen, dann wirst du doch Sodom nicht untergehen lassen!

Der Herr blieb stehen, während die zwei anderen weitergingen, voraus nach Sodom. Vielleicht waren es auch ein Gott und zwei Engel, meine Besucher, und nicht ein Gott in drei.

Zum Herrn sagte ich: 50. Wenn nur 50 gute Menschen in Sodom sind, dann verschone bitte die Stadt. Der Herr war einverstanden. Aber an 50 Gerechte in Sodom glaubte ich selbst nicht. Das war nur der Einstieg, um ins Geschäft zu kommen. Sofort fügte ich hinzu: nun schau, wenn es nur fünf weniger sind, das wäre ja auch unverhältnismäßig. Herr, ich bin Staub und Asche, wie darf ich wagen, dich etwas zu bitten, aber meinst du nicht, auch wegen nur 45 Gerechten müsste diese Stadt zu retten sein?

Er war einverstanden. Er war auch bei 30 einverstanden. Er war bei 20 noch nicht zornig, dass ich weiter verhandelte. Ich spürte, dass ich noch weiter gehen konnte. Am Ende hatten wir uns geeinigt: Wenn auch nur zehn Personen in der Stadt Sodom als gerecht erfunden werden, wird diese Stadt nicht untergehen. Was für ein Verhandlungserfolg! Ich bin ihm um 40 Personen entgegengekommen, er mir um zehn. Bei meiner Krämerseele, gelernt habe ich das Handeln im Laden meines Vaters. Genützt hat es übrigens der Stadt Sodom nichts, weil keine zehn darin gerecht waren. Aber auf Lot und seine Familie waren meine drei Gäste jetzt aufmerksam geworden. Lot konnte gerettet werden.

Man tut, was man kann, man bietet Gastfreundschaft und hofft auf eine kleine Gegenleistung. So funktionierte es auch bei Gott. Ich gebe dir, du gibst mir, wie sonst soll es gehen? So lobt Paulus zwar den Glauben des Abraham, Jesus lobt aber die Gastfreundlichkeit des Abraham. Jesus sagt, es werden aus allen Völkern Menschen kommen, um mit Abraham das Mahl zu halten. Das fasse ich schon als Kompliment auf von Jesus, denn wenn so viele kommen, da braucht man schon einen Gastgeber mit guten Qualitäten.

Und an die Hebräer wird geschrieben, dass schon mancher einen Engel aufgenommen hat, ohne es zu merken. Das ist auch so meine gastgeberische Urerfahrung, nur dass es nicht einfach Engel waren, sondern der Herr selbst, den ich bewirtete.

Und wer weiß? Am Ende ist es vielleicht wirklich so, dass man, bescheiden gesagt, mit mir das Vertrauen lernen kann. Zwei bis dreimal im Leben habe ich ja dann doch aus Vertrauen gehandelt. Das war doch ein Anfang. Und wenn Sie es dann vier bis fünfmal schaffen im Leben, finde ich das schon eine Menge, denn: wirkliches Vertrauen heißt alle Sicherheiten aufzugeben, und das ist gar nicht so leicht.

Und was Isaak betrifft, vertraue ich ihn nun Gott an. Gott soll ihm seinen Weg zeigen. *Das* bedeutet es zu sagen, er gehört nicht uns, das ist schon genug Gott geweiht.

Und du, Sara, du gehörst mir auch nicht. Auch dich gebe ich in Gottes Hand. Du wirst nicht mehr lange bei mir sein. Weißt du, mir kam der Gedanke, eine Höhle zu kaufen in Machpelá...

Du wirst mir fehlen, Sara. Du hast mich überall hin begleitet.

Danke.

– ℵ ℵ ℵ ℵ –

Jakob

Vorspeise

Jakob und Esau

Erster Gang: Linseneintopf

Jakob und Lea und Rachel

Erster Gang: Flussgericht

Jakob und Gott

Festdessert

Jakob und Esau

J akob liegt auf dem Boden, er sieht in den Sternenhimmel hinaus. Die Sterne sind unendlich, Jakob ist winzig und allein.

Es ist kalt. Die blanke Erde ist kalt, genauso der große flache Stein, den er sich unter den Kopf gelegt hat. Die Nacht über dem steinigen Feld ist kalt.

Ich muss mich ablenken, denkt Jakob, und das fällt ihm nicht schwer. Die Gedanken lassen ihn gar nicht los. Oder ist es umgekehrt: Er lässt die Gedanken nicht los. So vieles ist unklar und unerledigt. Unweigerlich fällt ihm eine warme Erinnerung ein. Ein Feuer, ein Topf, Linsen, er rührt sie um, Linse an Linse, so wie da droben Stern an Stern sich reiht. Wie Gedanke an Gedanke. Gerade so, wie jetzt Jakob sich nach einem warmen Linsentopf sehnt, muss sich auch Esau danach gesehnt haben, als Esau Hunger hatte. Esau ist Jakobs Bruder, und vor diesem seinem älteren Bruder ist Jakob jetzt auf der Flucht.

Liebe Gäste, ich möchte mir Zeit nehmen, die Geschichte von Jakob zu erzählen. Wenn auch Sie schon Hunger haben sollten, wird mich das nicht abhalten, erst einmal die Vorgeschichte zu erzählen wie eine Vorspeise. Sie sollen die Gedanken und Erinnerungen des Jakob kennen – Sie möchten ja vielleicht *wissen*, warum er hier in der Kälte liegt, und warum überhaupt nichts in Ordnung ist. Ob Sie den Jakob danach verstehen werden, weiß ich aber nicht. Wir können nur versuchen, den Menschen zu ergründen, indem wir seine Geschichte kennen. Gott allein weiß es.

Zurück zu dem Linsentopf. Mit diesem warmen Linsentopf verbindet sich Jakobs schlimmste Untat, oder größte Heldentat, je nachdem, wie man es anschauen mag. Jakob hat, neutral gesprochen, mit dieser Linsensuppe seinem

Bruder Esau das Recht des Erstgeborenen abgekauft. Egal, was das genau bedeutet – für Rebekka handelt es sich dabei um eine Heldentat. Für Isaak ist es eine Untat. Rebekka ist die Mutter der beiden, Isaak der Vater. Damit sehen wir, wie kompliziert diese Familie ist, wenn für den Vater eine Untat ist, was für die Mutter eine Heldentat ist.

Wir müssen also weiter zurück, an den Anfang der Familie, um sie zu verstehen.

Eine der früheste Erinnerungen Jakobs an seine Familie als ganze ist wohl, wenn es dunkel war und man nichts tun konnte als am Feuer sitzen und erzählen. Gleichzeitig das dichteste Gemeinschaftsgefühl.

Also der Scheba... – hieß es dann zum Beispiel – der ist tatsächlich nach Süden gegangen ans Meer und wohnt jetzt in der Stadt.

– Der Scheba? Der war doch immer für Spinnereien zu haben. Ganz wie sein Vater. – Sein Vater? Wer war jetzt das? – Das war Jokschan. – Ach, Jokschan! Dann sind wir ja verwandt mit Scheba! – Ja, freilich. – Wie verwandt, fragt ein dritter? – Also hört zu, gerade Esau, pass auf: Dein Großvater Abraham hat ja nach Saras Tod noch die Ketura geheiratet. Das weißt du. Ketura gebar Simran, Jokschan, Medan, Midian, Jischbak, und Schuach, deine Onkel. Von Jokschan stammen deine Cousins Scheba und Dedan ab.

Aha. Doch wie soll man sich seine Cousins merken, wenn man sie nie sieht.

Ein Lied wird angestimmt. „Mein Vater war ein wandernder Aramäer". Jakob weiß: Damit ist Großvater Abraham gemeint. Wir sind eine große Familie aus Haran, wir sind hier in Kanaan nur zu Gast. Und immer wenn ihr eine Kanaanäerin heiratet, sind wir ein bisschen weniger wir. Jakob tut sich leicht, sich die Verwandtschaft zu merken. Esau nicht, obwohl er es müsste als zukünftiger Sippenchef.

Es gibt Familiengeschichten, die sich positiv anfühlen, weil die Stimmung gut war. Und solche, die sich negativ anfühlen, weil zum Beispiel die Mutter, als sie es erzählt, missmutig wird und weil sie es dann erzählt, wenn sie sich über ihren Ehemann ärgert. Folgendes erzählte sie nie am Feuer, nur wenn sie mit Jakob allein war.

Isaak war mit Rebekka im Ausland. Dabei erfuhr er, dass die Männer jenes Landes sie begehrten. Er bekam Angst um sich selbst, es könnte ihm jemand etwas antun, um sie zu bekommen. So sagte er: diese Frau da ist meine Schwester. Das hieß so viel wie: Ihr könnt sie haben, nur tut mir nichts an. Prompt wollte ein fremder König sie haben, und sie landete sie seinem Harem. Und nur in letzter Sekunde konnte das Unglück verhindert werden, dass jener König ihr zu nahe kam. So hätte sich Rebekka fast in den Armen eines Fremden wiedergefunden. Eine der weniger schönen Familiengeschichten.

Jakob unter dem Sternenhimmel – Schlaf findet er keinen – versetzt sich in seine Mutter hinein und überlegt, wie glücklich seine Mutter überhaupt verheiratet war.

Irgendwann wird sich Rebekka dann gefragt haben: Warum wollte Isaak mich eigentlich heiraten? Auf diese Frage gibt es eine Antwort. Isaak heiratete Rebekka, weil er keine aus Kanaan hier heiraten sollte. Man hat den Knecht geschickt, der ein Mädchen aus der alten Heimat holen musste.

Die Geschichte hat sie oft ihrem Sohn Jakob erzählt, und sie fühlte sich manchmal warm an, und manchmal bitter. Jakob hört noch ihre Stimme in seinem Ohr:

Ich war ein junges Mädchen. Es war so romantisch! Am Brunnen war dieser Knecht aufgetaucht. Ich habe ihm zu trinken gegeben, und dann auch seinen Tieren, und der Knecht – es war der Knecht Isaaks – hatte ausgerechnet vorher mit sich und mit Gott ausgemacht: Wenn diese

Frau mir von dem Brunnen zu trinken gibt, und danach noch meinen Tieren, ohne Aufforderung, dann soll sie es sein, die für Isaak bestimmt ist. Und weil ich, wie gesagt, ihm wirklich zu trinken gegeben habe, dachten wir uns alle: das kann kein Zufall sein! Und ich war auserwählt.

Und dann das Abenteuer, das mir bevorstand, Rebekka, dem jungen Mädchen: in die Fremde zu gehen. Isaak zu heiraten, den Sohn des verehrten Onkels Abraham!

Und jetzt bin ich halt hier, weil ich keine Kanaaniterin bin, alles andere scheint egal zu sein. Da ist Isaak wie der Rest der Familie.

Irgendwann kam es dann zu dem Handel mit der Linsensuppe. Die beiden Brüder waren alt genug fürs Leben, Esau konnte jagen, Jakob konnte kochen. Esau fing an, wie ein Sippenführer aufzutreten, mit dem Recht des Erstgeborenen. Jakob blieb mehr in Mutters Küche.

Im Grunde war es ein rechtmäßiges Geschäft, denkt Jakob. Für eine Linsensuppe habe ich das Recht des Erstgeborenen gekauft. Esau hätte nicht darauf eingehen müssen. Er hatte nichts dagegen. Er hat die Suppe aufgegessen. Er hatte solchen Hunger, da kann eine Suppe gerade soviel wert sein wie das Recht des Erstgeborenen. Jakob findet, dieses Argument klingt gut.

Allerdings, jetzt in der steinigen Nacht auf dem kalten Feld, auf der Flucht vor einem jähzornigen Esau, glaubt er selbst nicht mehr so ganz, was er sich vorsagt. Aber dann verteidigt er sich wieder vor sich selbst: Was kann ich dafür, wenn ich ein Sohn zweier Eltern bin, die ihre Söhne gegeneinander ausspielen! Sonst wäre ich mit Esau aufgewachsen eben wie mit einem Bruder.

Liebe Gäste, ich frage mich: war das so? *Haben* die Eltern ihre Kinder gegeneinander ausgespielt? Ich schaue noch einmal auf Rebekka. Rebekka ist in dieser Familie, damit die Familie nicht kanaanäisch verfremdet wird.

Doch sie selbst ist hier in der Fremde. Es würde uns nicht wundern, wenn sie hier so sehr einen Verbündeten unter Fremden gebraucht hat. Wenn sie deswegen den Jakob zu ihrem Liebling gemacht hat. Und nicht Esau, den Erstgeborenen, den Liebling der übrigen Familie, des Großvaters Abraham, des Vaters Isaak.

Haben die Eltern ihre Kinder gegeneinander ausgespielt? Sagen wir mal, sie haben ihre Bedürfnisse verfolgt ohne an die Konsequenz zu denken. So kam es, dass die Brüder Esau und Jakob noch unterschiedlicher wurden. Obwohl sie – man staune – Zwillinge sind.

Diese Geschichten aus der Kindheit hatte Jakob nicht gern gehört. Ihm war es lieber zu sagen: Das ist Esau, und ich bin Jakob. Alle anderen haben immer Vergleiche angestellt.

Esau ist der zuerst Geborene. Man hat ihn den Roten genannt, weil er über und über von rötlichem Haar bedeckt war, das er nie verloren hat. Rot wie die Erde war er von Anfang an, und genauso erdverbunden. Jakob war als zweiter geboren, aber er hatte im Mutterleib die Ferse seines Bruders festgehalten und ist so auf die Welt gekommen. Das ist etwas Besonderes. Deshalb hat man ihn den Jakob genannt, zu deutsch den Fersenhalter. Die Mutter hat darin einen Jungen gesehen, der nicht gern an zweiter Stelle stehen will. Der den anderen zurückhalten will, weil er sonst ewig an zweiter Stelle stehen wird. So hat er das Mitleid der Mutter bekommen (obwohl wir das nicht wissen) und die Zuneigung der Mutter (das wissen wir genau). Sie kämpft für Jakob.

Rebekka versucht es mit einem Vergleich. Sie fragt: Von wem stammt eigentlich ein Kind, aus dem Leib der Mutter, oder nicht letztlich aus dem Samen des Vaters? Sie weiß, was sie zur Antwort bekommt, weil ringsum lauter Männer stehen, und die sagen: Das ist klar, ein Kind wächst aus dem Samen des Mannes. Wie ein Getreidekorn, das in die Erde gelegt wird. Der Mutterleib ist nur die Erde, in der das Korn aufgeht. Das Kind wächst aus dem Samen. Rebekka fragt weiter: Könnte man nicht auch sagen, ein dünnwandiges Gefäß, kann man nicht den Mutterleib damit vergleichen? – Jaja, aber das ist nicht wichtig. – *Kann* man das vergleichen? – Ja, man kann. – So gebt doch Perlen in das Gefäß, und nehmt sie wieder heraus. Welche Perle kommen zuerst heraus? Die man zuerst hineingegeben hat? – Nein, die man zuletzt hineingegeben hat, die kommt zuerst heraus. – Na seht ihr, ist es nicht so mit den Zwillingen, es muss doch dann der Zwilling, der als zweites herausgekommen ist, als erster hineingekommen sein? Ist nicht er der Erste? Aber da haben sich die Zuhörer schon unwillig entfernt. Die List der Rebekka nützt ihrem Lieblingskind nichts.

Manche Vergleiche hat Jakob aber auch selbst angestellt zwischen sich und seinem Bruder. Er konnte nie verstehen, warum Esau und Vater Isaak es so besonders fanden, einen Wildbraten heimzubringen. Anstatt bei der Mutter zu sitzen und ihr zu helfen. Jakob konnte auch nicht verstehen, warum Esau nicht lange nachdachte über das, was er tat. Esau war leicht einzuschätzen: er schaute auf das, was er sah, er dachte nicht viel über Möglichkeiten nach. Die meisten Sprachen der Welt haben ein Wort für „wenn" und eines für „dann". Esau anscheinend nicht. So, wie es sich anbietet, machen wir es – sagt Esau. Während Jakob sagt: Wir machen es dann, wenn die Konsequenzen für mich gut sind.

Wie verschieden wir doch sind, denkt Jakob.

Nach der Sache mit der Linsensuppe änderte sich nicht viel. Die beiden Söhne wurden vollends groß, und ebenso Rebekkas Schmerz, denn Isaak sah immer noch in Esau seinen Nachfolger.

Dann hat Esau zwei Frauen aus Kanaan geheiratet. Zwei Hethiterinnen. Wäre Großvater Abraham noch am

Leben, wäre das vielleicht nicht gegangen. Rebekka hatte importiert werden müssen. Aber jetzt geht so etwas plötzlich. Hethiterinnen.

Rebekka lebt fern ihrer eigenen Heimat, aber sie repräsentiert weiterhin Familientradition und Heimat. Sie muss das. Ihre neuen Schwiegertöchter müssen das nicht. Judith und Basemat heißen sie. Die beiden werden Rebekkas Enkel erziehen, so wie es kanaanäische Frauen tun, nicht wie Frauen aus Haran. Das fängt mit den Wiegenliedern an und hört mit den Anziehsachen auf. Wegen der Schwiegertöchter haben Rebekka und ihr Mann Isaak viel Gram. Siehst du, hättest du es Esau nur nicht erlaubt! – Ja und du, du hast es ihm ja auch nicht verboten! So gehen dann manchmal die Gespräche.

Wie die Linsen reihen sich Jakobs Erinnerungen aneinander. Wir wollen immer noch wissen, wieso jetzt aber Jakob in der kalten Nacht auf hartem Boden liegt und ein Flüchtling ist.

Ist seine komplizierte Familie schuld an allem? Oder hat Jakob etwas Böses in sich selber? Oder war es gar nichts Böses?

Jedenfalls hat Jakob an dem Tag, als Isaak feststellte: jetzt bin ich alt, und auf ausdrückliche Ermunterung der Mutter hin, seinem Vater den Segen des Erstgeborenen mit einer Lüge abgeluchst. Abluchsen kommt nicht von Luchs, sondern von Lügen.

Jakob sieht wieder das Bild vor sich, die ehrwürdige alte Leinwand vom Zelt Isaaks, dahinter die Stimmen von Isaak und Esau.

Geh, mein Sohn, jage mir ein Wild, bereite es mir, wie ich es gern mag. Dann essen wir es zusammen, und dann gebe ich dir den Segen des Erstgeborenen.
Warum, Vater? Wieso jetzt?
Du weißt, ich werde alt, ich fühle es. Meine Augen haben

schon gar keine Kraft mehr.
Du stirbst doch nicht?
Nein, jetzt nicht. Aber ich will das erledigt haben.

Dann das andere Bild. Eine aufgeregte Mutter, die all das gehört hat. Der Plan, den sie Jakob eintrichtert. Sie redet auf ihn ein. So bestimmend hat er das Gesicht seiner Mutter noch nicht gesehen. Der Moment, in dem sich alles entscheidet. Alles. Deswegen gibt es jetzt kein Nachdenken mehr.

Jakob sieht sich selbst, wie er nur der Ausführende war, nur der Handlanger.

Er hatte zwei Zicklein gebracht, die Mutter hatte sie mit vielen Kräutern so zubereitet, dass man sie von einem Wild praktisch nicht mehr unterscheiden konnte.

Er hatte Felle gebracht, die ihm die Mutter überall hinband, wo er nicht von Kleidung bedeckt war, Arme, Hals, damit man meinen sollte, Jakob wäre sehr behaart.

Er hatte Kleidung von Esau geholt und angezogen, damit er so nach Feld und Jagd roch wie Esau.

Mit all dem war er ins Zelt Isaaks gegangen, um ihn zu betrügen.

Es musste sein.

Jakob sagte: Mein Vater!
Hier bin ich. Welcher bist du nun, mein Sohn?
Ich bin Esau, dein Erstgeborener; ich habe getan, wie du mir gesagt hast. Komm, setz dich und iss von meinem Wildbraten, damit du mich dann segnest.
Wie hast du so bald ein Wild gefunden, mein Sohn?
Der Herr, dein Gott, hat es mir beschert.
Tritt herzu, mein Sohn, dass ich dich betaste, ob du mein Sohn Esau bist oder nicht.

So trat Jakob zu seinem Vater Isaak. Als der ihn betastet hatte, sagte er: Die Stimme klingt eher wie Jakob, aber die Hände sind Esaus Hände.

Bist du mein Sohn Esau?
Ja, ich bin's.
So bringe mir, mein Sohn, deinen Wildbraten, dass ich dich segne.

Er brachte es ihm und er aß; und er trug ihm auch Wein hinein und er trank. Und Isaak sagte zu ihm: Komm her und küsse mich, mein Sohn! Er trat zu ihm und küsste ihn. Da roch der Vater den Geruch der Kleider Esaus und segnete ihn:

Siehe, der Geruch meines Sohnes ist wie der Geruch des Feldes, das der Herr gesegnet hat.
Gott gebe dir vom Tau des Himmels und von der Fettigkeit der Erde und Korn und Wein die Fülle.
Völker sollen dir dienen, und Stämme sollen dir zu Füßen fallen.
Sei ein Herr über deine Brüder, und die Söhne deiner Mutter sollen dir zu Füßen fallen.
Verflucht sei, wer dir flucht; gesegnet sei, wer dich segnet!

Jakob unter seinem Sternenhimmel, wie er jetzt liegt, fragt sich, ob dieser Segen jetzt eigentlich gilt. Ein Herr über seinen Bruder – das ist er nicht im Moment. Wegen seines Bruders musste er fliehen. Kann es sein, dass ein Segen, den man sich erschwindelt hat, von selbst zum Fluch wird? Es wird ihm schwindlig.

Es hatte ja die Nachgeschichte gegeben. Esau hatte alles erfahren, logisch, weil er ja irgendwann mit dem echten Wild heimkam. Das konnte man vorhersehen.

Es hatte Verhandlungen gegeben. Kann man den Segen nicht irgendwie rückübertragen? Oder aufteilen? Nein, den Segen eines Vaters für den Erstgeborenen gibt es nur einmal, sagte Isaak. Und der liegt jetzt auf Jakob. Damit verbunden ein Auftrag Isaaks an Jakob: Geh selbst in die alte Heimat nach Haran, suche dort eine Frau für dich, denn das mit den kanaanäischen Ehefrauen Esaus, das war wohl sowieso nichts.

Da wusste Esau Bescheid. Geradezu die Seiten gewechselt hat Isaak jetzt. Dem Esau konnte Isaak nur noch sagen: *Fern* von der fetten Erde musst du wohnen, fern vom Tau des Himmels. Deinem Bruder musst du *dienen*. Wenn du durchhältst, dann kannst du am Ende das Joch deines Bruders abschütteln.

Esau hat zu spüren bekommen, dass ein Erstgeburts-segen nicht nur ein frommer Spruch ist, sondern handfeste Konsequenzen hat. Jakob ist nun offiziell Herr über gleichaltrige Verwandtschaft, die anderen müssen tun, was er sagt. Die ganzen Vorräte bekommt er zur Bewirtschaftung, das Getreide, den Most. Für Esau gibt es nur Tränen.

Und einen Racheschwur: Wenn der Vater tot ist – und er ist sicher bald tot –, dann bringe ich Jakob um.

Rebekka hat gesehen, dass er es ernst meint, und Jakob auf die Flucht geschickt, bevor es zu spät ist.

Nun ist er hier. Genauso schnell wie Jakob *alles* gewon-nen hat, hat er noch mehr verloren. Jakob grübelt wieder: Segen oder Fluch? Vielleicht verhungere ich hier draußen, oder ein wildes Tier fällt mich an. Dann ist alles aus. Dann weiß man, dass es alles nichts gewesen ist, und dann ist es gut, wenn alles vorbei ist.

Verhungern wird Jakob aber nicht. Er hat am Tag noch einige Heuschrecken sammeln können, diese Notmahlzeit der Wüste. Die wird es zum Frühstück geben. Mit diesem Gedanken schläft er ein.

Jakob träumt.

Er sieht eine Leiter. Sie steht auf der Erde. Mit der Spitze berührt sie den Himmel. Die Engel Gottes steigen auf und ab.

Oben steht Gott und sagt:
Ich bin der Herr
der Gott deines Vaters Abraham, und Isaaks Gott.
Das Land, auf dem du liegst,
will ich dir und deinen Nachkommen geben.
Dein Geschlecht soll zahlreich werden
wie die Staubkörner auf der Erde,
und du wirst dich verbreiten
gegen Westen und Osten, Norden und Süden,
und durch dich und deine Nachkommen
sollen alle Geschlechter auf Erden gesegnet werden.
Und ich bin mit dir und will dich behüten,
wo du hinziehst,
und will dich wieder herbringen in dieses Land.
Denn ich will dich nicht verlassen, bis ich alles tue,
was ich dir zugesagt habe.

Jakob wacht vom Schlaf auf und reibt sich die Augen. Er denkt nach.

Dann sagt er: Wahrhaftig, der Herr ist an dieser Stätte, und ich wusste es nicht!

Er ist klein, allein, und ein Flüchtling. Dagegen - wie heilig ist diese Stätte! Hier ist nichts anderes als Gottes Haus, und hier ist die Pforte des Himmels.

Es ist Morgen geworden. Jakob steht auf und nimmt den Stein, den er unter seinen Kopf gelegt hatte, und richtet ihn auf zu einem Steinmal und gießt Öl oben darauf. Jetzt ist es ein Altar.

Er nennt die Stätte Bethel, das heißt Gottes Haus.

Vorher hieß die Stadt Lus, schreibt der Chronist.

Wie bitte? Uns fällt auf, dass hier eine Stadt besteht. Eine Stadt hat Kaufläden, Schankstuben, Gasthäuser, Betten. Wie ist das, wir haben gehört, Jakob habe auf einem steinigen Feld übernachtet? Nur einen Stein als Kopfkissen gefunden? Da hätte er es leichter haben können.

Vielleicht war es schon dunkel, als Jakob hier ankam. Oder er hat nur das Negative sehen wollen. Jedenfalls dreht er nun seinen Kopf nach hinten und sieht die Stadt Lus, fortan Bethel genannt.

Jakob hat Hunger. Es ist Zeit zu essen. Auch für uns. Wir teilen das Mahl mit Jakob. Wir laden Sie ein, liebe Gäste, zu jener typischen Spezialität des Orients, die für Jakob bereit liegt.

Heuschrecken heißen nicht so, weil man davor erschrecken sollte. Andere Völker essen sie auch. Roh oder gegrillt, und sie sind sehr eiweißhaltig. Jakob packt also seine eingesammelten Heuschrecken aus. Unser Koch hat uns auch welche vorbereitet, und dazu darf ich auch Ihnen einen guten Appetit wünschen...

Doch halt! In dem Moment kommen Stadtbewohner heraus und begrüßen Jakob. Er scheint ihnen sympathisch zu sein, vielleicht weil er einen Altar errichtet hat. Man bringt einen Topf. Linsen sind darin. Jakob nimmt sie mit gemischten Gefühlen entgegen. Wir wissen warum. Aber er freut sich doch, denn es ist etwas Warmes, und es schmeckt wie zuhause, und es sind sogar noch etwas Beilagen darin. Geradezu königlich wird die Mahlzeit, die da auf Jakob gewartet hat, und *die* teilen wir nun mit ihm. Einen guten Appetit!

– riri riri riri riri –

Jakob und Lea und Rachel

J akob liegt auf dem Boden. Er blickt hinauf in einen lapislazuliblauen Himmel, silberne Sterne, Perlen und Metallplättchen, eingestickt in Seidenteppiche aus Persien. Die Luft geschwängert vom Duft des Rosenöls. Unter seinem Haupt Kissen, um seinen Leib Lammfelle. Neben ihm atmet eine Frau. Seine Frau. Ihren Kopf abgewandt, ihr dunkles langes Haar fließt zu ihm herüber. Es ist natürlich ein besonderes Gefühl, am Tag nach seiner eigenen Hochzeit aufzuwachen. Irgendwie auch ein fremdes. Jakob erinnert sich an Zeiten, als er neben seiner Mutter im Zelt aufwachte. Seit sieben Jahren hat er in den Zelten der Knechte geschlafen. Deswegen fühlt es sich heute fast befremdlich an. Aber doch gut. Seine Frau liegt nun neben ihm.

Er will seine Frau nicht aufwecken. Er denkt: Was für ein kostbarer Moment. Dafür habe ich sieben Jahre gearbeitet. Ist das immer so, dass man lange für seine Frau arbeitet? Nein. Vater Isaak hat Mutter Rebekka durch den Knecht abholen lassen. Jakob dagegen hat selbst um Rachel geworben, hat für sie sieben Jahre gearbeitet.

Auch hier haben sich die Zeiten geändert, denkt Jakob. Hier in Haran, wo vor vielleicht dreißig Jahren Rebekka, die Tochter Betuels abgeholt wurde ins verheißene Land, um dort Isaak zu heiraten. Inzwischen gibt man anscheinend hier die Töchter nicht mehr so ohne weiteres her. Die Zeiten ändern sich. Oder ist es nur, dass Laban so ein Kauz ist? Laban, Jakobs eigener Onkel, der Bruder Rebekkas. Jetzt auch Jakobs Schwiegervater.

Der Vorschlag für den Handel war von Jakob gewesen, weil er nichts anderes anbieten konnte als nur seine Arbeitskraft. Aber als guter Geschäftsmann hat sich Laban erwiesen, denn unter Jakobs Pflege haben sich Labans

Herden vorzüglich entwickelt. Jakob selbst wiederum war unter der Pflege des segnenden Gottes gestanden.

Aber was soll mir Laban, sagt sich Jakob. Die Zeit ist für uns wie im Flug vergangen. Jeden Tag vor seinen Augen: Rachel mit dem hübschen Gesicht. Rachel mit der freundlichen Art. Rachel, die die Zeit bei den Herden süß gemacht hat. Natürlich nur der Gedanke an sie hat es süß gemacht, Schäferstündchen kannte Jakob der Schäfer noch nicht. Rachel, die Frau, durch die es geschehen ist, dass Jakob nicht mehr Herr seiner selbst war.

Das war so: Vor sieben Jahren war Jakob hierher in die Gegend von Haran gekommen. Hirten hatten an einem Brunnen gewartet. Der Brunnen war durch einen Stein verschlossen. Wieso macht ihr ihn nicht auf, hatte Jakob verständnislos gefragt. Er hatte Durst. Tut doch den Stein zur Seite! – Wir warten, bis alle Hirten da sind, war die Antwort. Jakob musste sich auf längeres Warten einstellen. Der Brunnen wird nur einmal aufgemacht. Dann war diese Hirtin aufgetaucht, und Jakob war nicht mehr Herr seiner selbst. Er wusste das damals nicht, aber in den sieben anschließenden Jahren hat er es sich klar gemacht. Denn nur so war es möglich, dass er als Fremder die Sitte der Hirten damals missachtet hatte, und *für sie* den Brunnen sofort aufgemacht hatte.

Die Hirten mögen säuerlich oder aber vielsagend dreingeblickt haben. Anschließend herauszufinden, wer das Mädchen war, und wer ihr Vater, war nur noch die logische Folge: Rachel, die Tochter Labans.

Jakob will nicht mehr warten, bis seine Frau wach ist.
Rachel?
Der schönste unter den Namen der Frauen.
Rachel?
Ein zögerndes Atemholen lässt sich hören.
Jakob ist höchst verständnisvoll: „Ja, Liebste, wache nur erst auf."

Doch seine neue Ehefrau hatte längst nicht mehr geschlafen. Noch einmal holt sie Luft.
Ich bin's, die Lea, sagt sie.
Dies ist zunächst einmal verwirrend, weil diese Antwort nicht zu erwarten war.

Erst einmal die Begrifflichkeit klären: Lea. So heißt die ältere Schwester Rachels.

Zweite Klärung der Lage: Aber das kann nicht sein. Ich habe ja Rachel geheiratet, nicht Lea, denn Lea ist das Mädchen mit dem blöden Gesicht. Gut, manchmal tut Lea einem Leid, weil *niemand* sie haben will. Lea hat sich auch bei der Hochzeit nicht sehen lassen, man mag vermuten, weil sie beleidigt war. Aber das tut jetzt nichts zur Sache. Es war nicht Lea, sondern Rachel, mit der er die Nacht verbracht hat.

Drittens, Schlussfolgerung: Rachel hat Humor. Jakob überlegt, wie er nun auch einen Witz machen kann.
Seine neue Ehefrau dreht sich um. Das blöde Gesicht der Lea schaut ihn an.

Letzter Erklärungsversuch: Ja was, ist Rachel schon Frühstück machen gegangen? Du, Lea, was machst du hier? Schläfst du dann immer bei deiner Schwester im Zelt? Aber das geht leider nicht, weil ich...
Lea unterbricht Jakob: Nein, Jakob, du hast *mich* geheiratet, mich, die Lea. Ich war es die ganze Nacht, die hier mit Dir zusammen war.

Die Psychotraumatologie lehrt uns, dass in Momenten, wo die uns zur Verfügung stehenden Bewältigungsmuster nicht mehr ausreichen, weil der Moment uns eben überfordert, dass in solchen Momenten Bewusstsein und Körper auseinander treten können, und dass man daher hinterher nicht mehr weiß, was geschehen ist. So ist uns nicht überliefert, wie Jakob reagiert hat: schreien, schlagen, rennen, erstarren, in Ohnmacht fallen – er selbst weiß es nicht mehr, und Lea hat den Anstand, es niemals zu erzählen.

Lea hat auch den Anstand, zu tun, was man tun kann, um dem Unglücklichen zu helfen. Sie hält ihn im Arm und gibt ihm Sicherheit. Sie erklärt ihm ruhig, was geschehen ist. Sie verkompliziert die Lage nicht mit „selbst Schuld" oder mit „es war besser so" oder so etwas. Sie sagt nur: Mein Vater hat *mir* den Brautschleier gegeben. Damit und im Dunkel des Zeltes hast du mich nicht erkannt. Rachel wollte dich nicht betrügen. Laban hat es befohlen.

Vielleicht ist es dieser Ruhe und Güte der Lea zu verdanken, dass Jakob, als er wieder zu sich kam, *sie* nicht verurteilte oder bestrafte, und dass er sich überhaupt auf Lea als seine tatsächliche Ehefrau einlassen konnte. Dass er in ihrem angeblich blöden Gesicht die Güte ihres Herzens zu sehen begann und sie mit der Zeit einigermaßen schön fand, weil es sich ändert, was wir schön finden. Und dass er diese seine Hochzeitsnacht nicht bereute. Und sich vielleicht manchmal dachte: Im Grunde ist es fair für Lea, anders hätte sie sich einem Mann nie von ihren guten Seiten zeigen können. Alles das wissen wir zwar gar nicht, aber so ähnlich muss es gewesen sein, sonst wäre die Geschichte nicht so weitergegangen, wie wir noch hören werden.

Wir können uns ausrechnen, gegen wen sich stattdessen der Zorn des Jakob gerichtet hat. Aber das ist auch nicht so leicht. Wenn wir uns in Jakobs Lage versetzen, dann merken wir, dass er nicht ungestüm aus dem Zelt brausen kann und schreien kann: Wo ist Laban! Ich zerreiße ihn in der Luft! Denn nachdem er den ganzen Betrug durchschaut hat, muss er sich ausrechnen, dass mehr oder weniger die ganze Familie Bescheid wusste, selbst die Knechte. Zumindest musste es viele Komplizen gegeben haben.

Jakob rechnet damit, dass man über ihn lachen wird. Er könnte auch Mitleid erwarten, aber bemitleidet will man auch nicht immer werden. Er muss wohl oder übel wie ein Mann zu seiner Niederlage stehen.

Das Frühstück übrigens macht dann eine andere Frau. Als Brautgabe hat Lea eine Magd mitbekommen, namens Silpa. Sie frühstücken.

Dann geht Jakob zu Onkel und Schwiegervater Laban. Warum hast du es getan?
Es ist bei uns nicht Sitte, die jüngere Tochter zuerst herzugeben.

Das ist genau das, woran man merkt, dass man fremd ist irgendwo. Wahrscheinlich haben *immer*, wenn Jakob von seinen Heiratsplänen mit Rachel erzählt hat, die Leute höflich zugehört und sich insgeheim gefragt: Wie stellt er sich das vor, der Jakob?

Jakob sagt: Eure Sitten sind ganz schön alt und staubig hier, mit diesem Recht der erstgeborenen Tochter. Laban antwortet: Bist Du sicher, dass das bei euch daheim anders ist mit dem Recht der Erstgeburt?

Merken Sie, wie sich die Geschichten wiederholen?

Aber es wiederholt sich nicht alles. Laban macht einen Vorschlag: Ich wollte dir wirklich Rachel geben. Feiere mit Lea die Hochzeit zu Ende (das dauert eine Woche). Gleich anschließend heirate Rachel. Damit du weißt, dass ich es ehrlich meine. Dann arbeite nochmal sieben Jahre für sie. Das ist ein gutes Angebot. Denn du hast ja sonst nichts, was du geben kannst.

Ein letztes Mal begehrt Jakob auf: Wenn ich dein Angebot annehme, dann gebe ich mein Einverständnis zu deinem Betrug, den du mir angetan hast. Du hättest mir von eurer Sitte sagen müssen.

Betrug? Was ist schon Betrug? fragt Laban. Hast Du noch nie etwas verschwiegen? Es ist doch unser beider Vorteil!
Ich habe noch nie betrogen, entgegnet Jakob im Brustton der Überzeugung.

Dann gibt er sich geschlagen. Wir wissen, glaube ich, warum. Jakob nimmt Labans Angebot an. Diesmal versucht er, wirklich mit Arbeit an sein Ziel zu gelangen. Statt mit Tricks. Er will es besser machen als Laban und besser als Jakob selbst. Nicht alles wiederholt sich im Leben. Man hat auch die Möglichkeit, es beim nächsten Mal anders zu machen.

Wie Jakob es wohl geschafft hat, nach den folgenden sieben Tagen Rachel zu heiraten, die sieben Jahre lang seine Einzige war, und nun plötzlich die Zweite ist?

*Vielleicht haben Sie sich beim Zuhören manchmal gefragt: Woher weiß der Erzähler das alles? Ist das alles so überliefert worden? Nein, das ist es nicht. Darf man dann überhaupt Sachen dazuerzählen? Das ist allerdings die falsche Frage. Wir erzählen ständig dazu. Wir *können* die alte Geschichte nur so weitererzählen, dass wir sie dabei selbst verstehen. Sonst sagt uns die Geschichte nichts.

Das einzige, was wir tun müssen, ist, zu sagen: Es kann auch anders gewesen sein. Und je mehr verschiedene Menschen dieselbe Geschichte erzählen, desto eher kommen wir an das, was sie uns sagen will. So macht es die Bibel. Ausgerechnet die Geschichte von Jesus, die wichtigste, wird in der Bibel viermal erzählt. Die Bibel mutet uns zu, in der Vielfalt der Wahrheit am nächsten zu kommen.

Also: Wie Jakob es wohl geschafft hat, nach den folgenden sieben Tagen Rachel zu heiraten, die sieben Jahre lang seine Einzige war, und nun plötzlich die zweite ist?

Erzählen Sie doch mal, nur an dieser einen Stelle: wie hat Jakob das geschafft? Welche Möglichkeiten hatte er, welche nicht?°

Jakob hat Rachel geheiratet. Sie bekommt als Brautgabe eine Magd namens Bilha. Einerseits sind wir froh, dass es dazu noch gekommen ist. Wir gönnen es dem Jakob und der Rachel, nun zusammen zu sein. Rachel, die hübsche, die freundliche, die Jakob schwach macht.

Gott andererseits sorgt für einen gerechten Ausgleich. Insofern wir jedenfalls Kinder als Geschenk Gottes bezeichnen. Und das sind sie ja auch.

Die Gründung des Harems erfolgte ja, das kann man sagen, innerhalb von vierzehn Tagen. Im Lauf der Wochen zeigt sich, dass Lea schwanger ist, Rachel jedoch nicht. Das liegt nicht daran, dass Jakob bei ihr nicht im Hochzeitszelt gewesen wäre. Das liegt eben daran, dass der Mensch nicht allein das Sagen hat über Leben, Nichtleben, Entstehung von Leben. So erfolgt der Ausgleich für Lea, die von Anfang an wusste, dass es sich bei ihr um keine Liebesheirat handelt. Nun hat sie einen gerechten Vorteil.

Nach neun Monaten hat Lea einen Jungen entbunden. Er heißt Ruben. Das bedeutet in der aramäischen Sprache, die um Haran herum gesprochen wird: Schau an, ein Sohn! Lea sagt dazu: Das heißt auch: *Gott* hat *mich* angeschaut, und mir einen Sohn geschenkt.

Rachel kann keinem Kind einen Namen geben. Nach einem weiteren Jahr entbindet Lea wieder einen Sohn, und nennt ihn Simon, das heißt: Zuhörer, denn Gott hat sie erhört.

Rachel muss weiter warten. Die Jahre vergehen. Für Jakob vergehen sie schnell. Jedes Jahr, als wäre es ein Tag. Es ist die Zeit seines höchsten Glücks. Er arbeitet für Laban, hat aber Rachel, hat Lea mit den Kindern. Sein dritter Sohn heißt Levi, das heißt Anhang, denn Lea (die natürlich wieder die Mutter ist), sagt: nun wird Jakob endlich mir anhängen. Den vierten nennt sie Juda, das heißt: Danke. Nach vier Jahren halten wir kurz inne, nicht nur weil wir Ihnen allzu viel Aramäisch auf einmal ersparen wollen. Sondern weil nun auch Lea nicht mehr schwanger wird. Ihr Körper macht Pause. Der Mensch hat das Leben nicht in seiner Hand.

An dieser Stelle sei noch einmal betont, dass für Lea das Kinderbekommen wichtig gewesen wäre. Denn Rachel bleibt die Lieblingsfrau, und bei Rachel ist Jakob normalerweise.

Wir halten auch deswegen inne, weil wir zurückblicken müssen. Rahel war inzwischen nicht untätig. Sie ist eifersüchtig geworden. Sie setzte Jakob das Messer auf die Brust (heute benutzt man Pistolen dazu) und sagte: Ich will Kinder. Das ärgerte Jakob. Er hatte sein Möglichstes getan. Sie aber konnte nicht länger das Glück ihrer Schwester ansehen. Da verlangte sie, dass Jakob zu ihrer Magd Bilha ins Zelt hineinging. So geschah es, dass Bilha schwanger wurde. Als *ihre* Zeit der Entbindung da war, kniete sich Rachel vor die Magd, so dass das Neugeborene in Rachels Schoß zu liegen kam. So ließ sie es als ihr eigenes Kind gelten, ihren Sohn. Und so konnte Rachel endlich auch einen Namen geben: Mein Kind heißt Dan, das heißt: Recht, weil Gott mir nun Recht verschafft hat.

Klammer auf: wir als fast Unbefangene durchschauen sofort, dass in Wahrheit Rachel sich zu einem vermeintlichen „Recht" selbst verholfen hat. Rachel und Gott, das ist ein etwas schwieriges Gespann. Wie wir noch sehen werden. Klammer zu.

Noch einen Sohn, Naftali, bekommt Rachel später, ohne schwanger zu sein, auf die gleiche Weise mit Hilfe einer Leihmutter. Naftali, das heißt Kämpfer. Weil ich wahre Kämpfe mit Gott ausgestanden habe, sagt Rachel. Sie genießt inzwischen das Namengeben. Das mit dem

Gotteskampf trifft die Sache wohl. Das gestehen wir ihr gerne zu, dass sie wegen ihrer Kinderlosigkeit mit Gott gerungen hat.

Aus Jakobs Sicht ist es übrigens anders. All die Kinder sind immer seine. Wer der Vater ist, ist bekanntlich immer eindeutig. Wie wir wissen, wird er insgesamt zwölf Söhne haben, die Väter der zwölf Stämme Israels. Von daher gesehen ist es auch von Vorteil, dass mehrere Frauen beteiligt sind. Wenn jedenfalls die Sache in den sieben Jahren geschafft sein soll, in denen Jakob noch beim Schwiegervater Laban zu arbeiten gedenkt. Denn er denkt schon manchmal darüber nach, einmal von hier fort zu gehen. Er denkt, das sei durchaus gesagt, manchmal an seine Familie in Kanaan.

Bei sechs Kindern sind wir also.

Lea muss sich ja nun selbst damit zurechtfinden, dass sie nicht schwanger wird. Auch sie gibt sich nicht zufrieden. Hat sie Angst, dass Rachel aufholen könnte? Es gibt zwei Lösungen.

Die erste Lösung: sie machte es wie Rachel. Sie schickt ihre eigene Magd Silpa zu Jakob, und so weiter, und nennt am Ende noch zwei Kinder ihr uneigentliches Eigen, nämlich Gad, d.h. Glück, und Ascher, Glückskind. Ein zweiter Lösungsansatz kommt unverhofft von ihrem ältesten Sohn Ruben. Ich sage Lösungsansatz, weil Lea nur indirekt davon profitieren wird.

Es ist die Zeit der Weizenernte. Jakob ist auf dem Feld, Ruben der Knabe ist auf dem Feld. Ruben findet am Rain eine interessante Pflanze, daran Früchte wie grüne Tomaten, der Geruch aromatisch. Das ist ein ganz hübsches Fündlein. Duda'im heißen sie, Liebesäpfel. Das wird seine Mutter interessieren.

Würde er die ganze Pflanze ernten wollen, mitsamt der – ich sage mal – Wurzel, weil diese auch sehr nützlich ist, würde er eine Art Ohrenschutz brauchen. Denn anstelle einer normalen Wurzel befindet sich unter dem Stängel ein Alraun, der nur wie eine Wurzel aussieht. Der Alraun brüllt beim Ernten. Von dem Schrei wird man ohnmächtig oder gar verzaubert. In späteren Jahrtausenden hat man die sinnreiche Erfindung gemacht, die Alraunen von einem schwarzen Hund ernten zu lassen, den man mit einer Schnur daran bindet und der beim Davonlaufen mit der Schnur die Wurzel herauszieht, und der solche Gefahren dann entweder aushält, oder eben nicht, aber dann war es nur ein Hund. Diese Methode hat Ruben nicht, braucht er auch nicht. Denn ihm reichen die Früchte. Auch sie sind nützlich für Fruchtbarkeit und Schwanger-schaften, und sind auch selbst schon giftig genug, dass man daran sterben kann.

Ruben kommt mit seinen Liebesäpfeln zum Zeltdorf und trifft ausgerechnet auf Lea *und* Rachel. Rachel sieht die duftig-giftigen Früchte und möchte sie haben. Da wird Lea wütend. Das ist mein Sohn, der sie gefunden hat. Die Früchte gehören mir. Wo du mir erst meinen Mann genommen hast, willst du jetzt auch noch meine Liebesfrüchte?

Wer weiß, wie oft es unter den beiden schon Streit gegeben hat. Aber wir erfahren es hier zum ersten Mal. Man wird von nun an nicht sagen können, dass es in diesem Harem keine Eifersucht gäbe. Dass sich die zwei Schwestern und eigentlich vier Frauen schon ganz gut arrangieren könnten. Fast sieben Jahre ist Lea in Wahrheit eifersüchtig auf Rachel gewesen. Dann kommt wieder die Vernunft der beiden zum Vorschein. Sie werden mitein-ander leben müssen.

Rachel bietet an: Also gut, du kannst heute Jakob zu dir nehmen. Und noch öfters. Gib mir dafür die Früchte. So geschieht es. Ein Handel zwischen zwei Schwestern. Wäre Jakob dabei, er würde sich vielleicht erinnern an *seinen*

Handel mit *seinem* Bruder. Oder aber er würde sich fragen: Habe ich da eigentlich auch etwas mitzureden? Und: Bin ich überhaupt nur zum Kinderzeugen da?

Als Jakob vom Feld heimkommt, wird ihm der Handel eröffnet. In der Tat, er hat nichts mitzureden. Vielleicht will er auch nicht, weil er müde ist. Rachel hält sich an die Abmachung und lässt Jakob nicht zu sich. Lea nimmt ihn auf, und sagt: Du bist heute bei mir, weil ich dich für ein paar Liebesäpfel erworben habe.

Es geschieht dann, dass Lea wieder schwanger wird. Ihren fünften Sohn nennt sie Issachar. Das heißt Lohn. Lea fasst ihr Kind als Gottes Lohn auf. Oder sie denkt an den Lohn, für den sie sich die Liebesnächte gekauft hat. Und ihren sechsten nennt sie Sebulon, das heißt Bleibe. Warum *Bleibe*? Sie hofft, mit so viel Söhnen die Gunst ihres Mannes endgültig erworben zu haben, dass er nun bei ihr *bleibt*. Wir werden aber nüchtern feststellen müssen, dass Jakob dann doch auch wieder zu Rachel ging.

Dennoch wird Lea zum siebten Mal schwanger.

Endlich – es ist ein Mädchen! Es heiß Dina. Wir wissen nicht, was ihr Name bedeutet. Dina heißt einfach Dina. Dina bleibt verschont davon, dass ihr Name den ewigen Zwist zwischen zwei Schwestern widerspiegeln muss. Das heißt: nicht ewigen Zwist, sondern erst einmal den siebenjährigen.

Denn es sind die sieben fast Jahre vorbei, und elf Kinder angekommen, falls Sie nicht mitgezählt haben.

Nun erinnert sich Gott an Rachel, so empfindet sie es. Oder waren es die Liebesäpfel? Beides schließt sich ja nicht aus. Die medizinische Wirkung dieser Früchte ist so ungewiss, dass Gott durchaus nachhelfen musste.

Rachel gebar einen Sohn und nannte ihn Josef, das heißt Hinzufüger. Gott möge noch einen Sohn hinzufügen.

Denn es sind in den sieben Jahren doch nicht zwölf Söhne geworden, aber immerhin zwölf Kinder.

Jakob will mit seinen Frauen Laban verlassen. Kurz gesagt: Hier ist er sich ausnahmsweise mit beiden Frauen einig. Sie alle haben das Gefühl, dass Laban sich verändert hat. Laban hat bestens profitiert von Jakobs Arbeit und züchterischen Qualitäten. Die Herden haben sich vervielfacht.

Aber sie finden, dass er es nicht dankt. Manches von Jakobs Brautgabe, also den Viehherden, hätte Laban seinen Töchtern geben müssen, hat es aber nicht. Jakob selbst hat auch nichts außer eben seinen Frauen und Kindern. Ansonsten gehört alles Laban. Sie alle beschließen, Laban zu verlassen. Aber dafür braucht man eine Lebensgrundlage.

Dazu brauchte es einen letzten Trick, und Jakob beginnt bald, ihn anzuwenden. Weil Laban knauserig ist, hat sich Jakob von ihm das sogenannte Fleckvieh gewünscht. Ein angesehener Mann hat weiße Schafe und schwarze Ziegen. Alles andere verschenkt er mit Herablassung. Jakob begnügt sich, dass in der kommenden Zeit die schwarzen Schafe und die hellgescheckten Ziegen aussortiert werden und mit diesen eine kleine Herde für Jakob begründet wird. Damit kann Laban natürlich leben.

Er weiß nicht, dass Jakob alle züchterischen Tricks kennt. Jakob wartet, bis ein recht gesundes Pärchen bei der Paarung ist, und wendet dann präparierte Pappelzweige an, indem er sie vor die Tiere legt. Davon wird der Nachwuchs nämlich bunt. Bei schwächeren Pärchen macht er es nicht. So sind die weißen Schafe und die schwarzen Ziegen des Laban mehr und mehr schwächlich. Die bunten Tiere des Jakob sind dafür die starken und schönen, und es gibt plötzlich ungewöhnlich viele davon.

Es müssen nicht noch einmal sieben Jahre vergehen, bis Jakob eine ansehnliche Herde beisammen hat. Aber genug Zeit, dass die Leute des Laban unwillig wurden und irgendwie das Gefühl hatten, Laban würde hier betrogen. Dabei ging alles mit rechten Dingen zu, wieder einmal lief alles genau nach Abmachung. Nur Labans Gesicht ließ nichts Gutes verheißen.

Das war der Moment, wo man die Abreise antrat, ohne große Abschiedszeremonie. Ohne Abschiedszeremonie, das bedeutet genau gesagt: Man wartete den Moment ab, wo Laban gerade bei seiner Herde war, beim Schafescheren. Da packte die Familie Jakob alle Habe und Mitarbeiter zusammen, und zog nach Süden, Richtung Kanaan.

Vor Verlassen des Landes lassen wir die Reisenden noch zurück schauen. Denn da gibt es viel zu sehen, worauf man kaum geachtet hat, als man da wohnte. Da sind natürlich die Zelte der Aramäer. Ihre Sprache ist die Sprache Abrahams. Sie sind Nomaden. Ihnen kann fast egal sein, wer das Land Haran regiert. Das sind die, die die Städte bewohnen, die man im Hintergrund sieht. Hurriter, Mitanni, Hethiter, Akkader, Babylonier, Perser. Hellenen, Römer, Araber, Türken. Laban aber, der Patriarch der Zeltbewohner, wird hier im Dörfchen Fadana einst ein Grabmal erhalten, das noch nach Jahrtausenden von Pilgern aus aller Welt besucht wird.

Wer regiert, das scheint auch der übrigen Bevölkerung fast egal zu sein. Die Leute behalten ihre eigene Kultur. Sie leben seit Jahrtausenden in ihren Dörfern, die dieselbe Farbe haben wie das karge Land ringsum, und sie leben unverändert in Häusern, die wie Bienenstöcke aussehen bis in ferne Jahrtausende.

Und im Hintergrund auch die Stadt Haran selbst, auch sie besteht durch die Jahrtausende, nur wird auch sie eines Tages ein Dörfchen sein. Wer hier herrscht? In

Wahrheit die Mondgöttin Sin, auch wenn das den Jakob wenig interessiert, aber auch sie wird hier noch Jahrtausende herrschen, noch lange, nachdem Christen und selbst Moslems ihren Glauben ins Land getragen haben.

Aber Jakob bleibt wenig Zeit nachzudenken, was er im Lande Haran alles nie erleben wird. Er zieht an dem Brunnen vorbei, den er einmal für Rachel geöffnet hat. Der Stein liegt noch daneben. Niemand rührt ihn mehr an. Einst werden auch ihn Pilger aus aller Welt bewundern. Einen großen Stein in der Steppe, den zu bewegen nur wenige die Kraft haben.

Wer von Haran aus nach Süden zieht, folgt zunächst dem Flüsschen Daisan und erreicht dann den Euphrat. Den überquert man schnell, denn es könnten doch irgendwann Verfolger auftauchen. Dann hält man Rast und speist, was der Fluss hergibt. Jakob schaut in den Sternenhimmel und denkt: Die erste, die allererste Mahlzeit mit meiner eigenen Familie. Das muss gefeiert werden. Gesegnete Mahlzeit!

– ꔰ ꔰ ꔰ ꔰ –

Jakob und Gott

Jakob liegt auf dem Boden. Er sieht gar nichts. Sterne sieht er nur, weil Sandkörner in seine Augen dringen. Die Nase im Sand, links von ihm Sand, rechts Sand, unten Sand. Vermischt mit Schweiß von Erschöpfung und Schweiß von Angst.

So sieht Demut aus. So wirft man sich vor Gott in den Sand. Vor Jakob steht allerdings kein Gott. Sondern es ist Esau. Vor Esau liegt Jakob im Sand.

Wieder einmal haben wir zu erzählen, wie es dazu kam. Esau kennen wir. Lange haben wir nichts von ihm gehört. Doch Jakob musste damit rechnen, ihm zu begegnen auf dem Weg in die Heimat.

Mit Gott hat die Sache aber übrigens doch zu tun. Aber was? Ist Ihnen aufgefallen, wie selten die Väter unseres Glaubens eigentlich mit Gott zu tun hatten? Uns fällt es auf, Jakob selbst nicht. Für ihn ist es eine Menge, in jener Nacht damals Gott am oberen Ende der Himmelsleiter geträumt zu haben und dann einen Altar gebaut zu haben, bestehend aus einem Stein und etwas Öl. Aber das war es dann auch schon. Beten habe ich ihn noch nicht hören.

Ansonsten in der Großfamilie ein Leben aus Arbeit und Liebe, Zank und Intrigen, Verrat und Betrug, Flucht und Suche nach der Heimat. Jakob ist sich nicht so sicher, wer Gott ist, wie wir es sind – falls wir es sind. Jakob nennt Gott nicht Jahwe, er ist schon froh zu wissen, dass der Gott auf der Himmelsleiter sich vorgestellt hat als derselbe Gott, den sein Vater und sein Großvater gekannt haben.

Seine Frau Rachel hat dann den Stein etwas ins Rollen gebracht. Wir wissen noch, wie sie gesagt hat: Gott hat mir Recht verschafft und mir einen Sohn gegeben – wo das doch der Sohn Bilhas war, den Rachel sich nur angeeignet hat. Aber Rachel hatte angefangen nachzudenken: Wenn es Gott gibt – warum macht er es dann so und so? Muss er mir dann nicht gerechterweise auch Kinder schenken? Und ihr Sohn Naftali passte dem Namen nach zu ihrem Ringen und Kämpfen mit Gott.

Rachel stößt da eine Sache an. Sie hat etwas angestellt. Ich beginne also von vorne.

Rachel hat, als sie mit der ganzen Familie Haran verließ, natürlich das Nötigste eingepackt. So ging sie auch noch einmal ins Zelt Labans, es konnte ja sein, dass aus ihren Jugendtagen noch etwas von ihr da lag. So bald würde sie nicht mehr herkommen und es holen können. Da sah sie die kleine Götterfigur der Familie. Wir erinnern uns – in der Verwandtschaft war noch nicht so ganz klar, wer Gott ist. Man hatte immerhin eine Götterfigur. Rachel dachte nicht lange nach und steckte sie ein. Sie packte sie in ihr persönliches Handgepäck.

Damit löste sie etwas aus, wo man fast meinen möchte, Gott hatte tatsächlich selbst seine Hand im Spiel, obwohl es doch nur eine Figur war. Sie löste die Verfolgung durch Laban aus. Laban kam hinterdrein, die Figur zurückzuholen. Er mag sich auch geärgert haben über das Verschwinden der Familie, zusammen mit großen Reichtümern.

Die Figur ist aber das, wonach er besonders fragte, als er und seine Leute Jakob und seine Schar einholten. Das geschah schon ein sehr gutes Stück südlich des Flusses Euphrat, am Gebirge Gilead. In dem Moment, als die Ausreisewilligen gerade ihre Zeltstadt aufgebaut hatten.

Wenn zwei Wüstenstämme einander verfolgen, aufeinandertreffen, dann hat das schon etwas Kriegerisches an sich. Jakob ließ seine Leute Stellung beziehen. Laban die seinen. Laban war ohne den unbeweglichen Tross, dafür mit mehr Männern. Er war klar im Vorteil.

Aber Laban war denn doch verunsichert. Er war nun ohne Götterfigur. Die Figur war auf der anderen Seite, so glaubte er zumindest. Dazu kam ein Traum. Laban hatte geträumt, Gott begegnete ihm – wie dieser Gott wohl aussah, welcher war es nun? Und dieser Gott sagte zu ihm: Hüte dich, Jakob anders zu begegnen als freundlich.

Laban trat also in Verhandlung mit Jakob ein. Man traf sich zum Palaver. Laban machte seinem Schwiegersohn klar, wer hier der Stärkere war, und dass man die Stärke vorerst nur deswegen nicht ausnützte, weil Gott davor gewarnt hatte. Laban lamentierte auch. Wieso habt ihr Euch nicht verabschiedet? Wir hätten ein Fest gefeiert mit Harfen und Pfeifen und Tanz. Und wenn du schon weggezogen bist, wenn du schon unbedingt heim wolltest, wieso hast du meinen Gott mitgenommen?

Jakob war verblüfft, denn er wusste von keinem Gott, den er mitgenommen hatte. Das war seine Chance, sich von der zugänglichen Seite zu zeigen, zu sagen: Ich spiele hier mit offenen Karten. Du kannst eine internationale unabhängige Untersuchungskommission schicken. Wenn du etwas findest, dann will ich dir eingestehen, dass ich schlechte Absichten hatte. Wenn du deinen Gott bei jemandem finden solltest, der wird sterben, dafür sorge ich.

Wir wissen ja, wie solche Geschichten ausgehen. Solche Händel haben Männer mit dem Teufel geschlossen und dabei ihr liebstes Kind verloren. Aber Jakob war in gutem Glauben und fügte hinzu: Siehst du, Laban, ich wollte dir niemals schaden, ich fürchtete mich nur vor dir.

Die Zelte wurden gefilzt, eines nach dem anderen. In keinem war etwas. Bis Laban zu Rachels Zelt kam. Er trat ein. Da saß seine Tochter auf dem Boden, das heißt nicht ganz auf dem Boden, sie hatte sich auf den Kamelsattel gesetzt. Sie schaute etwas schüchtern.

Ah, meine Tochter, du bist da.

Ja, Vater, grüß dich.

Tja nun.

Tut mir leid, dass ich sitzen muss...

Aber selbstverständlich, bleib sitzen.

Eine seltsame Situation. Vater und Tochter, das könnte etwas fröhlicher sein. Aber nach den Umständen... Laban fragte sich: So schüchtern ist sie doch sonst nicht... Aber wer weiß, was sie von mir hält? Aber ich habe ihr doch nichts getan? verstehe einer die Frauen...

Nun ja, tut mir leid, ich muss dein Zelt durchsuchen.

Aber selbstverständlich, such nur überall.

Naja, ich würde dir das ja nie zutrauen... aber es muss halt sein.

Selbstverständlich, Vater, halte dich nicht zurück. Ich versteh das.

Soll ich wirklich?

Ja, ja, mach nur. Nur dass ich dir nicht helfen kann, ich muss sitzen bleiben, ich habe meine Tage, du verstehst schon...

Ja,ja ich verstehe, Tochter.

Auch das noch. Frauensachen. Das machte Laban noch nervöser. So vollzog er seine Durchsuchung schnell und gründlich. Auch in Rachels Handgepäck schaute er. Die Verabschiedung ging schnell, und einer Frau, die ihre Tage hat, kommt man ja sowieso nicht gut nahe. Auf diese Weise konnte Rachel das Unglück abwenden. Sie beschloss, die Götterfigur vorläufig noch unter ihrem Kamelsattel zu lassen.

Draußen vor dem Zelt hatte sich nun der Wind gedreht. Jakob konnte nun zornig sein: Was fällt dir ein, uns so einen Raub zuzutrauen? Zwanzig Jahre habe ich dir gedient, zweimal sieben für meine Frauen, sechs für meine Herde, du hast dadurch viele Vorteile gehabt, und traust mir böse Absichten zu? Und dass ich mich vor dir fürchten musste, das zeigt sich ja jetzt wieder, wie du hinter uns herkommst und schnaubst, und wir uns auch noch verteidigen müssen!

Da steht Laban sicher da wie ein begossener Pudel. Müssten wir meinen. Aber: Laban war ja nun doch ein erfahrener Mann. Immerhin war er der Stärkere. Wenn ja nun niemand die Götterfigur hatte. Und Jakob, umgekehrt, pokerte gerade. So schlug er einen Vertrag vor. So kamen beide einigermaßen unbeschädigt aus der Sache heraus.

Die beiden errichteten einen Steinhaufen und nannten ihn Zeugnishügel. Sie versprachen sich feierlich, gegenseitig ihre Töchter nun in Ruhe zu lassen. Sie versprachen auch, dass nie einer in unfriedlicher Absicht an den Steinen vorbei auf den anderen zu sich bewegen wollte. Und sie riefen Gott zum Zeugen dafür an, weil sonst weiter keine unabhängigen Menschen anwesend waren. Auch Laban berief sich auf den Gott Abrahams und Isaaks, vielleicht, weil er seine Götterfigur nun nicht mehr hatte.

Vielleicht aber auch, weil er begriff: Gott hat etwas mit dem zu tun, was unverfälscht gilt. Gott steht für eine Wahrheit, die wahr bleibt, wo Menschen dauernd die Wahrheit verändern. So wie die behaupteten guten Absichten Jakobs erfahrungsgemäß nur halb soviel wert waren wie sie sich anhörten. So kannte es Laban ja von sich selbst.

Sie feierten ein großes Fest, das die ganze Nacht lang dauerte. Jakob war der Gastgeber, und alle nannten einander Brüder.
Auf dem weiteren Weg nach Süden und dann nach Westen, das wusste Jakob, würde sein richtiger Bruder ihm begegnen.
Mit Laban war es gut ausgegangen, ein Kampf hatte vermieden werden können.

Die Aussicht, Esau wieder zu treffen, wurde für Jakob zu einem inneren Kampf. Denn: wie war das jetzt mit Esau und Jakob? Wer hatte eigentlich recht gehabt? War das jetzt geklärt mit der Linsensuppe? Mit dem Erstgeburtsrecht? Esau musste ja doch allen Besitz und alle Rechte des Vaters an sich genommen haben.

Aber bei alledem: Jakob hatte keine Ahnung, wie Esau nach zwanzig Jahren fühlte und dachte. Das Unbekannte macht Angst.

So musste er einen Plan fassen. Sie standen bereits vor dem Flüsschen Jabbok, einem Nebenfluss des Jordan. Beide Flüsse mussten noch überquert werden, dann wären sie in Bethel, wo Jakobs Altar stand. Zwar nicht da, wo er seine Eltern verlassen hatte. Aber Esau, als wandernder Nomade, konnte hier überall jederzeit anzutreffen sein.

So schickte Jakob Boten in Esaus Gebiet, um seine Ankunft anzukündigen, damit es zu keinen bösen Überraschungen kam. Die Boten kehrten zurück. Ihre Nachricht: Esau kommt, dir entgegen, mit vierhundert Mann.

Schau an. Ich meine, zwar dürfen wir jetzt nicht denken, Jakob hätte nur vier Frauen und zwölf Kinder dabeigehabt. Natürlich hat er schon irgendwie viele Knechte dabei. Aber vierhundert potentielle Kämpfer auf der anderen Seite – das war schon viel. Selbst, wenn Esau alles vergessen haben sollte: Jakobs große Herden waren Konkurrenz für die hiesigen Nomaden. Das ist der Stoff, aus dem Kriege gemacht sind.

Jakob entschied sich für Deeskalation. Wie macht man das? Man zeigt friedliche Absichten, indem man klein und wehrlos auftritt. Man schont die psychischen Kapazitäten des Gegenübers, indem man mit feinen Dosierungen arbeitet. Man stimmt milde, indem man Geschenke verteilt, aber keine übertriebenen, denn das stimmt den anderen wiederum misstrauisch.

Jakob teilte seine Familie und Herden also auf. Kleinere Abteilungen sollten voraus ziehen, und, sollten sie auf Esau stoßen, Grüße und Geschenke im Namen Jakobs übergeben. Immer zurückhaltend sein, damit es nicht so aussah, als würde das Land jetzt von Jakob überschwemmt. Klingt gut, diese Taktik.

Allerdings, Jakobs wahre Taktik bestand nicht darin. Sondern es ist so überliefert: Wenn die eine Abteilung aufgerieben werden sollte, dann bleibt mir wenigstens noch die andere, so dachte er sich.

Als Jakob sie dahinziehen sah, und er selber mit seiner Familie vorläufig im Lager zurückblieb – da war es dennoch ein großartiger Augenblick: Als Flüchtling, sagte er sich, bin ich hergekommen. Mit ganzen Abteilungen kehre ich zurück.

Und doch war er nicht sicher. Seine Existenz konnte jederzeit wieder ein Nichts sein. Die letzte Sicherheit fehlte ihm wohl. Die letzte Wahrheit, ob es nun gut war, wie es war, so wie es nur Gott gutheißen konnte. Man bräuchte doch etwas Gewisseres als die trügerischen Versprechen von Menschen.

Jakobs Leben war bis auf wenige Momente eigentlich immer ein Ringen mit seinen Mitmenschen, und zwar mit seinen allernächsten. Mutter, Vater, Bruder. Onkel, erste Ehefrau, zweite Ehefrau. Nie war da Gewissheit. Immer war es nötig, sich mit Listen und Tricks selbst zu behelfen. An den Lagerfeuern hören sich diese Geschichten zwar unterhaltsam an, aber eine Gewissheit geben sie nicht.

Für diesen dauernden Kampf Jakobs um sein Leben steht nun irgendwie sein Kampf, der jetzt gleich am Fluss Jabbok erfolgen wird. Irgendwie und mit irgendjemand. Jemand: so heißt der, der Jakob jetzt beim Übergang des Flusses überfällt.

Es ist mitten in der Nacht. Die Zeit des endgültigen Aufbruchs, Esau entgegen, Jakob hat seine restliche Familie nun auch noch vorausgeschickt. Um ihn herum nur noch die Nacht.

Und da der Überfall. Jemand kämpft mit ihm bis zum Morgen. Ein schweigender, schwerer Kampf. Der andere kann Jakob nicht überwinden. Bei einem letzten Versuch trifft er Jakobs Hüfte, und sie wird schwer verletzt. Da zeigt sich mit der ersten Morgendämmerung die Schwäche des anderen: Er muss vor dem Licht fliehen, es ist einer, der das Licht scheut.

Lass mich gehen.
Jakob hält ihn fest: Jetzt lasse ich dich nicht. Segne mich zuerst!
Darauf der andere: Wer bist du?
Man nennt mich Jakob.
Dann heiße ab jetzt Israel. Denn du hast mit Gott gekämpft und hast gewonnen.
Und wie heißt du?
Warum fragst du?

Und der andere segnete Jakob und verschwand. Jakob gab dieser besonderen Stelle auch einen Namen: Pnuél, Angesicht Gottes, denn ich habe Gott gesehen und habe doch überlebt. So war das mit Jakobs großem Kampf, durch den vielleicht jeder Mensch einmal muss.

Jetzt liegt Jakob mit seinem Angesicht im Staub vor Esau.

Er steht wieder auf, läuft ein paar Schritte, und wirft sich wieder hin. Und schluckt Sand. Wird er *das* überleben?

Er steht wieder auf, läuft weitere Schritte, wirft sich wieder in den Staub. Jakob macht sich gegenüber seinem Bruder wirklich wehrlos. Er ist ganz in seiner Hand. Er hat sich das natürlich überlegt und hofft, dass es zu seinem Vorteil ist. Aber er liefert sich wirklich aus. Esau kann alles mit ihm machen. Jakob verzichtet darauf, die Lage zu kontrollieren und zu manipulieren.

Er steht auf, geht, wirft sich zu Boden, insgesamt siebenmal.

Ich halte das für ein Resultat aus seinem Kampf mit Gott. Solange Jakob noch dreimal seine Unterwerfung demonstriert, haben wir Zeit, darüber nachzudenken. Jakob hat sein Leben lang gekämpft. Für seinen Vorteil, gegen Menschen. Gegen den Unbekannten. Mit Gott. Dieses Kämpfen fällt alles in eins. Jakobs Lebenskampf und sein Kampf in dieser letzten Nacht fallen in eins.

Nur etwas hat sich dabei verändert. Er hat den Kampf nicht nur überstanden und bestanden. Er hat jetzt den Segen dessen, mit dem er gerungen hat. Sein eigener Sieg ist nicht das Entscheidende, sondern dass der andere ihn gesegnet hat.

Das Schlimme war doch immer, als Jakob um den Segen gerungen hat, dass er ihn mit List und Betrug erschleichen wollte, oder auch mit Mühe und Arbeit erkaufen, aber auch dadurch den Segen nicht *gehabt* hat. Was man erobert, kann man nur mit Gewalt festhalten. Nach dieser Nacht *hat* er den Segen. Sein Kämpfen verändert sich dadurch. Seine Position im Land er*kämpft* er nicht mehr.

Der Schluss ist daher recht schnell erzählt. Esau will eigentlich seinen Bruder nicht so unterwürfig sehen. Er zieht ihn zu sich hinauf. Er umarmt er ihn, und beide brechen in Tränen aus. Jakob will Esau beschenken, aber der will nichts haben, denn es geht ihm ja längst selber gut. Esau will Jakob beschenken, aber der will nichts haben, außer dass er, orientalisch-dramatisch, wie er es ausdrückt, Gnade fände vor seinem Herrn, also dass Esau ihm vergeben möge.

Vergebung ist nun noch mehr als der Segen etwas, was man ganz und gar nicht erzwingen kann, sondern nur hoffen kann, dass der andere es gewährt. Dabei kommt Jakob in die glückliche Lage, dass es ihm gewährt wird. Das ist nun wahrhaftig eine Begegnung mit Gott.

Dieses Erlebnis: Ich kann mit meinem Bruder auskommen, das ist ja nun nicht selbstgemacht, sondern dass der Bruder mitmacht, ist eben ein Geschenk.

Jakob konnte nur darum ringen.

Um was hat Jakob letztlich gerungen? Wir vermuten: um Anerkennung in seiner Familie, als Zweitgeborener. Und damit hat er ein Ringen vollführt, das eigentlich schon seine Eltern gerungen haben, und das ohne sein Zutun auch sein eigenes Ringen wurde. Solches Ringen dürfte im Leben unvermeidlich sein.

Jakob und Esau waren Feinde, so lange ihnen dieses Ringen auferlegt war. Sobald sie beide nicht mehr um Erstgeburtsrechte kämpften, sondern einfach Brüder waren, konnten sie sich versöhnen.

Die glücklichen Umstände bestanden für Jakob darin, dass er bei alledem immer wieder um den Segen gerungen hat. Wenn ein Vater ihn gibt, und nur einem gibt, dann ringt selbst der, der ihn bekommen hat, weiter. Aber wenn ihn Gott dir gibt, befreit es dich vom ewigen Ringen. Zweimal erlebte Jakobs das, auf dem Hinweg in Bethel, und auf dem Rückweg in Pnuél.

Aus drei Teilen bestand das Versöhnungsfest:

Erstens: Darf ich dir meine Familie vorstellen?

Zweitens:
Du, ich habe eine große Herde jetzt. Das könnte schon Probleme geben.
Jaja, ich sehe schon, wir werden unsere Weidegründe schön voneinander trennen.

Aber wir sehen uns regelmäßig, ja?

Also, ehrlich gesagt, das ist heute der schönste Tag meines Lebens, aber gerade damit das nicht kaputt geht: Nicht zu oft, o.k.?

Aber wenigstens bei Familienfesten?

Ich weiß nicht... obwohl unser alter Vater sich freuen würde.

Was? Lebt er noch?

Ja. Aber ich treffe ihn so gut wie nicht mehr.

Aber du wirst doch – ich meine, bei seiner Beerdigung zum Beispiel, da würden wir uns ja schon treffen, oder?

Also was denkst du – ich würde bei seiner Beerdigung nicht kommen? So was Schlimmes kann er mir gar nicht angetan haben.

Das ist ein Wort, Esau, ich verlass mich drauf!

Dritter Teil des Versöhnungsfestes: die eingepackten Geschenke werden doch ausgepackt. Süßigkeiten sind es, selbst gemacht, etwas, das sich verbraucht und das nicht im Schrank verstaubt.

Liebe Gäste, greifen Sie zu, feiern Sie mit, seien Sie fröhlich mit den Feiernden. Guten Appetit!

– ༄༄༄༄ –

Josef

Vorspeise

Jakob erzählt

Erster Gang

Potifar erzählt

Zweiter Gang

Josef erzählt

Dessert

Jakob erzählt

Mein Name ist Jakob, ich möchte Ihnen von meinen Kindern erzählen.

Was ich Ihnen erzähle, ist so wahr, wie ich Jakob bin. Sollten Sie nicht glauben, dass ich es bin, lesen Sie bitte später selbst im 1. Buch Mose nach, und Sie werden sehen, was ich sage, ist wahrer als Sie vielleicht denken werden.

Am weitesten gebracht hat es unter meinen Kindern Josef, mit Gottes Hilfe. Aber wenn man von einem seiner Kinder erzählen will, muss man doch immer auch von ihnen allen erzählen. Keinen Menschen kann man verstehen, ohne auch seine Geschwister zu kennen.

Josef ist mein zwölftes Kind, er war noch klein, als seine Geschwister schon viel erlebt haben. Und als ich schon viele Sorgen mit meinen Kindern hatte. Kennen Sie das, wie das ist, wenn die Kinder groß sind und wenn sie machen, was sie wollen? Man wünschte sich, dass sie von mir als dem Vater manches gelernt hätten, aber sie machen ihre Fehler dann doch selber.

Ich will mit den Ereignissen um Dina beginnen. Dina ist Josephs große Schwester. An ihrer Geschichte sieht man das Grundthema, mit dem meine Kinder aufgewachsen sind – so wie ja auch ich selber. Unser Grundthema: Wir waren, wir sind ein Teil dieses Landes Kanaan, und doch sind wir fremd. Gott hat uns das Land gegeben, und doch gibt es andere, die sagen, sie hätten das Land von *ihren* Göttern. Wir sind die Nomaden, und wir brauchen die Städter. Und sie brauchen uns. Aber wir bleiben uns fremd. Beide Seiten haben manchmal die Angst, dass die andere Seite einen in die Tasche stecken will. Was tut man also, wenn die eine Schwester unter elf Brüdern – Dina –

anfängt, sich mit Mädchen aus den Städten anzufreunden. Kinder sind so, sie fragen nicht nach den Unterschieden.

Wir Männer haben in solchen Fällen Angst. Angst, dass unser umgängliches Mädchen als Freiwild angesehen wird. Ich, und genauso meine Söhne, sind unruhig geworden. Da gab es ja auch junge Männer in der Stadt. Ungläubige, unbeschnittene Männer. Es ist der Gedanke an eine Vermischung zwischen ihnen und uns undenkbar. Andererseits will man ja auch nicht gleich den Städtern das Schlimmste zutrauen, da stehe ich heute noch dazu. So haben wir Dina eben gehen lassen.

Nun, das Schlimmste ist eingetroffen. Ich möchte gar nicht sagen, *die* Städter. Sondern es war einer der Prinzen der Stadt, der sich das Recht herausgenommen hat, sich meine arme Dina zu nehmen. Er hat sie vergewaltigt. Angeblich aus Liebe, er will herzlich in sie verliebt gewesen sein. Vielleicht konnte er sich bei dem armen Mädel ja in ein gutes Licht setzen. Denn es ging folgendermaßen weiter:

Es stand umgehend der Vater des Prinzen vor meinem Zelt: Der Fürst der Städter gegenüber dem Oberhaupt der Nomaden. Er wollte die Sache durch eine Heirat retten. Er wollte Dina für seinen Sohn haben. Ich war im Zelt, ich hatte schon alles erfahren gehabt, und hatte überhaupt keine Lust hinauszugehen. Meinen Söhnen hatte ich schon gar nichts gesagt. Wie auch, bei einer solchen Schande für uns. Es war klar, dass meinem Gegenüber die Sache genauso peinlich war wie mir ärgerlich. Wir mussten überlegen, wie man das Problem löst, einfach dreinschlagen brachte ja nichts. Ich ging also doch hinaus. Aber dann kamen meine Söhne heim von den Herden und erfuhren alles. Und sie reagierten sehr viel heftiger als ich. Dinas Möchtegern-Schwiegervater hat allen Mut und alle Demut bewiesen, er ist nicht beleidigt wieder abgezogen bei allem, was er sich anhören musste.

Als sich der erste Zorn gelegt hatte, gab es tagelang Verhandlungen. Die Städter kamen uns sehr entgegen, sie wollten die Heirat und wollten das auch als Bündnis zwischen Städtern und Nomaden verstehen. Der Prinz hat seine Liebe zu Dina geschworen und gesagt, es werde ihr gut gehen wie eben einer Prinzessin. Und er hätte aus eigener Tasche das Brautgeschenk gezahlt, er hätte also auf unsere Mitgift verzichtet, um es uns leichter zu machen.

Meine Söhne waren sehr listig. Ich kann, was nun kommt, nur so verstehen, dass in ihnen ein Gemisch aus Ehrverletzung, Rache und Schuldgefühl am Kochen war. Sie wollten etwas retten, das sie wenn, dann früher hätten verhindern müssen. Sie sind also – scheinbar! – auf die Angebote eingegangen und haben nur noch eine Bedingung gestellt: Die Städter sollten sich beschneiden lassen, als Zeichen unseres Glaubens. Und diese taten das sogar, in der Hoffnung, dass der Frieden wiederhergestellt wäre. Sie unterwarfen sich uns in religiöser Hinsicht! Der Prinz und sein Vater zuerst. Aber meine Söhne hatten das wohl nur eingefädelt, damit die schlimmste Schande getilgt war – es war sozusagen jetzt kein Unbeschnittener mehr, der Dina geschändet hatte. Nach der großen Beschneidungsaktion in der Stadt, nach drei Tagen, als die Städter noch beim Wundheilen waren, hielten es meine hitzköpfigen Söhne nicht mehr aus. Sie gingen hin, scheinbar friedlich, mit Schwertern unter dem Gewand, und richteten ein Blutbad an. Angefangen beim Fürsten und seinem Sohn. Sie plünderten alles. Dina brachten sie zurück zu uns.

Ich habe zu ihnen gesagt:
Ihr habt mich ins Unglück gestürzt! In Verruf gebracht bei den Bewohnern dieses Landes. Wir sind nur wenige Leute. Wenn sie sich nun gegen mich versammeln, werden sie mich erschlagen. So werde ich vertilgt samt euch allen.

Aber sie antworteten:

Durfte er denn an unserer Schwester wie an einer Hure handeln?

Egal, ob sie recht hatten oder nicht, mir fehlten sowieso die Worte. Ich merkte nämlich: ich bin es nicht mehr, der die Hauspolitik bei uns macht. Ich fühlte mich nicht nur als Nomade fremd unter Städtern, ich fühlte mich in meiner eigenen Familie fremd. Ich fragte mich: Ist das immer so, wenn man sich fremd fühlt, dass man sich gleich aktiv noch einmal entfremdet von den anderen?

Was Sie heute von meinem Sohn Josef erfahren werden, ist im Grunde eine Fortsetzung davon. Es ist die Sache noch auf die Spitze getrieben. Wie seine Brüder da eigenmächtig und wirklich *gegen* mich gehandelt haben, ist unglaublich. Ich werde das nachher einen anderen erzählen lassen. Ich selbst habe alles ja erst Jahre später erfahren.

Nicht nur die Ereignisse sind mir entglitten, sondern auch das Wissen um die Ereignisse. Aber ich kann im Rückblick etwas sagen: Einmal werden wir merken, dass noch ein anderer die Ereignisse in der Hand hat. Soviel möchte ich Ihnen vom Ende schon verraten: dass nämlich Gott die Dinge, die uns allen entglitten sind, auf ungeahnte Weise wieder zusammengesetzt hat.

Mein Josef war ein besonderes Kind. Verstehen Sie mich nicht falsch: Ich habe alle meine Kinder gleich lieb, jedes ist besonders. Jedes hat etwas, was mir die anderen nicht geben können. Und jedes hätte ich lieb, auch wenn es mir nichts geben könnte. Für jedes habe ich einen eigenen besonderen Segen gedichtet, mit meiner ganzen Dichtkunst, und alle Liebe hineingelegt, das habe ich sogar aufschreiben lassen. Sie können es selbst nachlesen. Sie wissen vielleicht, dass mein eigener Vater nur für einen seiner Söhne einen Segen gemacht hat. Ich habe dazugelernt und für jeden einen gemacht.

Zugegeben, trotzdem war Josef für mich ein besonderes Kind, das kann ich nicht verhindern. Alle anderen Kinder waren von meiner ersten Frau Lea, Josef aber nach langem Warten das erste Kind meiner lieben Rachel. Es war nicht mehr so sicher gewesen, ob sie noch einen Kind haben würde. Ein besonderer Sohn also, auf ganz verständliche Art. Selbst wenn Rachel dann auch noch einmal ein Kind bekam.

Leider haben wohl wir alle die Besonderheit des Josef in den falschen Hals bekommen. Ich habe ihm ein schönes Gewand gegeben, um ihm meine Liebe zu zeigen. Ich hätte das vielleicht anders machen sollen, Rachel hätte das bestimmt besser gemacht. Seine älteren Brüder waren neidisch auf seine Besonderheit. Auch er selbst hat aus sich etwas Besonderes gemacht. Er hat vielleicht kaum anders gekonnt. Normalsein ließ ihn niemand.

Josef war keineswegs herausragend. Weil er der Jüngste war, konnte er für die anderen bei den Herden und auf dem Feld nur ein Gehilfe sein. Oder er half unseren Mägden. Das blieb so, auch als er schon siebzehn war, längst ein junger Mann. Er wurde dafür gehänselt. Er hat sich bei mir beklagt. Sie haben es als Petze ausgelegt.

Dann hat er angefangen zu träumen. Und er hat uns seine Träume erzählt. Wir waren gerade kurz vor dem Essen, da fing er an damit. Träumen kann ja zweifellos etwas Schönes sein. Aber wissen Sie, wenn einem alles geneidet wird... manchmal hätte ich mir gewünscht, er würde nicht träumen, oder sich nicht an seine Träume erinnern, oder sie wenigstens für sich behalten. Er hat aber gemeint, seine Träume seien Gottes Geschenk, und man muss sie wert schätzen. Er war bald ein Fachmann für solche Dinge. Wie schön wäre es gewesen, wenn man das miteinander hätte teilen können.

Hätte er halt seinen Brüdern nicht gerade so etwas gesagt: Hört doch, was mir geträumt hat. Wir waren alle da in dem Traum. Wir banden Garben auf dem Feld, jeder für sich eine Garbe. Und meine Garbe richtete sich auf und stand, aber eure Garben stellten sich ringsumher und neigten sich vor meiner Garbe.

Was soll man da sagen? Mit etwas sozialer Intelligenz würde man so etwas seinen Brüdern nicht aufbinden. Oder litt Josef so unter dem Gehänsel seiner Brüder, dass er sich nicht mehr zurückhalten konnte? Oder hielt er es für seine Verantwortung, den Traum mitzuteilen, weil er ihn tatsächlich für wahr hielt?

Die Brüder haben natürlich gefragt: Willst du unser König werden und wir sollen uns dir unterwerfen? Und sie wurden ihm noch mehr feind.

Ich habe Josef geschimpft. Aber er hat sich nicht abhalten lassen. Wieder stand ich da: Ein armer alter Vater, dem die Söhne aus den Händen gleiten. Man steht da und kann nichts tun. Man weiß in solchen Momenten auch nicht, dass die ungünstigsten Dinge so von Gott angelegt sein können, dass sie äußerst günstig enden.

Josef hat sich sowieso nicht abhalten lassen und noch einen Traum erzählt: Schaut, sagte er, die Sonne und der Mond und elf Sterne verneigten sich vor mir. Elf Sterne! Da konnte auch ich nur noch den Kopf schütteln. Ich habe ihn gefragt, ob das heißt, seine elf Geschwister sollen vor ihm niederfallen, und Rachel *und* ich noch dazu. Er hat nicht geantwortet.

Dass wir ihn deswegen verehrten – davon kann keine Rede sein. Wir ärgerten uns. Aber in diesem Ärger steckte auch Neid. Neidisch ist man auf jemanden, der etwas hat. Also hatte Josef etwas. Sonst hätten sich seine Brüder auch nicht geärgert, sondern nur einmal mitleidig gelächelt.

Neid. Würden Sie sagen, in Ihrer Familie gibt es Neid? Ich hätte es nie für möglich gehalten. Und doch ist er da, der Neid.

Dann sind meine drei Katastrophen passiert, jede schon für sich schlimm genug. Ich war besorgt, dass es eskaliert, und wollte Josef fast nicht zu den anderen zum Vieh hinausschicken. Dann tat ich es doch. Und er kam nicht mehr heim. Ich werfe es mir bis heute vor. Dasselbe bunte Gewand, das ich ihm geschenkt hatte, trug er, als er losging. Am übernächsten Tag kamen einige meiner Söhne und hielten mir dasselbe Gewand entgegen. Ich habe es sofort erkannt und mich geärgert, als sie mich fragten, ob ich es erkenne.

Natürlich kenne ich es! habe ich gerufen. Es gehört nicht euch! Gebt es her! Habt ihr schon wieder gestritten?

Aber bevor ich weiter reden konnte, zeigten sie mir die Blutflecken auf dem Gewand und wie zerrissen es war. Sie sagten mir, sie wollten wissen, ob es wirklich Josefs Gewand sei, denn von dem Menschen, der es getragen hatte, sei nicht viel übrig geblieben. Sie hatten es zwischen Sichem und Dotan gefunden, wo Josef entlang gelaufen sein musste, ihnen entgegen. Es habe dort ausgesehen wie nach dem Überfall eines wilden Tiers, eines Löwen wahrscheinlich.

Das war meine erste Katastrophe. Ich habe meinen Tränen freien Lauf gelassen, und wollte es eigentlich gar nicht glauben, aber da lag es ja vor mir, das zerfetzte Gewand. Alle meine Kinder wollten mich trösten, obwohl sie Josef feind gewesen waren. Das hätte mich schon fast getröstet. Fast.

Meine zweite Katastrophe war der Tod meiner geliebten Frau Rachel. Ich hatte es schon angedeutet: Rachel hat nach diesem Verlust noch einen zweiten Sohn geboren. Aber mit ihm war sie krank, sie hatte eine schwere Schwangerschaft. Kurz nachdem er auf der Welt war, starb sie. Benjamin heißt mein jüngstes Kind. Sie können sich denken, dass Benjamin für mich nun das Einzige war, was ich von meiner geliebten Frau Rachel noch hatte, wenn nun auch Josef nicht mehr da war. Auch Rachel fehlt mir bis heute.

Die dritte Katastrophe war der Hunger, einige Jahre später. Die Dürre kam ins Land. Wir Nomaden sind nicht so abhängig vom Regen wie die Bauern. Aber irgendwann finden auch die Tiere nichts mehr zu fressen. Es herrschte Not und Tod im ganzen Land. Was macht ein Nomade in solchen Fällen? Er sucht sich woanders etwas. Wir gehen leichter in die Fremde, Fremdlinge, als die wir uns ohnehin fühlen. Wir sind nicht alle gegangen. Meine zehn Söhne sind gegangen. Benjamin habe ich nicht erlaubt mitzugehen, erstens weil er noch ein Kind war, zweitens weil ... sie wissen schon, wegen Rachel und wegen Josef. Wenn auch noch *ihm* etwas geschehen würde! Das wollte ich mir nicht antun.

Meine Söhne zogen los in Richtung Süden. Dort liegt Ägypten. Sie waren lange fort. Aber bevor Sie hören, wie es ihnen dort erging, möchten Sie, glaube ich, endlich eine Stärkung. Wichtig ist, meine Söhne kamen wieder, die Tiere zum Äußersten beladen mit Getreide. Es war fast ein Festessen. Es gab zwar, was die Ägypter essen, aber in der Not schmeckt auch ägyptisch Brot. Es gab auch eine schlechte Nachricht: Einen meiner Söhne, den Simon, haben die Ägypter als Geißel. behalten. Ein grausames Volk, diese Menschen, und schlimm, wenn man von ihrem Korn abhängig ist! Aber, wer Hunger hat, fragt nicht lang. Es ist also nur fast ein Festessen. Aber lassen Sie es sich mit uns schmecken.

– ཉ ཉ ཉ ཉ –

Potifar erzählt

Mein Name ist Potifar, ich möchte Ihnen vom Höhepunkt meiner Karriere erzählen. Vorweg – wenn ich ins Ausland gehe, halten die Leute mich manchmal für etwas tuntig, wegen meines modisch geschminkten Gesichts. Aber wahrscheinlich brauche ich es Ihnen nicht zu sagen: Alles an meinem Äußeren weist einfach darauf hin, dass ich Kämmerer des Pharao bin, und zusätzlich der Oberste der pharaonischen Leibwache. Mein Äußeres ist das Zeichen dafür, auch die Schminke.

Was ich Ihnen erzählen werde, ist so wahr, wie ich Potifar bin. Sollten Sie nicht glauben, dass ich es bin, lesen Sie bitte später selbst in der Bibel der Hebräer nach. Es wird ihnen auffallen, dass *eine* Geschichte dieser Bibel nicht so ist wie die anderen. Die meisten Geschichten dort sind Lagerfeuererzählungen, wie es Nomaden eben erzählen. Jene Geschichte von Josef aber ist eine echte Novelle, als kunstvolles Gesamtwerk aus vielen einzelnen Erzählsträngen gewebt. Novellen gibt es hier in Ägypten schon lange, und unsereiner hat dafür gesorgt, dass durch Kulturexport auch in Kanaan bei den Nomaden eine existiert. Genauer gesagt, genau jene biblische Geschichte ist in ägyptischem Stil verfasst, die zu einem guten Teil auch bei uns spielt, und von der Sie nun wieder ein Stück hören werden.

Kulturexport haben wir Ägypter immer betrieben. Personelle Verbindungen gibt es genügend zwischen uns und Kanaan. Wir haben Handelsposten an den Küsten des Mittelmeers, dort überreicht man uns die uns zustehenden Tribute. Die armen Kerle, die uns den Tribut aushändigen dürfen, dürfen ein bisschen unsere Kultur nachahmen. Unsere darstellende Kunst haben wir in ihre Häuser gestellt, ein bisschen Musik auch, und Literatur, und ein bisschen Schrift natürlich.

Weil die Kanaaniter unsere Schrift nicht lesen können, halten sie sie für Bilder, und hängen sie sich ins Wohnzimmer. Klar, unsere Schrift sieht hübsch aus. Aber sehen Sie, ich könnte diesen Leuten meine Abwasserrechnung vom letzten Jahr geben, und sie würden es für ein schönes Landschaftsgemälde halten. Das ist nur peinlich. Aber sie sehen auch die Namen von Göttern aufgeschrieben, und denken, es wären niedliche Tiere, die miteinander spielen. Diese Naivität ist dann fast gefährlich. Denn wenn ein Gott respektlos behandelt wird, versteht er keinen Spaß. Aber wie sagen die Leute? Hauptsache ägyptisches Wohnzimmer, Hauptsache ägyptische Oberherrschaft, Hauptsache ägyptisches Essen, dann sind wir auch wer.

Diesen armen Kerlen erlauben wir, sich Könige zu nennen, nur dafür, dass sie unsere Plagiatoren sind. Sie merken nicht, dass sie zu viele sind, als dass sie noch jemand Besonderes wären; sie herrschen bestenfalls über kleine Städtchen, sie sind quasi ein Niemand im großen Weltgeschehen. In Wahrheit sind diese Leute Bettler und Sklaven. Solche wie die, die täglich über die Grenze kommen und einfach lästig sind. Sie sollten bleiben, wo sie sind, wir haben nichts von ihnen, wir haben auch keinen Fachkräftemangel, denn wie man Pyramiden baut, wissen wir immer noch selbst am besten. Wir betrachten es als Teil unseres Großmuts, dass wir uns überhaupt mit ihnen abgeben. Meistens nerven sie nur.

So ein armer Kerl kam also wieder einmal in mein Haus, so ging es los. Als versklavter Nomade kam er, weil mein vorheriger schon verbraucht war. Eine Sippe von anderen Nomaden hat ihn mir verkauft. Man fragt sich, warum sie so etwas tun, ich meine, quasi ihre eigenen Leute verkaufen... Wahrscheinlich würden sie uns antworten, der eine Nomadenstamm hat einen aus einem anderen Stamm verkauft, das sei etwas ganz anderes. So wie es auch nicht schlimm wäre, wenn ein Franke einen Bayern verkaufen würde. Aber trotzdem...

Josef hieß dieser Kerl. Er sah völlig abgerissen aus, als wäre er gerade am Tod vorbeigeschrammt. Er war nicht lange bei uns, aber ich kann Ihnen die Sklavengeschichte nicht ersparen, denn um sie geht es. Nun, ich muss zugeben, Josef hatte manches an sich, was ich nicht erwartet hätte. Er war klug und hatte Umgangsformen, er lernte recht schnell unsere Sprache, war so zuverlässig, dass ich ihn bald allein lassen konnte mit seinen Aufgaben. Je mehr ich ihn machen ließ, desto besser ging es uns, also auch finanziell und so. Er behauptete, das sei der Segen, dass ihm die Arbeit so gut gelang; ich weiß aber nicht so genau, was ein Segen ist. Und nebenbei – obwohl man das meistens nur von unseren Priestern kennt – er schien sich mit Träumen auszukennen. Also alles in allem, auch er war nichts Besonderes, wie all die anderen nichtswürdigen Sklaven.

Außerdem war er ein sauberer Bursche, mit anderen Worten, schön an Gestalt und hübsch von Angesicht. Das muss auch meine Frau gemerkt haben. Sie ist ja auch nicht ganz ohne. Aber wie sie ihm manchmal hinterher geschaut hat, so glaube ich im Nachhinein doch, dass er ihr schöne Worte gemacht haben muss. Ich habe jedenfalls einen Fehler gemacht, habe vertraut statt kontrolliert, habe ihn mit ihr allein zu Hause gelassen.

Ich glaube übrigens nicht, dass zwischen den beiden wirklich etwas passiert ist, sie wissen schon. Aber es reicht ja der Versuch. Die Nachbarn reden sich den Mund fusselig! Josef sei nackt aus dem Haus gerannt, meine Frau hätte geschrien wie am Spieß. Ich bin ja dann gerufen worden, und habe sein Gewand neben ihrem Bett gefunden, und sie hat mich angeweint. Er hat sie vergewaltigen wollen, und nur durch ihr Geschrei ist er davongelaufen. Da stand ich also da als fast-Gehörnter, und es ist klar, dass ich ihn sofort ins Gefängnis werfen ließ. Umgebracht habe ich ihn nicht, denn nur bei den Barbaren werden Menschen ohne Prozess getötet.

Seine Version klang übrigens anders, aber auch das ist ja klar. Er sagt natürlich, *sie* hätte *ihm* schöne Augen gemacht. Sie hätte ihn schon oft in ihr Bett eingeladen, und er hätte nicht gewollt, und an dem Tag hätte sie ihn sogar am Ärmel festgehalten, und er hätte sich losgerissen – losreißen *müssen*! Oooh, der arme Kerl, er tut mir ja so Leid! Und sei dann im Adamskostüm hinausgelaufen. Von so einem Kostüm habe ich übrigens noch nie gehört, ich weiß nicht, was ein Adam für ein Ding sein soll. Die Hebräer haben seltsame Wörter. Verstanden habe ich es natürlich, er war halt nackt, das pfeifen bis heute die Spatzen von den Dächern. Das war also *seine* Version, und er hat noch gesagt, das hätte er mir als seinem Herrn nie angetan, und es wäre eine Sünde gegen Gott gewesen – noch so eine Idee der Hebräer. Sie haben dieses Verantwortungsbewusstsein, oder sie tun jedenfalls, als hätten sie eins. Mich interessiert aber nur eins: Wenn ein Sklave in die Nähe von Dingen kommt, die seinem Herrn zustehen, das bedeutet Strafe.

Schweigen wir, denn ich ärgere mich über keine Sklaven. Ich meine, wirklich nicht. Er konnte nur froh sein, dass er im Gefängnis war, sonst wäre ich ihm irgendwann an den Hals gegangen! Ich ärgere mich nicht, aber sie müssen schon verstehen, dass ein Sklave so etwas nicht machen kann! Das geht nicht! Bis heute ärgere ich mich nicht über ihn! Zum Beweis habe ich ihn nicht getötet. Denn ich stehe über so niedrigen Dingen wie Zorn und Eitelkeit! Ich bin schließlich wer! Ich bin Potifar, Kämmerer des Pharao und Oberster der Leibwache! Und kein Sklave soll sich je wieder so etwas erlauben wie Josef! Er hat ja meinen Ärger überhaupt nicht verdient!

Meine Frau sagt immer, ich soll mich beruhigen, und sie sei so stolz auf mich und sie würde mich gegen keinen Mann dieser Welt je tauschen. Ich beruhige mich dann auch immer, nur... bitte sagen Sie es ihr nicht: ich habe den Blick nicht vergessen, mit dem sie Josef nachgeschaut hat. Vielleicht ist es auch der Blick von ihr, der mich so ärgerlich macht.

Aber stolz kann sie wirklich auf mich sein. Ich wollte ihnen ja vom Höhepunkt meiner Karriere erzählen. Ich wurde in eine adlige Familie geboren, wurde dann, wie es bei uns üblich ist, in einer angesehenen Schule auf mein Amt vorbereitet, und übe seither dieses angesehene Amt aus, bin also Kämmerer des Pharao und Oberster seiner Leibwache, und ich werde einst meinem Stand entsprechend bestattet werden. Es läuft alles in immer gleichen Bahnen, und die Ordnung der Götter wird eingehalten. Der Pharao selbst ist Garant der göttlichen Ordnung. Es verändert sich selten etwas in Ägypten.

Bei Josef war es anders. Erst Nomade, wurde er Sklave, stürzte dann noch tiefer, ins Gefängnis, dann aber stieg er auf wie ein Komet. So sagt man bei Ihnen in Ihrer Sprache, obwohl die Kometen, die ich kenne, doch meistens auch herunterfallen, hier in Ägypten nennen wir sie Sternschnuppen, und davon kommt auch der Ausdruck: „Er ist mir Schnuppe". Mehr mag ich dazu auch nicht sagen, wenn es um einen meiner Ex-Sklaven geht. Passender sollte man höchstens sagen: Nachdem er ins Sklavendasein gefallen war, und von da aus ins Gefängnis gefallen, ist er danach auch noch als ein Meister vom Himmel gefallen.

Diese Schnuppenlaufbahn des Josef hing mit seinen Träumen zusammen. Unsereins wird, wenn es seine Bestimmung ist, schulisch in die Lehre des Träumens eingeführt. Dort lernt man die Symbole der Träume, und die Psychologie des Traums, und natürlich über die unterschiedlichen Schlafphasen, allen voran die Phase des *rapid eye movement*, kurz *REM-Phase* genannt, und es gibt auch den Unterricht im angewandten Träumen, denn wenn jemand etwas träumt, will er ja auch wissen, wie er den Traum in die Tat umsetzen soll. Josef dagegen ist nie auf der Schulbank gewesen, und trotzdem hat er sich mit Träumen ausgekannt. Woher ich das weiß?

Ich habe einen Arbeitskollegen, der es mir erzählt hat. Den Kollegen kenne ich ganz gut, da ich ja oberster Leibwächter des Pharaos bin, und *er* der oberste *Mundschenk* des Pharao ist. Er ist also ein direkter Kollege von mir. Er hat mir erzählt, dass er Josef kannte aus ihrer gemeinsamen Zeit im Gefängnis. Und wenn Sie sich fragen sollten, was mich an der Erzählung mehr interessiert hat, dann ist es natürlich der Kollege und keineswegs Josef. Denn wenn ein oberster Mundschenk des Pharao Zellengenosse eines Sklaven im staatlichen Gefängnis werden kann, dann kann das theoretisch ja auch einem obersten Leibwächter passieren. Das bewegt mich schon.

Praktisch gesehen kann das natürlich nicht passieren, denn wie ich schon sagte, alles geht seinen Gang nach dem Lebensgesetz und der Ordnung der Götter, aber rein theoretisch und auch aus Erfahrung zeigt sich, dass so ein Absturz vorkommen *kann.* Der Mundschenk ist das beste Beispiel, und er hatte Glück, dass er später wieder freikam und in sein Amt wieder eingesetzt wurde. Ein anderer Arbeitskollege wiederum, der oberste *Bäcker* des Pharao nämlich, der zur gleichen Zeit auch noch im Gefängnis einsaß, hatte dieses Glück nicht, er ist danach sogar hingerichtet worden, und deswegen habe ich die Geschichte auch nicht von ihm, sondern eben vom Mundschenk. Das Gute an meiner Karriere – davon hatte ich ja erzählen wollen – ist also, dass all die theoretischen Eventualitäten bei mir nicht vorgekommen sind.

Die Geschichte von Mundschenk, Bäcker und Josef im Gefängnis geht so:

– Oder kennen Sie sie schon? Ich habe sie mir nicht so genau gemerkt. Dann helfen Sie mir bitte weiter. Irgendwie müssen die beiden Kollegen etwas geträumt haben, was sie nicht verstanden haben, und Josef muss es ihnen erklärt haben, und er muss sogar damit recht gehabt haben. Die Hebräer müssten es aufgeschrieben haben, da es sie naturgemäß mehr interessieren müsste, Josef war ja einer der Ihren. Na, egal.

Was mich dann – wie sagt man offiziell – irritiert hat, war, dass der Mundschenk den Josef dem Pharao weiterempfohlen hat. Der Pharao hatte später, nachdem der Mundschenk längst wieder in Freiheit war, selbst einen Traum. Und man holte Josef aus dem Gefängnis, um nun den Traum des Pharao zu deuten. Das irritiert mich bis heute, weil Josef ja nie an der Traumdeutungsschule war, und noch mehr, weil er dadurch gegen alle göttliche Ordnung vom gefangenen Sklaven zum persönlichen Berater des Pharao aufstieg. Man beginnt, doch an aufsteigende Sternschnuppen zu glauben. Und soweit habe ich Josef kennen gelernt, dass er von sich aus sagen würde, es sei nur der Segen gewesen. Er würde kaum behaupten, dass er sich von sich aus mit Träumen so gut auskennt.

Also, alles der Reihe nach. Das Folgende weiß ich, weil es sich ja bei uns am Hof des Pharao abgespielt hat, und da haben die Wände Ohren. Der Pharao hatte also einen Traum. Er sah sich selbst am Nil stehen, und sah aus dem Wasser sieben schöne, fette Kühe heraus steigen, die gingen auf die Weide und fraßen Gras. Soweit ein schöner Traum. Danach sah er andere sieben Kühe aus dem Wasser aufsteigen, die waren hässlich und mager und traten neben die ersten Kühe am Ufer des Nils. Und – die sieben hässlichen, mageren fraßen die schönen, fetten. Kein schöner Traum mehr. Davon wachte der Pharao auf.

Aber die Nacht war nicht vorbei, er schlief auch wieder ein, und träumte abermals und er sah, wie sieben Ähren aus einem Halm wuchsen, voll und dick. Danach sah er sieben dünne Ähren aufgehen, die waren vom Ostwind versengt. Und die sieben mageren Ähren verschlangen die sieben dicken vollen Ähren. Davon wachte der Pharao wieder auf und merkte, dass es ein Traum war. Bewusst sage ich nicht „*nur* ein Traum", denn selbst der abgebrühteste Traumdeutungsgegner macht sich seine Gedanken wenn man zweimal hintereinander so etwas träumt.

Als der Morgen da war, sah man ihm an, wie sein Geist bekümmert war. Wir mussten loslaufen und alle Wahrsager in Ägypten rufen und alle Weisen, und er erzählte ihnen seine Träume. Und dann, als sie nichts sagen konnten, kam der Mundschenk, wie ich schon sagte, auf diese Idee, Josef aus dem Gefängnis zu holen. Der Pharao ließ sich leicht überzeugen, als er hörte, Josef habe dem Mundschenk seine Freilassung vorhergesagt, aufgrund eines Traums, und dem Bäcker seine Hinrichtung. Leute, die so etwas vorhersehen können, sind für einen Politiker immer interessant.

Josef wurde eilends aus dem Gefängnis geholt, wurde rasiert, neu eingekleidet, zum Pharao hineingeschickt, und ließ sich alles noch einmal erzählen. Und der Pharao fragte ihn nach seiner Deutung. Und was sagt Josef?

Das steht nicht bei mir; Gott wird jedoch dem Pharao Gutes verkünden. – Reine Schmeichelei, wenn Sie mich fragen!

Aber dann machte Josef doch eine klare Ansage: Beide Träume bedeuten das Gleiche, o Pharao. Gott verkündet Euch darin, was er vorhat. Die sieben schönen Kühe sind sieben Jahre und die sieben guten Ähren sind dieselben sieben Jahre des Wohlstands. Es ist ein und derselbe Traum. Die sieben mageren und hässlichen Kühe, die nach jenen aufgestiegen sind, das sind sieben Jahre und die sieben mageren und versengten Ähren sind sieben Jahre des Hungers.

Wenn Sie mich fragen, diese Deutung ist ja banal. Da fehlt jede psychologische Finesse. Und da fehlt jede Absicherung. Wenn diese Vorhersage nämlich daneben gegangen wäre, hätte das den Galgen bedeutet wegen Staatsbetrugs. Aber überdies hat sich Josef auch noch zu einer Rede in *angewandter* Traumdeutung aufgeschwungen. Sie lautete so:

Der Pharao möge nun einen verständigen und weisen Mann suchen, und ihn über Ägypten einsetzen, und dafür sorgen, dass Beamte im ganzen Land in den kommenden sieben reichen Jahren die überschüssigen Vorräte einsammeln. Sie sollten das Getreide in pharaonischen Kornhäusern in den Städten aufschütten und es aufbewahren, damit für das Land in den sieben Jahren des Hungers gesorgt ist, die danach über Ägypten kommen werden, und damit das Land nicht vor Hungersnot zu Grunde geht.

Diese Rede gefiel dem Pharao und allen seinen Obersten gut. Zu seinen Obersten gehöre auch ich. Mir gefiel die Rede vor allem deswegen gut, weil sie dem Pharao gut gefiel. Hätten wir widersprochen, wäre die göttliche Ordnung, von der meine stetige persönliche Sicherheit abhängt, stark ins Schwanken geraten. Ich musste an den toten Bäcker denken, und schwieg betroffen.

Der Pharao griff auch sofort Josefs Vorschlag auf und fragte uns Oberste: Wie finden wir nun einen Mann, in dem der Geist Gottes ist wie in diesem Josef? Wir fragten uns nur insgeheim, was das ist, der Geist Gottes.

Zum Glück wartete er unsere Antwort nicht ab, sondern fuhr gleich fort und sagte zu Josef: Weil dir Gott dies alles kundgetan hat, ist keiner so verständig und weise wie du. Wir nehmen gleich dich. Du sollst über mein Haus befehlen, und deinem Wort soll mein Volk gehorchen.

Hm. „Über mein Haus befehlen", damit war natürlich nicht wörtlich gemeint, dass Josef sich auf den Thron des Pharaos setzen sollte; der Pharao wollte sicher vermeiden, dass die göttliche Ordnung allzu sehr durcheinander gerät, und blieb selbst auf dem Thron sitzen.

Sie müssen wissen, der Pharao ist ja ein personifizierter Gott. Ich kenne keinen Gott, der freiwillig auf sein Gottsein verzichten würde, um als einfacher Mensch geboren zu werden und sich alles gefallen lassen zu müssen. So hat auch der Pharao also nicht verzichtet. Wir anderen alle waren aber zum Verzicht in der Lage – eigentlich wären wir für diesen neuen Posten ja auch geeignet gewesen.

Aber seinen Ring und eine goldene Bürgermeisterkette gab der Pharao dem Josef. Josef wurde mit dem zweitgrößten BMW durchs Land gefahren (Entschuldigung, wir sind da etwas sprechfaul geworden, weil wir die BMWs fast täglich anspannen müssen für den Pharao. Es handelt sich dabei um 4-Takter, ich meine 4-Spänner. BMW heißt unabgekürzt „Bewundert Meine Würde"). So wurde der Bevölkerung klargemacht, auf wen sie nun hören mussten. Als Landesvater hat man Josef ausrufen lassen, so hieß sein neuer Posten. Ich weiß nicht, ob es so einen Posten auch bei Ihnen gibt.

Liebe Gäste, das ist nun echt der Höhepunkt in meiner Karriere, von dem ich erzählen wollte. Ich habe immer treu am selben Platz gestanden, sowohl am Anfang der Geschichte, als auch am Ende. Auf einen Schlag hat sich alles geändert, und der, der tief unter mir war, war nun so weit über mir, wie es in Ägypten nur geht. Wenigstens belästigt mich Josef nicht weiter, er lässt immer noch den treuen Diener raushängen. Bitte verzeihen Sie meine feine Ironie.

Ich habe mich halt in dem Moment schon kurz gefragt, was an der göttlichen Weltordnung denn stimmen soll.

Zumal es immer heißt, der Pharao sei der Garant dieser immerwährenden Ordnung.

Immerhin wurde noch alles getan, damit Josef in unsere ägyptische Ordnung eingefügt wurde. Pharao gab ihm einen ägyptischen Namen, Josef heißt bei uns Zafenat-Paneach. Und er gab ihm eine Ägypterin aus passendem Stande zur Frau. Kennen Sie solche Fälle, wo man durch Heirat versucht eine Angelegenheit zu retten? Mir ist, als hätten wir das heute schon gehabt. Josefs Frau heißt Asenat, und sie ist die Tochter Potipheras. Bitte nicht verwechseln, ich heiße Potifar, Josefs Schwiegervater aber Poti*phera*. Er ist Oberpriester in der Tempelstadt On. Dadurch wird Josef auch ordentlich in die Welt der Götter eingeführt.

Damit hat Pharao indirekt eingestanden, dass er von seinem eigenen Vorstoß im Nachhinein doch erschrocken ist. Sie wissen schon, als er vom Geist Gottes sprach, wie es die Hebräer tun; als er gesagt hat, dass wir diesen Mann mit dem Geist Gottes bräuchten. Da war schon arg viel Schneid dabei. Der Schwiegervater hat dann die Aufgabe bekommen, Josef in die rechten Bahnen der Götterordnung einzuführen, wie sie nur uns Ägyptern bekannt sind. Man konnte nur hoffen, dass unser neuer Ausländer, unsere neue Nicht-Fachkraft Josef sich gut in unser Land integrieren würde und dass dieser ungreifbare Geist Gottes nicht allzu viel Wind herein bringt.

Noch etwas von mir persönlich: Ich danke Ihnen herzlich, dass sie mir gute Zuhörer sind. Sie wissen, wenn einem jemand so gut zuhört, spricht man Sachen aus, an die man selbst nie denken würde. Ich konnte bei Ihnen meinen ganzen Frust rauslassen. Sie verstehen, dass mein Weltbild und meine Gefühlswelt nach alledem etwas durcheinander geraten waren. Inzwischen, das kann ich versichern, bin ich tatsächlich etwas ruhiger geworden. Jedenfalls was mich und Josef betrifft. Er lebt ja nun schon

Jahre bei uns. Je mehr ich über ihn nachdenke, desto mehr sehe ich auch, was er geleistet hat.

Er hat seine ersten sieben Jahre lang anscheinend wirklich hervorragend gearbeitet, und die Kornkammern Ägyptens gefüllt, wie es noch nie der Fall gewesen war. Das muss man ihm lassen. Inzwischen haben wir schon das dritte Jahr Trockenheit, aber es macht nichts aus. Er legt uns zwar einen Sparzwang auf, der Josef, aber Korn *gibt* es genug. Es geht das Gerücht, die Beamten hätten aufgehört das Getreide zu zählen, weil man Sand auch nicht zählen kann. So viel ist es. Wir geben sogar den Bettlern und Sklaven, die sich dauernd an unseren Grenzen rumdrücken, davon ab. Die ägyptische Großherzigkeit, wie ich schon erwähnt habe. Außerdem zahlen sie gut, wenn es auch ihr letztes Geld ist, aber Geld kann man nicht essen. Ich muss zugeben, ohne Josefs naive Traumdeutung wären wir jetzt nicht, wo wir sind.

Heute Abend kann ich von ihm schon gar nichts Schlechtes sagen, denn er hat mich zu einem Fest eingeladen: Im Haus des Josef und der Asenat, und ihrer beiden Kinder. Es ist auch der halbe Hof zu Gast, da muss ich schon hin, da muss man die Vergangenheit kurzfristig vergessen. Es heißt, es wären sogar Hebräer aus seiner Heimat da. Wenn das nur gut geht. Ich meine, was wird geschehen, wenn er an seine Herkunft erinnert wird, vielleicht vergisst er dann, dass er jetzt für Ägypten arbeitet. Man kann ihnen ja nie ganz trauen, den Sklaven, ich denke, Sie erinnern sich, meine Frau und Josef...

Aber wollen Sie nicht einfach mitkommen zum Essen? Es heißt, Josef habe beim obersten Koch des Pharao das Essen bestellt. Ja, seien Sie doch dabei! Sie werden sicher Ihre Freude daran haben. Guten Appetit!

– 𒑲𒑲𒑲𒑲 –

Josef erzählt

Mein Name ist Josef, und ich möchte Ihnen von meinen Brüdern und mir erzählen. Jetzt habe ich schon zweimal mit ihnen gespeist – hier in Ägypten! Ich bin sehr bewegt in letzter Zeit, und ich weiß nicht, wie sich das auf meine Erzählung auswirken wird. Gefühle beeinflussen die Wirklichkeit, zum Schlechten oder zum Guten. Ansonsten ist alles, was ich Ihnen erzähle, so wahr, wie ich Josef bin. Oder Sie lesen es selber nach.

Sie, liebes Publikum, haben jetzt einmal meine Geschichte aus der Sicht meines Vaters Jakob gehört, dann aus der Sicht meines früheren ägyptischen Herrn Potifar. Es ist dringend Zeit, dass ich die Sache nun aus meiner Sicht erzähle.

Was geschehen ist, dürfte Ihnen einigermaßen klar sein. Mein Vater hatte die ganze Zeit geglaubt, sein Sohn Josef sei tot. *Sie* jedoch werden sich schon gedacht haben, dass der Josef, der hier in Ägypten als Sklave aufgetaucht ist, derselbe Josef ist, und dann haben Sie auch gemerkt, dass er gar nicht tot ist. Ich bin es tatsächlich beides gewesen. Aber irgendwie waren es auch zwei verschiedene Josefs. Der Josef in Ägypten hätte kaum je gedacht, dass er mit dem Josef aus Kanaan wieder etwas zu tun haben würde. Denn als Sklave kann man ja nicht einfach heimgehen, selbst wenn man ein hoher Beamter ist. Und dann hatte Gott anderes mit mir vor. Mein Leben war nun in Ägypten, und es war gut. Und unversehens, im ersten der sieben mageren Jahre, standen da meine zehn Brüder vor mir und wollten Korn, und meine Vergangenheit holte mich ein.

Sie, auf den Boden geworfene Bittsteller, liegen unter mir vor meinem Thron.

Ich, verborgen unter einem geschminkten Gesicht, verhöre sie.

Lasse sie einsperren. Ohne einen Grund zu sagen.

Schicke sie dann heim, begnadigt, mit vielen Säcken voll Korn. Behalte aber Simon als Geisel auf unbestimmte Zeit.

Zwei Jahre später. Sie wieder auf dem Boden vor mir, weil sie neues Korn brauchen.

Ich, verborgen unter Schminke, lasse sie bei mir essen.

Schicke sie wieder fort. Mit Säcken voll Korn. Diesmal in den Säcken Wertgegenstände versteckt, Tafelgeschirr, ohne ihr Wissen.

Sie, an der Grenze abgefangen von meinen Beamten, welche Tafelgeschirr zwischen dem Korn finden. Welche Niedertracht! Gäste Ägyptens zu sein, um goldene Becher mitgehen zu lassen! Als Diebe werden sie wieder hierher gebracht.

Sie, erniedrigt vor meinem Thron.

Ich, verborgen unter Schminke, nenne sie Spione, spiele mit ihrer Angst, nutze aus, dass sie die Welt nicht mehr verstehen.

Und lade sie ein zum Essen ohne Begründung.

Dieses zweite Essen war gestern. Eine Achterbahn. Ich frage mich: Warum verhalte ich mich so? Warum spiele ich mit ihnen? Ich habe sieben Antworten. Sie können ja mitzählen. Es gibt sieben Antworten, warum man nicht einfach sagt: Juhu, meine Brüder, ihr seid hier, lasst uns feiern!

Erste Antwort: die anwesenden Ägypter. Den Ägyptern sind die Viehzüchter ein Gräuel. Das steht nicht nur in der Bibel, das steht auch an ihren Wandbildern. Darstellungen von erniedrigten Nomaden. Du kommst nach Ägypten und erfährst von den Wänden, dass du ein Nichts bist. Wenn du selbst so ein Nichts bist, willst du nicht auffallen mit Verbrüderungsszenen unter Nomaden. Ich blieb natürlich bei der ägyptischen Sprache, es lief sowieso alles über Dolmetscher.

Sodann: die Wahrheit, die sie mir erzählten. Ihr Vater, der lebte. Ein kleiner Bruder Benjamin, den sie noch hätten. Der daheim geblieben sei. Sie konnten ja nicht wissen, warum ich mich da wegdrehte. „Mann" weint einfach nicht, lieber schweigt er. Ich bin zwar ein moderner Mann, der sich seiner Tränen nicht schämt, aber wissen Sie: Blödes Gerede.

Dritte Antwort: mir fehlten Informationen. Was war los mit meinem Vater Jakob? Warum hatte er mich nie gesucht? Hatte er mit meinen Brüdern gemeinsame Sache gegen mich gemacht? Oder hatten sie ihn in ihrer Gewalt? Die Mahlzeiten mit ihnen waren schwache Versuche, Informationen zu gewinnen.

Und dann dachte ich mir auch viertens: Was, wenn plötzlich alles gut ist in unsere Familie? Würde ich dann nach Hause müssen? Ich habe mich an Ägypten gewöhnt. Ich habe etwas aufgebaut. Also gut: Gott hat es mir geschenkt. Aber dann einfach wieder zurück? Frau und Kinder, unser Palast und der BMW und eine goldene Kette, und eine Aufgabe, die absolut sinnvoll ist. Hunderttausende vor dem Hungertod bewahren. Das wollte ich nicht durch ein unbedachtes Outing alles aufgeben.

Ich denke, die eigentliche Antwort ist die Zisterne. Ich habe stundenlang nackt in einer leeren Zisterne gelegen. Hilflos. Von den eigenen Brüdern hineingestoßen. Plötzlich, ohne jede Vorwarnung. Damit rechnest du nicht, wenn du hinausgehst, um ihnen mit den Tieren zu helfen. Nackte Angst. Wenn du hörst, wie einer sagt: Wir sollten ihn nicht töten, wir verkaufen ihn besser. Das hieß: vielleicht die Mehrheit *hatte* meinen Tod im Sinn. Ruben nicht, vielleicht Juda nicht. Ja, sie haben sich über mich geärgert. Ja, es war im Affekt. Ja, es gibt viele Erklärungen und Entschuldigungen. Hallo? Sie wollten mich wirklich umbringen! Und *haben* mich an eine Karawane ver*kauft*. Ich wurde Sklave. Wurde hergebracht. War ein Nichts in einem Land, das ich nicht kannte.

Erst nach der ersten Begegnung mit meinen Brüdern, unerkannt, sind mir diese Erinnerungen wieder bewusst geworden. Sie wussten ja nicht, dass ich ihr Hebräisch verstehe. Wussten ja nicht, dass ich hörte, wie Ruben sagte, im Staub liegend: Das ist jetzt die Strafe Gottes für das, was wir unserem jüngsten Bruder Josef damals angetan haben. Dass wir ihn verkauft hatten. Dass wir dem Vater vorgespielt hatten, ein wildes Tier habe ihn gefressen.

Das war der Moment, worauf ich sie ins Gefängnis warf, und ihnen außerdem soviel Angst eingejagt habe wie möglich.

Mein Hass wechselte ab mit Liebe. Das ist natürlich die nächste Antwort, woher die Achterbahn kam. Aber warum Liebe? Ausgelöst vielleicht durch Benjamin. Sie erzählten liebevoll von ihm. Und von unserem Vater. Das rührte mich an. Ich stellte mir vor, wir könnten diese Liebe teilen. Ich bewirtete sie königlich. Die Ägypter hatten absolut kein Verständnis dafür. Ich erpresste meine Brüder und sagte, ein zweites Mal bekommt ihr nichts, wenn ihr nicht euren kleinen Bruder Benjamin mitbringt; dann erst glaube ich euch. Sie mussten ihn dieses zweite Mal mitbringen, wenn sie nicht verhungern wollten. Ich wusste, wie schlimm das für meinen Vater sein würde. Aber es ist gut gegangen. Ich habe Benjamin kennen gelernt, und er ist mit den anderen auf dem Heimweg, um unseren Vater zu holen.

Die nächste Antwort: Gerechtigkeit. Sie, verehrtes Publikum, werden das Rache nennen. Aber in so einem Moment kann man das schlecht unterscheiden. Ich konnte mir nicht vorstellen, dass sie mir so viel angetan hatten, und jetzt nicht einmal zappeln mussten. Sie haben zwei

Jahre gezappelt. Simon musste am längsten büßen als Geißel. Auch mein Vater musste leider büßen.

Dann siebtens... Was war jetzt das siebte? Wie viel habe ich jetzt schon? Die Ägypter, meine Tränen, Informationen, mein Job, die Zisterne, Liebe, Strafe muss sein... das sind ja schon sieben. Es gibt noch einen achten Grund für die Achterbahn der Gefühle. Und zwar: Wissen Sie, wie kompliziert das ist, zehn Brüder zu haben? Wie soll man denn ein echtes Gespräch mit ihnen führen? Du sagst etwas, zwei oder drei verstehen dich vielleicht, aber immer ist einer dabei, der einen blöden Senf dazu gibt. Alle wollen ernst genommen werden, aber du kannst immer nur einem antworten. Ein anderer zieht sich zurück, ein dritter schießt quer.

Da sind wir jetzt schon sehr weit zurück in meiner Kindheit. Mein Vater meinte immer, der Neid meiner Brüder würde eine große Rolle spielen. Aber vielleicht hat jeder von uns einfach sein normales Bedürfnis nach Anerkennung gehabt und wollte als Individuum gesehen werden und nicht als elf Brüder! Vielleicht wäre all das nie passiert, wenn das Wunder geschehen wäre, dass elf Brüder miteinander reden können. Ich kann Ihnen sagen, bei zehn anwesenden Geschwistern schweigt man dreimal, bis man etwas sagt, weil es sonst zugeht wie in einem Bienenkorb, und man kennt sich nicht mehr aus. Auch deswegen habe ich lange geschwiegen.

Übrigens: Bevor sie mich in die Zisterne warfen, war *nicht* das Wunder geschehen, dass wir miteinander reden konnten. Es war erst recht *nicht* das Wunder geschehen, dass ein Nomadenpatriarch nach der Geburt weniger Kinder sagt: Schluss, jetzt ist es genug, bei noch mehr Kindern kommen wir alle ganz durcheinander. Hätte er das gesagt, hätten sich seine Kinder bestimmt prima verstanden. Obwohl, mein Vater Jakob und sein einziger Bruder, das ist auch so eine Geschichte. Schon zwei sind manchmal zu viel. Außerdem gäbe es mich dann nicht. Aber weil diese Wunder nicht geschahen, dafür ist jetzt das Wunder geschehen, dass eine Familie, die in Kanaan echte Probleme bekommen hätte wegen der Hungersnot, dass diese Familie jetzt einen der Ihren in Ägypten sitzen hat, und zwar direkt an der Quelle (damit bin ich gemeint).

Und dieses weitere Wunder der Versöhnung hätte es auch nicht gegeben. Versöhnung, ein Wort, das immer noch nicht leicht ist auszusprechen. Da war ich etwas wackelig, als ich die Hand ausgestreckt habe. Ich würde mich fast gerne wieder in die alte ägyptische Ordnung flüchten, aber das würde wieder Feindschaft bedeuten. In Wahrheit habe ich Angst, noch einmal verletzt zu werden.

Es war nicht ganz beabsichtigt, dass dieses zweite Essen mit meinen Brüdern der Beginn einer Versöhnung wurde. Sie kamen zu mir ins Haus, und brachten mir Geschenke meines Vaters, Balsam und Honig, Harz und Myrrhe, Nüsse und Mandeln. Und sie fielen wie immer vor mir nieder zur Erde. Wie in meinen alten Träumen. Ich grüßte sie diesmal freundlich, und fragte nach dem Vater, und bekam gute Antwort. Und schaute mit offenem Mund den Jungen an, der diesmal dabei war, und fragte nach ihm, und es war Benjamin.

Und dann bin ich hinausgerannt und habe richtig gesucht, wo ich mich verstecken könnte, und habe meine Schlafkammer gefunden, und geheult wie ein Krokodil aus dem Nil. Habe mein Gesicht mit der verlaufenen Schminke abgewaschen. Bin zurückgegangen. Habe die Speisen auftragen lassen. Habe meine Brüder der Reihe nach Platz nehmen lassen, dem Alter nach sortiert – das war für sie eher unheimlich. Bestimmt hielten sie mich für einen ägyptischen Zauberer, weil ich die Reihenfolge wusste. Diese ganze Nacht waren wir fröhlich mit Wein. Ich staune, wie Menschen, die jemanden unheimlich finden, dennoch mit ihm fröhlich sein können. Vielleicht aus Angst.

Heute früh habe ich so getan, als schicke ich sie nach Hause.

Mit der Bedingung, dass sie Benjamin bei mir lassen. Da war dann die *blanke* Angst in ihren Gesichtern. Ruben hat sich die größte Mühe gegeben, mir zu erklären, dass er Benjamin nicht hier lassen kann. Kurz gesagt, es würde den Tod des Vaters vor Kummer bedeuten.

Und das ist der Moment, heute früh, wo es nicht länger auszuhalten war, es ist aus mir herausgebrochen, ich habe die Ägypter angeschrien, alle sollen den Saal verlassen, uns allein lassen, egal was sie dachten. Und habe nur so geweint wie ein Krokodil im Nil. Ich hätte die Ägypter nicht fortschicken müssen, es war sowieso im ganzen Haus zu hören.

Heute Morgen habe ich meinen Brüdern gesagt, wer ich bin: der Bruder, den ihr verkauft habt. Sie schon wieder erschrocken, beziehungsweise, haben das alles erst recht langsam begreifen können. Aber ich wollte sie beruhigen. Sie sollten nicht Angst haben, dass ich noch zornig bin.

Was hier geschehen ist, sagte ich ihnen, das war, dass Gott mich nach Ägypten vorausgeschickt hat. Damit sie später nachkommen konnten. Das ist so aus mir gequollen, und es klingt irgendwie logisch. Meine Familie wurde auf diese Weise gerettet. Und außerdem bin ich dadurch der höchste Mann nach dem Pharao geworden. Ich merke selber: da ist es irgendwie unpassend, nachtragend zu sein.

Trotzdem bin ich wie gesagt durcheinander, da ist schon ganz schön viel auf mein Herz gekommen.

Da habe ich aber einen Plan. Ich nehme mir vor, dass ich nicht mit allen Geschwistern gleich gut auskommen muss. Ich suche mir zwei oder drei, mit denen ich etwas aufbaue. Wahrscheinlich Benjamin, denn wir haben dieselbe Mutter. Vielleicht Ruben, oder Juda, denn sie haben damals nicht meinen Tod gewollt. Vielleicht probiere ich es auch mit dem, der am lautesten gegen mich geredet hat. Aber das weiß ich noch nicht. Das Gute ist, ich bin jetzt nicht mehr der Schwächste von allen, ich bin jetzt erwachsen. Ansonsten: Zwar muss ein Dutzend Kinder nicht *immer* zum versuchten Totschlag führen; ich werde aber auch nicht traurig sein, wenn es in meiner Familie bei zwei Kindern bleibt. Mal sehen, was Asenat dazu sagt.

Wie geht es weiter? Etliche Pläne sind geschmiedet. Mein Vater wird geholt werden und meine Schwester, wenn sie möchte. Wir werden noch einmal feiern, wenn Gott es will. Der Pharao wird ihn empfangen. Er hat BMWs nach Kanaan geschickt, damit Jakob angenehm reist. Wissen Sie noch? Einst stand Jakob dem Fürsten der Nachbarstadt gegenüber, und hatte Angst vor den Städtern, als meine Brüder Dina gerächt hatten. Jetzt wird er dem Fürsten Ägyptens gegenüberstehen, der eigentlich ein Gott ist!

Ach ja, die Ägypter. Es ist nicht sicher, ob sie es uns immer so gut gehen lassen werden. Der Pharao mag uns, aber was wird ein neuer Pharao sagen? Ich bemühe mich ja, mich zu integrieren, aber ob das meine Familie auch können wird? Und ob das Gottes Wille sein wird, dass wir werden wie die Ägypter? Und selbst wenn wir Hebräer es tun – vielleicht wird man uns doch nicht anerkennen. Sie haben seltsamerweise Angst vor uns. Sie meinen, ihre Ordnung kommt durch uns durcheinander. Und vielleicht ist es ja wirklich so, dass wir Hebräer uns Gottes Ordnungen anders vorstellen als die Ägypter mit ihren Hierarchien und Zeremonien, wo alles immer gleich bleiben soll. Auch wenn wir heute das Höchste erreicht haben, heißt das nicht, dass es immer so sein wird. Wir sind weiterhin in Gottes Hand.

Ich würde Ihnen gern noch die Gedanken sagen, die mein Vater hatte, als er hörte, er solle zu uns nach

Ägypten kommen, denn es waren sehr anrührende Gedanken. Aber das geht schlecht, weil er diese Gedanken ja daheim in Kanaan hatte, und ich habe ihn ja noch nicht wieder getroffen. Ich freue mich sehr auf ihn. Ich frage mich, was es ihm bedeutet zu kommen. Denn immerhin riskiert er, hier einst zu sterben und in fremder Erde zu liegen. Andererseits können die Ägypter einen Toten ja wirklich so herrichten, dass man ihn später bei Gelegenheit wieder in die alte Heimat schaffen könnte. Ich selber bin inzwischen in Ägypten zu Hause, wer weiß, vielleicht bekomme ich mal einen Sarkophag. Andererseits ist das teuer, und man fragt sich, ob diese ganze Bestattungskultur sich nur deswegen dauernd weiterentwickelt, weil jemand etwas daran verdienen kann.

Aber das sind nicht mehr sehr tief schürfende Gedanken, die ich da für Sie habe. Das jetzt folgende Dessert passt gut als Ambiente zu meinen ausklingenden Gedanken, jetzt, wo ich noch einmal allein bin ohne die ganze Verwandtschaft und nur bei meiner eigenen Familie.

Als ich mit meiner Frau sprach, was ich Ihnen am Schluss sagen soll, hat sie mir folgenden Satz empfohlen: „Die Menschen gedachten es böse mit mir zu machen, aber Gott gedachte es gut zu machen". Und das ist wirklich ein guter Satz.

– ₪₪₪₪ –

Elia

Vorspeise

Der Prophet

Erster Gang

Elia erzählt

Zweiter Gang

Prophetenreife

Dessert

Benötigt: ein freier gedeckter Platz

Der Prophet

Liebe Gäste,

wie schön, dass Sie da sind, die Plätze sind alle besetzt, nun ja, fast alle. Dieser hier ist nicht besetzt. Darf es gar nicht sein, denn er ist für den Propheten reserviert. Wenn der Prophet am Ende der Tage kommt, und das kann bald sein, ja das könnte auch heute Abend sein – dann soll der Prophet nicht das Gefühl haben, als:

– müssten wir schnell noch einen Stuhl hineinschieben
– noch einen Teller aus dem Schrank holen
– und eine neue Flasche Wein
so nach dem Motto: Mit dir haben wir überhaupt nicht gerechnet.

So etwas soll nicht passieren, wenn der Prophet kommt. Deswegen lässt man ihm in einem frommen Haus ein Platz frei. Man hält schon nach ihm Ausschau.

Glauben Sie nicht? Na, dann hören Sie mal!

Kommt ein neuer Prediger in der Wüste, sagen wir, er heißt Johannes der Täufer. Gleich mal schauen, ob es nicht der Prophet ist. Also gehen einige Priester zu ihm.

He, Johannes, man *nennt* dich zwar Johannes, aber: Bist du vielleicht *er*?
Wer?
Na der Prophet!
Welcher?
Na Elia.
Nee, nee, lasst mal, der bin ich nicht. Ich bin Johannes. Ich kündige euch den Messias an, der bald kommen wird. Ich bin nicht Elia.
Allerdings: der Geist des Elia und die Kraft des Elia sind mit mir. Das hat ein Engel im Tempel gesagt. Er hat es dort meinem eigenen Vater gesagt. Als er Tempeldienst hatte.

Sehen Sie, man erwartet den Propheten. Nachdem Johannes es abstritt, versuchte man es bei einem anderen, einem gewissen Galiläer.

Sammelt ein Lehrer zwölf Schüler um sich und wandert durch Galiläa, und heißt Jesus. Schnell kommt die Rede auf, dass er *es* ist. Sie haben das Prinzip verstanden: erst mal klären, ob Jesus vielleicht Elia ist, oder doch nicht. Jesus selbst will Klarheit herstellen und stellt selbst die Frage: Wer, sagen die Menschen, dass ich sei? Es ist die berühmte Frage, die er unweit der Stadt Cäsarea Philippi gestellt hat. Seine Schüler berichten: Manche meinen, du seist Johannes der Täufer, manche halten dich für Elia, manche für einen anderen Propheten. Und ihr, für wen haltet ihr mich? fragt Jesus. Du bist der Christus, sagt Petrus, und Jesus widerspricht ihm nicht.

Also wieder nicht Elia. Man muss weiter auf ihn warten.

Oder nicht?

Jetzt hat nämlich Jesus mit seinen Schülern diskutiert, ob Johannes *doch* Elia sein könnte. Die zwölf Schüler lesen wissbegierig in der Bibel, und ein paar haben das Buch Maleachi gelesen. Maleachi ist interessant, weil da manches über den Tag des Herrn steht. Interessant wiederum deswegen, weil ja Jesus *selbst* immer wieder vom Tag des Herrn spricht. Und der Herr ist ja Jesus. Und jetzt haben sie im Maleachi gelesen: Siehe, ich will euch senden den Propheten Elia, bevor der große und schreckliche Tag des Herrn kommt. Und da haben die zwölf Schüler messerscharf geschlossen: Wenn jetzt der Tag des Herrn quasi schon da ist, weil ja der Herr auch schon da ist, dann *müsste* doch der Elia schon irgendwo *da* sein.

Muss nicht eigentlich Johannes Elia sein? Haben sie Jesus gefragt.

Und ihr Lehrer begreift sofort, warum sie das fragen. Nämlich: Jesus ist der Herr ist der Messias; Johannes ging öffentlich dem Messias dem Herrn voraus und kündigte ihn an; auch Elia geht dem Tag des Herrn des Messias voraus also kündigt ihn quasi an. Da liegt die Vermutung schon sehr nahe, dass Johannes Elia ist. Und wie ein guter Lehrer nimmt Jesus das von seinen Schülern auf jeden Fall positiv auf. Denn wenn Schüler einen Zusammenhang erkennen, soll man die darin enthaltene Wahrheit sehen, anstatt zuerst auf die Schwachstellen hinzuweisen. Jesus sagt: Ja, der Elia war bereits da, in Gestalt des Johannes ist er hier gewesen.

Obwohl Johannes selbst von sich gesagt hatte: Nee, nee, ich bin's gar nicht.

O, o, so viele Meinungen. Aber verschiedene Meinungen zu haben, ist wohl erlaubt. Selbst zwischen einem einzigen Buchdeckel versammelt. Dann müssen die Ausleger wieder herhalten, wie man das zusammenbringen kann.

*Vielleicht hat es Jesus ja eher symbolisch gemeint, so in der Art: der Johannes war so einer wie es der Elia auch gewesen war. Oder vielleicht soll man den Engel, der mit Johannes Vater gesprochen hat, so verstehen, dass der Geist des Elia so als Geistwesen immer mit dabei gewesen sein soll, dass Johannes und der Geist des Elia irgendwie zu zweit waren.°

*Manche haben sogar gemeint, Jesus würde sich selbst widersprechen, weil er einmal gesagt hat, Johannes war Elia, die Betonung liegt auf *war*, weil Johannes ja umgebracht wurde, und dann, als Jesus selbst starb am Kreuz hat er Elia wieder gerufen, als ob er noch ein drittes Mal kommen würde, aber das wissen wir besser, weil Jesus hat Elia gar nicht gerufen, sondern er hat „Mein Gott!" gerufen, denn das heißt Eloi, aber nicht Elia. Die haben sich verhört.°

Jetzt habe ich auch mal eine Frage.

Das klingt irgendwie alles, als ob der Prophet Elia erst noch geboren werden muss. Aber Elia, das war doch ein Prophet aus ganz alten Zeiten! Hat sich nicht König Ahab mit Elia herumgeschlagen? Aber Ahab lebte im 9. Jahrhundert vor Christus! Wird Elia zweimal geboren? Damals einmal und heute einmal? Oder wird er wieder auferweckt? Nach neun Jahrhunderten ist von einem ja meistens nicht sehr viel übrig. Wieso soll man auf ihn dann noch warten?

Ja, ich weiß, weil es im Maleachi steht, werden Sie sagen, Sie haben ja schließlich zugehört. Aber der Maleachi erklärt uns auch nicht, *wie* das gehen soll. Besser, wenn wir die Geschichte von Anfang an hören.

Es stand Elia, der Tischbiter, Prophet aus der Stadt Tischbe in der Ostprovinz Gilead, vor Ahab, dem König Israels in dessen Palast in der Stadt Samaria. Und sprach: So wahr der Herr, der Gott Israels, lebt: Es soll diese Jahre weder Tau noch Regen kommen, es sei denn, ich sage es. [1Kön 17, 1]

Dann wandte sich Elia um, verließ den Palast, packte seine Sachen, und verließ auch Samaria, überquerte das Hochland in Richtung Osten und wanderte hinunter ins Jordantal. Er watete an seichter Stelle durch den Fluss, in Richtung auf seine Heimatstadt Tischbe zu. Der Bach, der von dort kommt, heißt Krit. An diesem Bach holte die Nacht den Propheten ein. Er ließ sich nieder, holte seine Decken heraus, hüllte sich hinein, und wartete.

Nichts geschah, und er schlief ein. Er erwachte am Morgen, und nichts geschah. Als dann auch am nächsten Tag nichts geschah, wusste Elia: die furchtbare Drohung begann wahr zu werden.

Während der Prophet seine Tage mit Warten verbrachte, trank er Wasser aus dem Bach Krit, und was seine Ernährung betraf, halfen ihm die Raben. Raben sind kluge Tiere, sie finden überall allerlei Essbares. Ob Raben auch hilfsbereit sind und ob sie gerne ihr Essen teilen, ob man sie zähmen kann, oder ob sie nur leicht zu überlisten sind, weiß ich nicht. Jedenfalls aß Elia das, was die Raben des Baches Krit an Essbarem fanden. Im Übrigen wartete der Prophet, und er stellte fest: Ob die Prophezeiung, dass es diese Jahre nicht mehr regnen noch Tau geben würde, sich bewahrheiten wird, kann man nur abwarten.

Jedenfalls befand sich nach etlichen Tagen des Wartens im Bach Krit kein Wasser mehr, denn es war immer noch nichts geschehen.

Beim Warten hat man viel Zeit.

Vielleicht hat Elia darüber nachgedacht, woher er denn alles weiß. Ich meine, eine jahrelange Trockenheit vorherzusagen, das ist ja nicht etwas, was man in der Grundschule gelernt hat. Oder auch, was das heißt, dass das *Wort des Herrn* zu ihm kam: Geh weg von Samaria – verbirg dich am Bach Krit – und ich habe den Raben geboten, dass sie dich dort versorgen sollen *[2-3]*.

Vielleicht hat Elia also darüber nachgedacht, dass das ja etwas Besonderes ist, wenn Gott ihm einfach so etwas sagt. Vielleicht gehört Elia auch zu denen, die das gar nichts Besonderes finden, sondern sagen: Gott redet doch immer zu den Leuten, sie merken es nur nicht. Sie schweigen nicht, und daher hören sie nichts. Vielleicht überlegte Elia auch immer einmal, ob das, was er da hörte, Gottes Stimme war, oder sein eigenes Unterbewusstsein. Denn echte Propheten üben sich darin, das zu unterscheiden.

Doch nach diesen Tagen war klar, dass der Bach Krit kein Wasser mehr haben würde. Jetzt begann der Durst zu herrschen.

Auch da die Frage, auf was man hören soll. Auf die Angst vor dem Verdursten, die langsam aufsteigt? Oder auf die Angst vor durstigen wilden Tieren, für die Menschenblut so langsam zu einem interessanten Getränk wird? Oder hören auf die Glaubenszweifel aller Art, zum Beispiel wie es sein kann, dass ein ganzer Bach einfach austrocknen darf. Schafft man noch sich zu entscheiden, ob man auf all das hören will oder weiter auf Gottes Wort warten will?

Es soll nicht regnen, es sei denn ich sage es – sollte Elia nicht einfach sagen, es soll wieder regnen? Aber obwohl alle glauben, dass Elia dem Wetter befehlen könne, ist es doch nicht so. Elia kann nur das Wort Gottes sagen, zum Beispiel dass es wieder regnet, wenn es soweit ist.

Erneut kam das Wort des Herrn zu Elia: Mach dich auf und geh nach Zarpat, das bei Sidon liegt, und bleibe dort; denn ich habe dort einer Witwe geboten, dich zu versorgen. Er machte sich auf und ging nach Zarpat im Norden. [8-10]

Wer sich während einer beginnenden Dürrekatastrophe auf den Weg ins Ausland macht, der sieht viel. Ich stelle mir müde, ausgezehrte Menschen vor. Solche, die bei den Zisternen Schlange stehen. Andere, die auch nach Norden wandern ins Ausland. Liegt da nicht auch hier und da ein totes Wesen am Wegesrand? Vielleicht Gewalt unter den Flüchtlingen, vielleicht Gewalt der Grenzer, vielleicht aber einfach Kraftlosigkeit.

Na ja, richtige Grenzer gibt es hier nicht. Je nachdem, wer der Machthaber des Landstreifens ist, wo man gerade durchkommt, und je nachdem, wer da am Wegesrand wohnt, verhalten sie sich gegenüber den Flüchtlingen mal eher zivilisiert, mal eher räuberisch.

Wo ist das eigentlich, Zarpat?

Es ist ein Städtchen bei Sidon. Sidon ist eine bedeutende Hafenstadt nördlich von Israel. Phönizier wohnen und handeln und herrschen hier. Im Hinterland die Berge des Libanon, mit Zedern bewachsen noch, da hält sich das Wasser besser und die Bäche sind nasser. Solange man nicht die Zedern alle schlägt für den Schiffsbau, oder auch für den Export als Bauholz. Aber noch ist Phönizien reich an Geld und an Wasser.

Als der Vater des Königs Ahab, das war König Omri gewesen, die neue Hauptstadt Samaria für Israel errichtet hatte, da hatte man viel Holz aus dem Libanon gekauft, und man hatte die Zimmerer aus Sidon gleich mitgebracht, und man hatte noch gleich eine phönizische Prinzessin mitgebracht, und ihren Gott Baal gleich noch dazu. Die Prinzessin wurde mit dem König Ahab verheiratet. Sie hat also Baal mitgebracht. Aber richtig zuhause ist Baal in Sidon.

Elia flieht vor der Dürre dorthin, wo sein Haupt-Feind wohnt.

Ba-aaal. Ba-aaal. Ba-aaal.

Was für ein gräulicher Singsang. Elia ist in eine Gruppe von phönizischen Pilgern hineingeraten. Einerseits ein Vorteil, denn sie haben einen Schluck Wasser für ihn. Andererseits muss er jetzt diesen Gesang ertragen, und auch seinen neuen Reisegefährten. Dieser heißt Baal-Tasar, zu deutsch „Kraft des Baal". Dieser Baal-Tasar erzählt zum wiederholten Male gern die Geschichte seines Lieblingsgottes.

Ich finde das so liebevoll, sagt er, wie Baal über den Himmel wandert, und kleine Wölkchen wie kleine Schäfchen vor sich hertreibt. Stell dir das vor, das ist doch super! Manchmal treibt er sie mit seinem Donnerknüppel und seinem Blitzstab an, die Schäfchen-Wölkchen, so dass sie sich zusammendrängen. Und dann laufen sie über, und es regnet auf der Erde, und die Erde wird befruchtet, und alles wächst, was Mensch und Tier zum Leben brauchen. Ihr Südländer, sagt Baal-Tasar, könntet ihm ruhig auch mal Danke sagen dafür. Aus Baal kommt alle Kraft des Wetters und der Fruchtbarkeit und des Wachstums, freut sich Baal-Tasar. Und ernsthaft fügt er hinzu: Dann würde es vielleicht auch wieder regnen bei euch.

Elia seufzt.

Aber im Moment ist es nicht sein Auftrag zu widersprechen. Immerhin eine Frage stellt er seinem Begleiter: Und wie ist das, ist Baal nicht am Ende tot gewesen?

Was? Entrüstet sich Baal Tasar. Also nicht doch! Ja, hinabgestiegen in das Totenreich des Mot, das ist er halt. Dann ist halt eine Weile Trockenzeit. Baal-Tasar schaut Elia an und lacht. Da sieht man doch wieder, wo du herkommst, du verkappter Israelit. Aber ich hab's gleich gemerkt, dass du einer bist. Trägst nicht mal das Amulett einer wichtigen Gottheit am Hals. Baal, Mot, Aschera, El...

Elia seufzt. Oh diese vielen Götter. Jeder ist für etwas anderes zuständig, der eine macht Regen, der andere macht Dürre, die Aschera ist für Liebe zuständig, der El ist der Göttervater, aber einer, der seine Kinder nicht im Griff hat. Elia denkt an *seinen* Namen: Elia, eigentlich El-iahu, das heißt El ist Jahwe, wenn es einen El gibt, dann ist das Jahwe. Eliahu. Elia.

Elia seufzt dann noch einmal.

Sein Reiseabschnittsgefährte Baal-Tasar redet weiter auf ihn ein. Ihr werdet in Israel ja jetzt auch zivilisiert. Euer König hat ja unsere Prinzessin geheiratet, und sie wird euch den Baal schon beibringen. Ist das richtig, ich habe gehört, ihr habt jetzt auch einen Baalstempel in Samaria?

Da hat Elia das dritte Mal geseufzt. Er sagte nichts. Er sah auf die Baalspilger, hörte ihre Gesänge, er sah auf die Baalspilgerinnen, wie sie tanzten, sie tanzten genauso wie die neue Königin von Israel, Isebel, die dem König einen Baalstempel in der Hauptstadt aufgeschwatzt hatte. Mit phönizischen Propheten darinnen.

Und die dafür gesorgt hatte, dass fast alle Propheten Jahwes umgebracht wurden.

Sie wissen ja, an die wichtigsten Dinge erinnert man sich eher nur so nebenbei. Komisch aber, das fällt Elia jetzt auf, komisch, dass die Dürrekatastrophe genau da begonnen hat, als Baal die Macht in Israel übernahm, und Jahwe versuchsweise ausgerottet wurde.

In der Heimat der Propheten-Killerin Isebel und ihres Gottes Baal war Elia jetzt angekommen.

Als Elia an das Tor des Städtchens Zarpat kam, war er froh, die Pilgergruppe loszuwerden. Es fiel ihm nicht schwer, sich von Baal-Tasar zu verabschieden und seinem ursprünglichen Auftrag zu folgen. Wissen Sie es noch? Er sollte bei einer Witwe wohnen. Schau, da *war* eine Frau mit dem Gewand einer Witwe. Gebückt las sie Holzstückchen auf. Doch wie spricht ein Mann eine fremde Frau in einem fremden Land an, wo man die Sitten nicht kennt, ohne dass es zweideutig wird? Über das Wetter reden? Ein Kompliment machen? Sagen, dass er eine Witwe sucht? Wie kommt denn das! Elia probierte es damit, die Sache wie ein Dienstleistungsverhältnis zu gestalten.

Er rief ihr zu, und als sie hörte, sagte er: Hole mir ein Gefäß mit ein wenig Wasser, ich brauche zu trinken! Sie ging los, um Wasser zu holen, doch er rief ihr nach und bat sie auch um einen Bissen Brot.

Sie sagte: So wahr der Herr, dein Gott, lebt: Ich habe nichts Gebackenes, nur eine Hand voll Mehl im Topf und ein wenig Öl im Krug. Und glaub es oder nicht, ich hab ein Scheit Holz oder zwei aufgelesen und gehe heim, schüre den Ofen an, und will mir und meinem Sohn ein Brot machen und es essen - und sterben. [11-12]

Oh, was da für eine Mischung aus ihr herausplatzt! Ihre Absicht zu sterben erfahren wir, und dazu ein Backrezept, das einfachste, das es gibt mit Mehl und Öl. Im Angesicht des Todes funktionieren die alltäglichen Dinge weiter. Und wir erfahren von einer großen Herzensweite dieser Frau. Anders als die Pilger fängt sie nicht an von Baal zu reden. Sondern sie sagt zu Elia: So wahr der Herr, dein Gott lebt. Sie weiß vielleicht nicht einmal, welcher Gott Elias Herr ist. Ob ich zu einem fremden Menschen sagen könnte, dessen Gott ich nicht kenne, so wahr dein Gott lebt? Auch eine Herzensweite hat sie im Angesicht des Todes.

Mit dem Tod rechnete sie also.

Elia sagte: Fürchte dich nicht! Geh hinein und mach's, wie du gesagt hast. Doch mache zuerst mir etwas Gebackenes davon und bringe mir's heraus; dir aber und deinem Sohn sollst du danach auch etwas backen. Denn, so spricht der Herr, der Gott Israels: Das Mehl im Topf soll nicht verzehrt werden, und dem Ölkrug soll es an Inhalt nicht fehlen bis auf den Tag, an dem der Herr regnen lassen wird auf Erden. Sie machte es, wie Elia gesagt hatte. Und er aß und sie auch und ihr Sohn. [13-15]

Tag um Tag.

Und wollen auch wir uns für einen Moment einer kleinen Speise zuwenden.

– ‮ﭏ‬ ‮ﭏ‬ ‮ﭏ‬ ‮ﭏ‬ –

Elia erzählt

Ihr Kinder Gottes,

als ich, Elia, mit dieser guten Frau und ihrem Sohn nun eine Weile zusammen lebte, und als uns an keinem Tag Mehl oder Öl fehlten,

– übrigens: finden Sie das zu wenig Abwechslung?
Nun ja, vielleicht denken Sie, in Zeiten der Not soll man über das Wenige immer noch froh sein!
Oder vielleicht denken Sie auch, für mich als Propheten ist etwas Askese erstrebenswert.
Aber es ist viel einfacher: Im Alltag gibt's für uns Normalbürger nur das. Jeden Tag. Das ist eigentlich normal. Vielleicht auch mal eine Gemüsesuppe. Fleisch dagegen ist ein Zeichen des Festes. Oder brauche ich Ihnen das nicht zu erklären?

Also, als ich und diese guten Leute so im Haus lebten,

– übrigens: finden Sie auch, dass das etwas schnell ging, wie ich zu einer Witwe in ihr Haus eingezogen bin? Das finde ich auch, aber es ergab sich ganz gut so, und es war mir egal, was die Leute dachten. Genauso ist mir auch egal, was *Sie* über die Beziehung denken zwischen uns beiden.

Als ich und diese brave Familie also...

Jedenfalls wurde der arme Junge plötzlich sehr krank.

Diese Krankheit wurde so schwer, dass kein Odem mehr in ihm blieb. Gott haucht dem Adam und jedem Menschen den Odem ein, davon leben wir. Man kann es sehen, wenn ein Mensch stirbt. Dann haucht er am Ende wieder aus. Das, was ihn lebendig machte, geht wieder von ihm. *[17]*

Mir hat der Junge Leid getan, wie er ohne Odem auf dem Schoss seiner Mutter lag. Erst den Vater verloren, jetzt schon das eigene Ende, was wird er vom Leben gehabt haben? Eines: eine liebe Mutter, die hat er gehabt.

Im Moment konnte allerdings die Mutter nicht so lieb sein. Zu ihrem Kind schon, aber ansonsten musste auch die Wut hinaus, und da war gerade nur ich, den es treffen konnte.

Was hab ich mit dir zu schaffen, du Mann Gottes? schrie sie. Du bist zu mir gekommen, ja, und wozu? Hast deinen Gott zu mir gebracht, hat er meine Sünden gesehen, und nimmt mir zur Strafe meinen Sohn! [18]

Besser nicht diskutieren, dachte ich mir. Es ging jetzt nicht darum, ob es wahr ist, dass sie bestraft werden soll, es geht darum, dass sie einfach ganz verzweifelt ist. Besser nicht reden, sondern handeln. Ihr geben, was ich geben kann. Und das war in meinem Fall das Gebet.

Ich durfte den Jungen mit Erlaubnis der Mutter ins Obergeschoss hinauftragen *und legte ihn auf sein Bett und betete.* Wenn ich bete, dann fängt das oft nicht mit einer Bitte an. Sondern ich sage Gott, was ich denke. Ich bin ein emotionaler Mensch. Ich rief also: *Herr, mein Gott, tust du der Witwe, bei der ich ein Gast bin, das an, dass du ihren Sohn tötest? [19-20]*

Und dann legte ich mich auf den Jungen drauf, fragen Sie nicht warum. Klar, man ist näher dran, der ganze Mensch ist wichtig, aber letztlich – fragen Sie nicht warum. Und es wuchs in mir das Gebet: *Lass das Leben in dieses Kind zurückkehren!* Dreimal machte ich das. Und der Herr erhörte mich *und Odem kehrte in das Kind zurück, und es wurde wieder lebendig. [21-22]*

Was soll ich sagen? Dass ein Kind wieder lebte, machte mich genauso sprachlos, wie wenn eins stirbt. Da bewegte sich sehr viel in mir, ich weiß nicht wie lange ich wartete, bis ich mit dem Buben herunterging und ihn seiner Mutter brachte.

Schau, dein Sohn lebt!

Was für ein Satz. Vielleicht besser als jedes Dankgebet. Sie wiederum sagte zu mir: dass sie, wenn nicht schon immer, dann jetzt ganz bestimmt wüsste, dass ich ein Mann Gottes sei, und das klang jetzt ganz anders als vorher.

Vielleicht kennen Sie zwar meine Geschichte schon, aber vielleicht haben Sie sich noch nie gefragt, wie man das verkraftet, wenn einen die Leute einen *Mann Gottes* nennen. Da geht es einem so wie jedem anderen Superstar. Mal gibt man sich bescheiden. Mal meint man wieder: Ich kann alles! Man schaut auf die Leute herab, die wenig Glauben haben. Dann wieder merkt man, wie wenig Glauben man selbst hat. Man versucht, ein immer besserer Mann Gottes zu werden, man vergisst das normale Menschsein. Man vergisst auch, dass man das ja gar nicht machen kann: ein Mann Gottes sein. Das sage ich jetzt mal so im Nachhinein.

Zunächst hat es jedenfalls gut funktioniert mit dem Noch-mehr-aus-dem-Propheten-herausholen. Ich bin als Eiferer bekannt. Ich betete immer weiter, diskutierte mit Gott, fragte ihn, warum ich noch im Lande Baals sein muss, fragte auch, warum die Leute daheim sich so schnell dem Baal zugewandt haben, fragte auch immer wieder nach der Trockenheit in der Heimat. Und ich übte das Warten. Es vergingen fast drei Jahre.

Dann kam das Wort des Herrn: Geh hin und zeige dich dem Ahab, denn ich will es regnen lassen auf die Erde. [18, 1]

Warten – Mehl und Öl – Glaubenseifer – ausharren – staubige Erde – wohnen im Baalsland – Wut auf Isebel – warten – wohnen bei einer Witwe – Spott der Baalspropheten – Mann Gottes sein – Ungeduld – Fremdsein – warten.

Dann das Wort: Regen – sich wieder regen – Wolkenbruch – etwas bricht auf – ich breche auf – handeln. Endlich.

Die Witwe, ihr Sohn, das Haus? Jetzt war Aufbruch angesagt, nicht Zurückschauen. Ich ging los, um mich Ahab zu zeigen, dem König Israels.

Und ich traf Obadja.

Es war in den Bergen bei Samaria. Natürlich nicht er allein: er als hoher Beamter des Königs hatte ein paar Begleiter dabei. Ich traf also auf ihn, blieb stehen, wartete, bis er mich erkannte, Elia! rief er dann, kam, zog mich zur Seite, fiel auf die Knie und sagte: mein Herr!

Sie werden sich wundern, dass ein hoher Beamter des Königs einen Propheten so begrüßt. Es bedeutet, dass er mich als Propheten anerkannte, wie es in den besseren Zeiten gewesen war, als die Propheten Jahwes am Königshof noch etwas galten. Ich selbst wunderte mich also nicht, aber ich war sehr erleichtert. Ich wusste nun, dass ich mich auf Obadja immer noch verlassen konnte. Damals, als Königin Isebel viele unserer Propheten umbringen ließ, hatte Obadja einhundert Propheten Jahwes in den Höhlen der Berge versteckt. So waren sie gerettet worden.

Elia, du bist hier? Du lebst? rief er. Was hast du vor?
Und ich sagte ihm: Geh und sag Ahab, dass ich da bin.
Ein simpler Auftrag, dachte ich, aber Obadja wurde nervös.
Er fürchtete Ahabs Reaktion, das sah ich ihm an.
Was ist? fragte ich.
Obadja: Der König Ahab ist sehr gedemütigt wegen der Trockenheit. Er und ich mussten uns höchstselbst in die Berge begeben, um die letzten Reste von Wasser und Gras zu finden.
Ich: Gras?
Er: Ja, für die Rösser des Königs.
Ich: Für die Rösser?
Obadja: Ja klar! Stell dir vor, wenn ein Krieg kommt, und

der König hat nur noch ein paar klapprige Gäule, oder gar keine mehr. Also hat er das zur Chefsache gemacht. Der König selbst streift mit uns in der Trockenheit der Berge herum und sucht Gras. Ahab ist da *sicher* nicht bester Laune.

Ich konnte Obadja ansehen: da war er sich *ganz* sicher. Aber ich sagte noch einmal: Geh und sag Ahab, dass ich da bin.

Da wurde Obadja ganz jämmerlich. Er meinte, ich wollte ihn wohl bestrafen mit so einem Auftrag. Ahab würde ihn umbringen. Es war wohl so gewesen, dass der König mich überall gesucht hatte wegen der Trockenheit. Im Inland, im Ausland, er hat fremde Könige schwören lassen, dass ich nicht bei ihnen versteckt bin. Er suchte mich dringend. Machte mich verantwortlich für die Katastrophe, obwohl ich sie ja nur angesagt hatte.

Aber er ist sauer auf *mich*, nicht auf dich, sagte ich zu Obadja.

Er: Aber du kannst schon in fünf Minuten wieder fort sein, der Geist Gottes treibt dich bald hierhin, bald dorthin.

Ich: Ja und?

Er: Ja und dann habe ich ihm gesagt, du bist da, doch du bist weg, dann bringt er mich dafür um.

Ich habe Obadja geschworen, dass ich da bleibe und alles auf mich nehme. Dann ist er endlich gegangen und hat Ahab informiert.

Und Ahab kam mir entgegen.

Mit seinen Leuten kam er recht bald zwischen den Hügeln hervor, wo er nach Gras gesucht hatte. Ahab ließ sich nichts anmerken, dass es vielleicht etwas peinlich ist, wenn ein König persönlich Gras für seine Gäule sucht. Er stellte sich vor mir auf und wartete.

Es ist nun nicht so, dass ich ein gefühlsarmer Mensch bin. Die alten Gefühle waren noch da. Hass. Ahab, der unseren Glauben an Jahwe verraten hat. Die neuen Gefühle auch. Angst. Wenn Ahab mir die Schuld an der Trockenheit gibt, dann kann es um mich geschehen sein. Wollte Gott mich irgendwie opfern, damit es wieder regnet?

Seltsamer Gedanke zwar, aber so denkt man, wenn man als einzelner Staatsfeind der schwerbewaffneten Leibwache des Königs gegenüber steht.

Aber ich schwieg.
Bist du nun da, der Israel ins Unglück stürzt? sagte Ahab schließlich. [17]
So sah er also tatsächlich die Dinge.
Da sagte ich ihm, wie ich die Dinge sah.
Nicht ich stürze Israel ins Unglück, sondern du. Nämlich dadurch, dass ihr die Gebote des Herrn verlassen habt und den Baalen nachlauft. [18]

Ahab sagte nichts. Wahrscheinlich überlegte er nur noch, *wie* er mich auslöschen wollte. Aber ich wollte das nicht abwarten. Andererseits wollte ich es nun auch wirklich selbst wissen. Ist das nun Jahwe, der es einfach drei Jahre nicht regnen lässt, und dann wieder regnen lassen will? Ist Gott so? Oder sollte ich doch selbst magische Kräfte besitzen, dass es wegen mir nicht regnet? Oder gibt es einen Baal, den Regengott?

Ich wollte es jetzt selber wissen, und wollte, dass es jeder andere auch weiß. Jeder vernünftige Mensch ist zwar skeptisch gegenüber Gottesbeweisen. Aber ich bitte Sie um Verständnis, dass ich es wissen wollte, und deswegen schlug ich eine geradezu wissenschaftliche Versuchsanordnung vor.

So war der Plan:

450 Propheten des Baal, unterstützt durch 450 Propheten der Aschera, einerseits, und ich, einzelner Prophet des Jahwe, andererseits, treffen uns auf dem

Berge Karmel, der liegt einen Tagesmarsch nördlich von uns am Meer. Dort soll jede Partei einen Altar haben, mit Holz darauf, und jeweils einen getöteten Stier darauf legen. Dann soll jede Partei nach ihrer Methode und mit der Hilfe ihres Gottes zusehen, wie der jeweilige Gott das Opfer annimmt. Als gelungen wird der Versuch betrachtet, wenn der Stier von göttlichem Feuer verzehrt wird. Denn das ist ja klar, dass kein Gott sichtbar einen Stier auffisst, da muss man das symbolisch akzeptieren, wenn sein Feuer den Stier verzehrt.

So wurde es dann auch gemacht, mit Ahab als Schiedsrichter.

Ich habe noch einen Nebenplan verfolgt. So hat man es in eure Bibel nicht hineingeschrieben, aber ohne ein paar Details funktioniert die Geschichte nicht. Ich brauchte den Nebenplan, da ich am Ende ja dann doch allein gegen 900 sein würde auf dem Karmel. Vor der Versuchsanordnung fürchtete ich mich nicht, aber vor dem, was danach geschehen würde. Ich beauftragte also den braven Obadja, während die Altäre aufgebaut wurden, dass er Jahwes Propheten, die er gerettet hatte, und möglichst viele weitere Getreue bewaffnet in einer Schlucht des Karmelgebirges versammelte.

Ich kümmerte mich derweil um meinen Altar. Und zwar gab es auf dem Karmel einen ehemaligen Jahwealtar, welchen Ahab hatte zerstören lassen, ich brauchte den also nur wieder aufzubauen. Das war ja der Grund, dass ich das Ganze auf dem Karmel veranstaltete.

Der Versuch lief ab wie ich es mir gedacht hatte. Was nicht heißt, dass es mir nicht mulmig war. Das zeigte ich aber nicht, sondern ich bediente mich natürlich aller verbaler Kampfmittel, die mir so zur Verfügung standen.

Als die Baalspropheten tanzten, fragte ich sie: Was hinkt ihr da so herum mal nach links, mal nach rechts, entscheidet euch doch! Als sie sich mit Messern die Arme blutig ritzten, wie sie das halt immer machen, fragte ich sie: Halt, wohin ritzt ihr, Stierblut brauchen wir, nicht eures! Als sie den ganzen Tag nach Baal riefen, rief ich: Ja, gut so, nur lauter, er schläft, aber bald wird er euch hören!

Dann bat ich Jahwe, sich auf seine Art zu zeigen. Um den Versuch noch eindeutiger zu machen, schüttete ich Wasser über meinen Altar, damit niemand sagt, es hat sich bloß ein trockener Halm entzündet. Ich betete also. Und unser Gott verzehrte den Stier in einem großen Feuer.

Und was danach geschah, lief ab wie vermutet.

Ich möchte nicht sagen, dass wir von vorneherein die Baalspropheten töten wollten. Die Stimmung war aufgeladen, ich weiß nicht, wer anfing. Wir waren frisch, sie waren müde vom Tanz. Wir haben sie alle erschlagen.

In der Bibel steht, *ich* hätte sie alle erschlagen, aber das geht nicht. Aber ich trage die Verantwortung dafür. Das hat auch Ahab so gesehen, und das hat Isebel so gesehen, ehemals Prinzessin in Phönizien, jetzt Königin in Israel, Importeurin des Baalskults und seiner Propheten, die jetzt tot da lagen.

Und ab jetzt war alles anders.

Die *Bevölkerung* geriet außer sich. Sie riefen nur: Der Herr ist Gott, der Herr ist Gott! Wegen Jahwes Feuer.

Ahab stärkte sich mit einem Imbiss, um baldmöglichst abzureisen mit seinem Wagen, weil der Wind zu rauschen begann und der Regen sich ankündigte. Wenn man mit einem Wagen durch regengetränkten Staub fahren will, dann kann man gleich zu Fuß gehen, also kurz: Ahab reiste ganz schnell ab.

Wir schauten vom Berg aus aufs Meer hinüber, und waren tief beeindruckt von dem Schauspiel da draußen. Wie schnell das Wetter wechseln kann! Erst blauer

Himmel. Dann ein Wölkchen. Dann eine Wolkenwand. Dann Regen, stürzender und prasselnder Regen.

Wer noch da war, klatschnass, tanzte, oder warf sich auf die Knie, oder rief: Der Herr ist Gott, der Herr ist Gott!

Und *Isebel* schwor Rache, jedenfalls kurze Zeit später.

Ich bin auch zeitnah vom Berg hinabgestiegen, und durch die Ebene in Richtung Samaria gelaufen, der Hauptstadt. Weil in der Ebene nun viel Wasser war, überholte ich bald auch Ahab, der mit seinem Wagen überhaupt nicht mehr vorankam. Dann trennten sich unsere Wege wieder, er ging zu seiner Isebel und erzählte ihr alles. Das schließe ich aus dem Umstand, dass kurz darauf Isebels Boten bei mir waren. Isebel ließ mir ihren Schwur ausrichten, dass sie mich morgen umbringen lassen wird.

Warum sie das in dieser Reihenfolge tat, verstehe ich bis heute nicht. Vielleicht wollte sie, dass ich mich eine Nacht lang in Todesangst auf meiner Decke wälze, bevor ich sterbe. Ich dagegen legte mich die ganze Nacht gar nicht auf die Decke, sondern verschwand über alle Berge.

Todesangst hatte ich aber wirklich.

Ich lief um mein Leben, lief immer weiter nach Süden, und kam nach Beerscheba in Juda. Juda ist für uns Israeliten Ausland, seit die Nachfolger von König Salomo zerstritten sind. Seit hundert Jahren schon gibt es zwei Länder hier bei uns statt eines. Beerscheba wiederum ist in Juda ganz südlich gelegen.

Dieses Städtchen kann stolz darauf verweisen, dass Vater Abraham hier mal übernachtet hat. Genau gesagt hat Abraham überhaupt erst den Brunnen gegraben, durch welchen Beerscheba sich entwickeln konnte.

Ich blieb aber auch hier nicht, sondern wollte noch weiter nach Süden. Und da gibt es nur die Wüste, in die ich ohne jedes Zögern hineinging. Ich ging am nächsten Tag eine Tagesreise weit. Am Abend fand ich einen Wacholder, oder war es ein Ginster, und ich setzte mich darunter.

Würden Sie mich mal bitte fragen, wie es mir ging?

Das hatte ich mich bis zu dem Zeitpunkt selber nicht gefragt. Man erlebt so viel, und merkt es nicht. Und erst wenn du dann einen Tag in der Wüste bist, wo es so gut wie nichts gibt, höchstens Gefahren, zwar vielleicht nicht mehr die Häscher der Isebel, aber Dürre und Tageshitze und Giftschlangen und Dämonen und Nachtkälte und keinen Weg, wenn du dann so nach und nach merkst, wo du bist: in der Wüste nämlich. Und wenn alles, was geschehen ist, sich wie ein Dämon nach und nach auf dich draufsetzt – dann merkst du so ungefähr, wie es dir geht.

Gott, ich will sterben.
So viele Menschen, die meinen Tod wollen, das kann ich nicht aushalten.

Gott, ich will sterben.
Soviel Hass und Eifer und Angst und Warten, das hat mich mürbe gemacht.

Gott, ich will sterben.
Es gibt hier sowieso nichts mehr für mich, es gibt keinen Ausweg.

Gott, ich will sterben.
Ich habe sicher alles falsch gemacht, sonst wäre ich nicht in der Wüste, sonst würde Ahab dir wieder dienen, Gott.

Gott, nimm das Leben heute von mir, ich bin nicht besser als alle anderen.

So muss ich eingeschlafen sein. Der Schlaf ist des Todes Bruder, im Schlaf und im Tod braucht man die Not nicht mehr zu spüren. So gesehen, sind die beiden verwandt. So gesehen, hat Gott meine Bitte erhört.

Andererseits kann man im Schlaf auch Alpträume haben. Andererseits können sich im Schlaf die Dinge manchmal sortieren.

Und Ungeahntes kann geschehen. Ich wurde angerührt mitten im Schlaf.

Richte dich auf und iss! hörte ich.

Ich schaute mich um, und da, zu meinen *Häupten lag ein geröstetes Brot und ein Krug mit Wasser. [19, 6]* Man konnte es mit den Händen berühren. Ich fragte nicht viel, aß und trank mit Heißhunger, und ich muss bald wieder eingeschlafen sein.

Und zum zweiten Mal kam der Engel des Herrn. [7]

Es muss einer gewesen sein, so wie er mich anrührte. Ich kann denjenigen nicht beschreiben, ob es ein leibhaftiger Mensch oder ein Traumwesen war, so im Halbschlaf wie ich war. Aber ich weiß noch das Gefühl, berührt zu sein, und ich weiß noch die Worte:

Richte dich auf und iss! Denn du hast einen weiten Weg vor dir.

Und auch Ihnen, so glaube ich, wird eine Stärkung nun gut tun.

– ༖ ༖ ༖ ༖ –

Prophetenreife

Der Prophet Elia ist einer der schillerndsten in der Bibel.

Ich, der Erzähler, kann ab hier nicht mehr in ihn hineinschauen.

Hat er am Ende eingesehen, dass sein 900facher Mord falsch war? Oder hat er sein Tun bestätigt gefunden, nachdem er aus der Wüste gerettet wurde?

Im Alten Testament geht es ein wenig nach folgendem Muster:
Baalspropheten kommen – Dürrekatastrophe bricht aus.
Sie werden ausgerottet – Gott schickt wieder Regen.

Aber es muss nicht so sein, *ausdrücklich* steht es so nicht drin. Jedenfalls muss man ja sagen, dass die 900fache Mord-Tat des Propheten mit einer christlichen Ethik gar nicht zusammengeht. Ebenso wenig die gewaltsame Zerstörung von allem, was unserer Meinung nach Götzen sind. Wenn Menschen heute solches tatsächlich immer noch tun, dann, meine ich, nicht auf Gottes Wunsch.

Wie können wir aber dann den Elia zu Ende erzählen?

„Als Elia lernte, seinen eigenen Zorn und den Willen Gottes auseinanderzuhalten."

Er stand auf, wie der Engel gesagt hatte, und aß und trank und ging durch die Kraft der Speise vierzig Tage und vierzig Nächte bis zum Berg Gottes, dem Horeb. Und er kam dort in eine Höhle und blieb dort über Nacht. [8 9]

Eine ganz andere Nacht als damals mitten in der Wüste, wo er keinen Ausweg mehr gesehen hatte.

Eine ganz andere Konzentration jetzt, Präsenz. Aber nicht durch Anstrengung, sondern durch Einfachheit. Sie *kommt*, wenn man *geht*, 40 Tage lang geht.

Unter dem Strauch in der Wüste hatte Elia angefangen zu reden, jetzt fing Gott an. Das Wort des Herrn kam zu Elia.

Was machst du hier, Elia?
Darauf er: *Israel hat deinen Bund verlassen und deine Altäre zerbrochen und deine Propheten mit dem Schwert getötet. Deswegen habe ich geeifert für dich. Und ich bin allein gewesen. Und zuletzt versuchten sie, mir mein Leben zu nehmen. Deshalb bin ich hier.*
Und Gott: *Geh hinaus auf den Berg! Und schau, der Herr wird vorüber gehen.* [10-11]

Vielleicht kennt Gott noch einen ganz anderen Grund, warum Elia hier ist, denn mit diesen Worten startete Gott jetzt eine Aktion, nach der Elia gar nicht gefragt hatte. So wie Gott das manchmal tut.

Elia trat vor seine Schlafhöhle hinaus. Er stieg ein Stück den Berg hinauf. Ein Wind blies ihm durch die Haare. Das Brausen wurde stärker, Elia blieb stehen. Unvermittelt stand er in einem Orkan. Um ihn herum pfiff es durch die Felsen, dann hielt ein Fels nicht mehr stand, stürzte bergab. Noch einer, als ob der Berg flattern und reißen würde. Dann wurde es still. Und ebenso unvermittelt machte Elia die Feststellung, dass Gott der Herr *nicht* in diesem Wind gewesen war. Er hatte da nie drüber nachgedacht, aber es wurde ihm soeben bewusst.

Nach dem Wind kam ein Erdbeben. Es war, als würde der Boden wegsacken. Und einige endlose Momente lang war nicht klar, ob es irgendetwas Sicheres auf der Welt gibt. Elia fiel hin, aber es blieb bei einer Schürfwunde.

Gott der Herr war *nicht* im Erdbeben.

Und dann kam das Feuer. Es lief auf Elia zu. Er hatte keine Zeit nachzudenken, ob es Feuer speiende Berge überhaupt gibt. Es kam von weiter oben auf ihn zu geronnen, und er sprang auf einen Felsen am Berggrat, der hoch genug war.

Elia fühlte sich auf den Berg Karmel zurück versetzt, auf seinen Altar dort, und spürte das Feuer, das irgendwie den toten Stier verbrannte. Feuer ist Gottes lodernder Zorn, dachte er. Gottes Macht, vernichtende Macht, die auch über die Baalspropheten kommen wird. Doch das Feuer vor ihm stockte, und Elia kam wieder zu sich, er war ja jetzt auf dem Berg Horeb.

Und stellte fest: Gott der Herr war *nicht* im Feuer.

Aber nach dem Feuer kam ein stilles, sanftes Sausen. *Als Elia das stille Sausen hörte, verhüllte er sein Angesicht mit seinem Mantel, denn erst jetzt in der Stille war Gott an ihm vorübergegangen. [13]* Und Elia ging noch einmal zum Eingang der Höhle.

Und schau, da hörte er eine Stimme: Was machst du hier, Elia?

Das ist nun eine seltsame Frage, denn Elia hatte sie doch gerade eben beantwortet. Wurde Gott vergesslich? Oder hat Elia einen Zeitsprung erlebt und deswegen wiederholt sich die Frage jetzt und er wird gleich dieselbe Antwort geben?

Und während Elia dieselbe Antwort noch einmal gibt, warum er hier ist, können wir uns fragen: Vielleicht war er nur hier, um zu lernen, dass Gott in der Stille ist, aber nicht im Feuer. Dass Gott in der Sanftmut ist, aber nicht im Zorn, jedenfalls nicht auf Dauer. Die Angst vor den Baalsleuten und der Hass auf sie, und die Aggression gegen sie, das ist ja erst einmal Elia, das ist nicht unbedingt Gott.

Gott aber hatte mit seiner Frage gemeint: Nicht, *warum* du hier bist, sondern warum du *hier* bist.

Du solltest längst im Lande Aram sein. Da brauche ich dich. Da gibt es einen Hasael, den will ich dort als König haben. Du sollst ihn zum König salben.

Obwohl der Weg nach Aram sehr weit ist, brach Elia sofort auf und freute sich, dass er weiterhin gebraucht wurde. Gerade noch die Lektion, dass Gott nicht unbedingt in den Naturgewalten ist. Jetzt die Lektion, dass Elia kein völliger Versager ist. Er ist brauchbar.

Und vergiss nicht, rief Gott hinterher, danach geh nach Juda und salbe Jehu zum König! Die beiden sollen einst den Baalskult beseitigen, und den Jahweglauben wiederherstellen.

Elia arbeitete von da an wieder als vollgültiger Prophet. Dazu gehört, dass er Prophetenlehrer wurde und Elischa, den Sohn Schafats, als Prophetenschüler fand.

Ganz klassisch, mitten bei der Arbeit auf dem Feld beim Pflügen, wurde Elischa weggerufen, sagte schnell den Eltern auf Wiedersehen, opferte auch zwei Rinder und gab sie den Leuten zu essen, und dann folgte er Elia nach.

[*]Einmal wies Elia den Prinzen Ahasja, Sohn des Ahab, zurecht. Ahasja hatte seine Soldaten zum Gott von Ekron, namens Baal-Sebub, um Hilfe geschickt. Das war ein bedeutender Gott, so bedeutend, dass nach ihm später der Belzebub benannt wurde. Elia stellte sich den Soldaten in den Weg, und immerhin drei von ihnen, die nicht glauben wollten, dass man an Elia nicht vorbeikommt, wurden vom Feuer verschluckt. Da war doch noch ein bisschen von dem alten Elia übrig. Dann ging Elia zu Prinz Ahasja hin und fragte, ob es in Israel wohl keinen Gott gibt, den man fragen kann? Ob man da unbedingt nach Ekron schicken muss? Und kündigte ihm sein Ende an.[°]

Im Allgemeinen ließ Elia das Königshaus vorläufig in Ruhe.

König Ahab, dessen Rösser jetzt wieder satt und kräftig waren, zog erfolgreich in den Krieg gegen Damaskus. Gott war in dieser Sache nicht gegen ihn. Im entfernten Osten stiegen die Assyrer zur Weltmacht auf, und Ahabs Samaria musste sich mit Damaskus nun wieder verbünden. Auch dagegen hatte Gott anscheinend nichts. Die Assyrer kamen tatsächlich und kämpften und stellten danach einen Stein auf. Auf den Stein meißelten sie die Botschaft ein, sie hätten Ahab und seine Verbündeten aus Damaskus quasi ausgelöscht. Aber das haben sie nur behauptet. Denn sie kamen immer wieder, um zu kämpfen. Und wer immer wieder zum Kämpfen in den Westen kommen muss, kann den Westen gar nicht unterworfen haben.

Alles in allem war also Ahab recht erfolgreich, bis er wieder über Elia stolperte. Oder richtiger: Bis er über seine Frau Isebel stolperte. Oder doch einfach über sich selbst.

Nabot hatte einen Weinberg. [21, 1]

Der befand sich neben dem Königspalast. Nabots Nachbar war also Ahab. Der wollte diesen Weinberg; er wollte sich einen Gemüsegarten daraus machen, weil er so nahe am Palast lag. Er redete mit Nabot darüber und sagte: Gerne biete ich dir einen Tausch an, gegen einen besseren Weinberg oder gegen die entsprechende Summe Silber.

Nabot wollte nicht. Er sagte: das Land seiner Väter verkauft man nicht.

Da ging Ahab heim voller Unmut und zornig und legte sich auf sein Bett und schaute die Wand an und aß nichts.
Isebel redete mit ihm: Was ist es?
Ahab ließ sich die Sache mit Nabot entlocken und erzählte ihr alles.
Isebel sagte: Du bist doch König! Steh auf und iss und sei guten Mutes! Ich werde dir den Weinberg verschaffen. Sie schrieb

Briefe mit königlichem Briefkopf und Siegel an ruchlose Menschen. [4-8]

Ich mache es kurz. Diese ruchlosen Leute traten als falsche Zeugen auf und behaupteten vor Gericht, dass Nabot Gott gelästert habe und den König dazu. Dafür wurde Nabot zu Tode gesteinigt.

Sein Besitz ging an den Staat über. Der Staat war Ahab. Ahab hatte nun einen schönen Gemüsegarten.

Wenn Gott alles sieht, dann weiß auch Gottes Prophet viel, also Elia. Vielleicht verhalf ihm auch die lokale Gerüchteküche zu diesem Wissen.

Elia erhielt jedenfalls erstmals wieder einen politischen Auftrag. Er ging zu dem Weinberg, der ehemals Nabot gehörte. Vor dem Tor schleckten gerade Hunde letzte Reste von Blut auf. Nabots Blut. Von dem Mann war nichts übrig. Elia überwand sein Grauen und ging durchs Tor hinein, und fand Ahab, der gerade seinen neuen Gemüsegarten in Augenschein nahm.

Ahab zu Elia: Hast du mich gefunden, mein Feind?
Er: Ja, ich habe dich gefunden, weil du dich verkauft hast, Unrecht zu tun vor dem Herrn.
Es wird Unheil über dich kommen deswegen und über Isebel. Mit so viel auf dem Kerbholz geht der Lebensodem irgendwann zu Ende. Die Hunde werden *euer* Blut so vom Boden lecken, wie jetzt das von Nabot.

Ahab hatte aber Glück, weil er Buße tat.

Er zerriss er seine Kleider und legte ein Tuch aus Ziegenhaar um sich und schlief darin und fastete und ging bedrückt einher. [27] Darum ereilte ihn noch einige Jahre kein Unheil. Ahab starb später ehrenvoll in einem Krieg gegen Juda. Er wurde richtig begraben, und nur das bisschen Blut, das an seinem Streitwagen kleben blieb, das leckten dann die Hunde ab.

Anders starb Isebel Jahre später. Jehu von Juda, den Elia gesalbt hatte, wurde König im Süden. Er eroberte Samaria, fand Isebel im Palast, und ließ sie aus dem Fenster werfen. Dabei kam sie zu Tode. Niemand schaute zunächst nach ihr, und die Hunde fraßen sie. So wurde sie nicht begraben. Ich möchte sagen, dass das ein trauriges Ende ist. Du wirst als Prinzessin in ein fremdes Land verheiratet, versuchst es dort gut zu machen, versuchst konsequent die richtige Religion einzuführen, und erntest Gewalt und nicht einmal ein Begräbnis.

Und was für ein Ende war für Elia bestimmt? Das ist wichtig für uns; wir wollen ja verstehen, wie und warum der Prophet Elia wieder kommen wird.

Elia lebte mit seinem Schüler Elischa in Gilgal im sicheren Süden. In dieser Stadt hatte Jahwe ein Heiligtum, und da arbeiten ja dann immer einige Propheten. Schon allein für den Schreibkram, und auch sonst gab es genug zu tun. Eines Tages sagte der Meister zum Schüler: *Bleibe du hier, denn der Herr hat mich nach Bethel gesandt [2Kön 2,2].* In Bethel arbeiten auch viele Propheten. Aber Elischa ließ es sich nicht nehmen, trotzdem mitzugehen.

Und als sie hinab nach Bethel kamen, *kamen die Propheten dieser Stadt heraus zu Elischa und sagten ihm: Weißt du, dass Gott heute deinen Meister von dir nehmen wird? [3]* Elischa wusste es, denn er war längst selbst ein Prophet. Schweigt nur still, sagte er. Dann wollte Elia allein weiter nach Jericho gehen, aber das Gleiche wiederholte sich, Elischa ging trotzdem mit. Und es wiederholte sich noch einmal, als Elia allein zum Jordan weitergehen wollte. Dort am Fluss standen nun die zwei, Lehrer und Schüler, und viele Kollegen waren mit etwas Abstand nachgekommen.

Elia nahm seinen Mantel und wickelte ihn zusammen. Er schlug ihn ins Wasser. Es teilte sich nach beiden Seiten. Die beiden gelangten auf trockenem Boden hinüber. Und als sie drüben waren, forderte Elia Elischa auf: Wünsch dir etwas zum Abschied. [8-9]

Damit war es ausgesprochen. Abschied. Dreimal ließ sich Elischa nicht abwimmeln, tat so, als ob er seinen Meister nur auf einer gewöhnlichen Reise begleiten würde. Jetzt musste es sein. Es dauert, bis man es wahrhaben will, dass ein Abschied bevorsteht. Manche glauben es bis zuletzt nicht. Aber Elischa hatte doch darüber nachgedacht, und sich einen Wunsch ausgedacht.

Ich hätte gern, dass mir zwei Anteile von deinem Geiste zufallen.

Elia sagte: Du hast Schweres erbeten. Also. Wenn du mich sehen wirst, wie ich von dir genommen werde, wird's geschehen; wenn nicht, dann nicht. So redeten sie unterm Gehen. Und siehe, da kam ein feuriger Wagen mit feurigen Rossen. [10-11]

Noch einmal das Feuer. Gott ist vielleicht nicht darinnen, aber es war Gottes Werkzeug, und es war ein Bild des feurigen Geistes und der gleißenden göttlichen Herrlichkeit. Der Feuerwagen fuhr zwischen die beiden Männer, sie wurden auseinander gerissen. Elischa fiel hin, musste sich wieder aufrichten. Als er sich zu Elia wenden wollte, sah er den Wagen, und:

Elia fuhr im Wetter gen Himmel.
Mein Vater, mein Vater, du Wagen Israels und sein Gespann!
[11-12] schrie Elischa. Dann sah er ihn nicht mehr.

Elischa zog sein Gewand aus und zerriss es. Wer Symbole liebt, wird sagen: weil ihm das Herz zerriss. Andere werden sagen: aus praktischen Gründen; niemand braucht zwei Gewänder. Denn da lag noch Elias Prophetenmantel. Den hob Elischa auf, ging zurück zum Fluss und schlug damit ins Wasser. Es teilte sich nach beiden Seiten, und er ging hindurch. Dann zog er den Mantel an.

Als die versammelten Propheten auf der anderen Seite ihn kommen sahen, waren sie sich einig: Der Geist Elias ruht auf Elischa. Sie gingen ihm entgegen und fielen vor ihm nieder zur Erde.

Dann wollten sie Elia von starken Männern suchen lassen. Er musste ja auf irgendeinem Berg oder in einem Tal wieder zu Boden gebracht worden sein. Elischa konnte sie nicht davon abhalten. Nach drei Tagen des Suchens kamen sie mit leeren Händen wieder. Dass hätte Elischa ihnen gleich sagen können.

Aufgehoben und aufgehoben.

Beides war mit Elia geschehen. Er war zum Himmel aufgehoben worden, und er blieb dort aufgehoben. Es gab kein Ende. Zwei Teile seines Geistes gingen an Elischa und blieben insofern auch aufgehoben. Der Schüler erweckte damit ebenfalls Tote, er schenkte Lebensmittel, die nicht ausgingen, und tat noch viel mehr als sein Lehrer. Aber irgendwo gibt es noch die anderen Teile des Geistes Elias. Und wenigstens von Johannes kann man bislang sagen: auch er hat den Geist Elias.

Teile seines Gotteseifers und Zorns. Teile seiner göttlichen Rede. Seines Vertrauens und seiner Kraft, die aus dem Warten und aus dem Leiden wuchs. Und seine Erkenntnis, dass Gott manchmal nur im stillen Säuseln ist.

Elia wurde drei Tage lang nicht gefunden, und kehrte auch später nicht zurück, und so warten wir weiter auf ihn, und kein Wunder, wenn ein Prediger in der Wüste an den Jordan kommt, dass man dann schaut, ob es vielleicht der Prophet ist. Bis heute warten wir auf ihn, und deshalb haben wir ihm einen Platz freigehalten. Auch jetzt, bei diesem Essen. Guten Appetit!

– ༄ ༄ ༄ ༄ –

Jeremia

Vorspeise

Jeremia erzählt

Erster Gang

Der Berichterstatter

Zweiter Gang

Baruch erzählt

Dessert

Requisiten: ein Tonkrug, eine Schriftrolle

Jeremia erzählt

G ott sagte zu mir:
Ich kannte dich, ehe ich dich im Mutterleibe bereitete,
und ich sonderte dich aus, ehe du von der Mutter
geboren wurdest, und bestellte dich zum Propheten für die
Völker.

Ich aber sagte:
Ach, Herr, ich tauge nicht zu predigen; ich bin zu jung.

Und Gott sagte:
Du bist nicht zu jung, sondern du sollst gehen, und predigen, was
ich dir sage. [1, 5-7]

Und Gott streckte seine Hand aus und rührte meinen Mund an und sagte: Schau, ich lege meine Worte in deinen Mund.

So war es dann auch. Auf meiner berührten Zunge rühren sich ständig Worte. Wachen auf, werden unruhig, wollen irgendwohin. Der Worte werden immer mehr in meinem Mund, und sie können nicht alle da drin bleiben.

So bin ich, Jeremia, vor etlichen Jahren Prophet geworden, genau gesagt, so habe ich erfahren, dass ich Prophet bin, denn Gott wusste es schon, bevor er mich im Leib meiner Mutter bereitete in meinem kleinen Heimatdorf Anatot. Weder wurde ich gefragt, noch wusste ich, was das bedeutet. Wäre ich gefragt worden, hätte ich sicher nein gesagt, sie werden das im Lauf des Abends verstehen.

Also: was macht man eigentlich als Prophet? Meine Haupttätigkeit ist es, hier in Jerusalem im Namen Gottes Wahrheiten auszusprechen. Aber der tiefere Sinn meiner, speziell *meiner* Tätigkeit ist ein anderer. Auch das sagte Gott zu mir:

Ich setze dich über Völker und Königreiche, dass du aus-reißen und einreißen sollst, zerstören und verderben, und bauen und pflanzen. [10]

Auch das werden Sie im Lauf des Abends verstehen.

Was sonst bedeutet mein Beruf für mich?

Ehelosigkeit zum Beispiel. Propheten heiraten durch-aus, ich aber nicht. Die Mönche sehen das als Tugend an: Schaut, Jeremia, der ehelos war! Doch in Wahrheit ist es mir eher eine Not. Ich würde wohl heiraten. Ich will es aber meinen Kindern einfach nicht antun.

Ich habe ja keine Kinder. Den Kindern, die ich zeugen *würde*, wenn ich verheiratet wäre, denen will ich dieses Leben nicht antun. Auch folgendes Wort habe ich nämlich von Gott:

Söhne und Töchter, die an diesem Ort geboren werden, werden alle an Krankheiten sterben, aber niemand wird sie beklagen und nicht einmal begraben. Oder durch Schwert oder Hunger werden sie umkommen. Aber du sollst in kein Trauer-haus gehen, weder um zu klagen noch um zu trösten; denn kein Friede, keine Gnade und keine Barmherzigkeit ist mehr in diesem Land. [16, 3-5]

Sie werden jetzt sagen, ich sei ein Pessimist, depressiv, oder ein Schwarzseher. Viele Menschen sagen mir: wir brauchen Hoffnung, wir brauchen positives Denken, und wir brauchen vor allem Leute, die Mut haben, Kinder in die Welt zu setzen.

Ich aber spreche nur die Worte Gottes aus, die auf meiner Zunge unruhig sind. Das ist meine Aufgabe als Prophet. Nur aussprechen, was Gott mir in den Mund legt. Wie machen Sie das, wenn Ihnen ein Wort im Mund un-ruhig wird? Manche verschlucken es, manche spucken es aus, wenige machen sich Gedanken, woher das Wort gekommen ist, ob es wahr ist oder nicht. Meine Aufgabe als Prophet ist es, es als eine Wahrheit Gottes zu nehmen, und so spreche ich es aus.

Und Sie werden mich auch fragen, wie ich mir so sicher bin, dass es alles Gottes Worte sind, die ich ausspreche. Nun, darüber bin ich im Dauerstreit mit meinen Prophetenkollegen. Die anderen finden in unserem Land nämlich alles ganz in Ordnung. Friede, sagen sie, ist im Land, und Barmherzigkeit, und du kannst ruhig Kinder hineinsetzen. Ich bin ja nicht gegen Hoffnung oder Mut, aber ein Land, wo so gar kein Friede ist... Außerdem, welcher von uns Propheten im Recht ist, das erkennt man ja nicht daran, ob einer aussieht wie ein Wetterfrosch, oder ob er den sieben Wirtschaftsweisen angehört, oder im INFAS-Institut arbeitet. Sondern welcher Prophet Recht hat, sieht man am Ende. Wenn jeder selbst sieht, wie alles ausgegangen ist.

Ich hätte da Worte über die Kollegen in meinem Mund:

Mein Herz will mir in meinem Leibe brechen, alle meine Gebeine zittern. Denn die Propheten und die Priester sind ruchlos; auch im Haus Gottes finde ich ihre Bosheit. Ihr Weg ist wie ein glatter Weg, er sieht bequem aus, aber im Finstern gleitet man aus und fällt hin. Die Propheten in Jerusalem brechen die Ehe und lügen und unterstützen die Bösen. Hört nicht auf sie, sie betrügen euch. Sie verkünden euch Visionen, die aus ihrem Herzen kommen und nicht von Gott. Sie sagen sogar den Gottlosen, dass es ihnen gut gehen wird. Gott schickte diese Propheten nicht und doch laufen sie herum; Gott redete nicht zu ihnen, und doch weissagen sie. [23, 9-22]

So viel über meine Prophetenkollegen, ich habe die Worte für Sie stark gekürzt, es purzeln die Worte nur so.

Es hat eine Zeit gegeben bei uns im Land, da hätte man schier Gutes reden können und Frieden. Das war unter König Josia, damals wurde ich Prophet. Josia hat eines Tages in seinem Palast aufgeräumt und ein wenig gestöbert. Dabei fand er ein Buch, und schaute ein wenig hinein, und sieh da, es standen Dinge drin über den *einen* Gott Jahwe und seine Gebote. Dinge, die im Land kaum mehr einer gewusst hat. Josia, als König, hat sich daraufhin darum gekümmert, dass nur der eine Gott Jahwe angebetet wird, und dass seine Gebote gehalten werden. Denn die meisten beteten ja zu den alten Göttern des Landes, und selbst zu assyrischen Göttern. Den Assyrern waren wir untertan, wir zahlten ihnen Tribut: Tribut dem König von Assur, Tribut den Göttern von Assur. Josia hat mutig den Assyrern getrotzt, ihre Götter abgeschafft, und Jahwe verehrt. Das war eine kurze, aber gute Zeit.

Diese Zeit ist schon seit zehn Jahren um. Die Assyrer, das muss man zugeben, hatten sowieso einen Machtverlust erlitten. Denn Nebukadnezar der Babylonier war stark und hatte mit seinem Heer die Assyrer schon fast besiegt. Für uns eigentlich eine gute Lage. Aber natürlich haben auch die Ägypter gleich die Köpfe aus ihrem Loch gereckt. Sie sahen, dass die Assyrer schwach waren, und sie wollten uns kassieren, bevor Nebukadnezar auf die gleiche Idee kam. Die Ägypter sind dann durch unser Land gezogen nach Norden. Manche haben sich gefreut auf die Ägypter, aber unser Josia nicht. Er hat sich ihnen in den Weg gestellt – und es mit dem Leben bezahlt. Ich habe großen Respekt vor ihm, er wollte Jahwe allein verehren, weder assyrische noch ägyptische Götter. Nun ist er tot.

Die Ägypter haben seinen Sohn Jojakim als König eingesetzt. Er wurde ihre Marionette. Sie werden sagen: Wie sollte er gegen die Ägypter ankommen, sie sind von Süd nach Nord dauernd durch unser Land gezogen. Aber er hätte nicht sein ganzes Vertrauen auf sie setzen müssen. Man vertraut auf Gott.

Und wirklich, es blieb nicht lange so. Die Ägypter wurden bald im Norden selbst von Babylon besiegt. König Jojakim ist nun immer noch eine Marionette, aber eine von Babel und von Nebukadnezar, und an diesen geht nun unser ganzes Steuergeld. Jojakims Herz schlägt aber immer noch für die Ägypter.

Das, was mich wirklich aufregt, ist die Propaganda. Wir kriegen also dauernd gesagt: Ist doch alles in Ordnung. Friede herrscht. Die Propheten träumen ihre Träume, jeder sucht seinen Vorteil, jeder mogelt sich durchs Leben, aber sie sagen: Friede herrscht.

Meine Aufgabe ist es also, die Probleme anzusprechen. Ich habe die unbequeme Aufgabe, unbequem zu sein. Es wird vielleicht auch für Sie hier unbequem sein. Ich bin gar nicht so sehr der Schwarzseher, ich bin immer der, der daran erinnert, dass es anders kommen wird als man es sich zurechtgelegt hat.

So. Wie viel Zeit habe ich noch? Es ist noch Zeit.

Nachher habe ich nämlich einen Termin. Ich treffe mich mit Leuten draußen beim Tor. Ich meine, beim Scherbentor. Wir haben ja etliche Stadttore hier in Jerusalem; dieses eine führt zu unserer Müllhalde hinaus. Deswegen „Scherbentor". Unser Müll besteht ja nicht aus Plastik, und das Metall sortieren wir aus für den Schmied. Kaputt gehen können bei uns eigentlich nur Tontöpfe. Der große Scherbenhaufen unserer Stadt liegt also dort draußen, im Hinnom-Tal. Das ist wirklich eine irre Symbolik da draußen. Der Scherbenhaufen unserer Stadt.

Das Hinnom-Tal, kennen Sie das? Weiter draußen brennen dort Feuer. Aber das ist keine Müllverbrennung! Es sind Opferfeuer für den Gott Moloch. Ich hatte Ihnen gesagt, dass unser früherer König Josia versucht hat, die alten Götterdienste abzuschaffen, aber gelungen ist es durchaus bis heute nicht. Es wird also da draußen in den Feuern dem Moloch geopfert. Klingt gruselig, was? Aber noch mehr gruseln wird es Sie, wenn ich Ihnen sage, dass Moloch nur mit geopferten Kindern wirklich zufrieden ist.

Kinderopfer. Es ist eine echte Hölle da draußen, in der echte Menschen brennen. Das ist natürlich illegal, aber im Namen der Religion treiben die Leute das trotzdem, und sie berufen sich auf die Religionsfreiheit, und alle drücken ein Auge zu. Gut, oder eben schlecht. Zu den Feuern werden wir nachher nicht gehen, nur bis zum großen Scherbenhaufen der Stadt.

Ich werde nicht alleine sein da draußen. Ich habe einige Stadträte gebeten, auch mitzukommen, und auch ein paar obere Priester. Zum Glück haben nicht gleich alle abgesagt. Sie wissen noch nicht wirklich, was auf sie zukommt. Ich darf nicht vergessen, *das hier* mitzunehmen. Ich habe nämlich extra heute früh diesen neuen Tonkrug beim Töpfer gekauft. Ich will den Männern damit einige Worte sagen, die sich schon wieder in meinem Mund rühren. Ich werde als erstes den Tonkrug, neu wie er ist, auf den Scherbenhaufen werfen, so dass er zerspringt. Die Stadträte und die Priester werden sagen: spinnst du, das ist ein neuer Krug! Oder sie werden es denken. Und was ich ihnen dann sagen werde, ist bereits in mir drin.

Hört das Wort Gottes, ihr Könige von Juda und ihr Bürger Jerusalems! So spricht der Herr Zebaot, der Gott Israels: Genau ein solches Unheil werde ich über diese Stadt bringen, sie wird in Scherben brechen wie ein Gefäß des Töpfers. Weil sie mich verlassen und diese Stätte einem fremden Gott gegeben haben, und weil sie den Platz voll unschuldigen Bluts gemacht haben, und weil sie dem fremden Gott Altäre auf die Hügel gebaut haben, um ihm ihre Kinder als Brandopfer zu verbrennen, was ich nie geboten habe, und was mir nie in den Sinn gekommen ist. Und ich will den Gottesdienst in Jerusalem ganz zunichte machen und will sie durchs Schwert sterben lassen, und will ihre Leichname den Vögeln des Himmels und den Tieren auf dem Felde zum Fraße geben. Diese Stadt wird zum Entsetzen und zum Spott derer werden, die vorübergehen. [19, 3-5.7-8]

Wie Sie bemerken, tummeln sich im Moment eine Menge Worte in meinem Mund, und meine unangenehme Aufgabe wird es später dann sein, sie der Oberschicht Jerusalems mitzuteilen. Man wird mich verspotten, oder wieder einmal verschleppen, oder was auch immer.

*Verspottet wurde ich schon heute früh beim Kauf des Krugs im Töpferladen. Ich hatte dem Töpfer eine Weile zugeschaut, wie er arbeitete auf der Scheibe. Der Topf, den er gerade machte, misslang ihm unter seinen Händen. Da machte er einen andern Topf daraus. Wie es ihm gefiel.

Da entstand wieder ein Wort Gottes in mir:

Kann Gott nicht ebenso mit euch umgehen wie dieser Töpfer? Schaut, wie der Ton in der Hand des Töpfers, so seid auch ihr in Gottes Hand. Er hat euch gemacht, und er kann sich entscheiden, alles einzustampfen und neu zu machen.

Gott sagt zu euch, dass er Unheil für euch vorbereitet; so bekehrt euch doch, ein jeder von seinen bösen Wegen, und bessert euren Wandel und euer Tun!
Aber sie sagen: Daraus wird nichts! Wir wollen nach unsern Gedanken wandeln.
Und Gott sagt: So reden nicht einmal die Heiden. Wer hat je dergleichen gehört? Es bleibt ja der Schnee länger auf den Bergen liegen, und das Regenwasser bleibt länger in der Dachrinne, als es braucht, bis dies Volk Gott vergisst. [18, 6.11-15]

Als ich solches und mehr geredet habe, im Töpferladen, wurde ich natürlich verspottet. Heute Nachmittag kann es mir passieren, dass ich eingesperrt werde.°

Stadträte, die zum Scherbentor kommen, erwarten, dass man über die Probleme der Müllentsorgung diskutiert, aber nicht dass man ihnen das Wort Gottes sagt und Unheil verkündet.

Ich habe längst persönliche Feinde in Jerusalem, das ist auch nicht verwunderlich. Einer heißt Paschhur. Sein

Vater ist der Priester, der die Oberaufsicht im Jerusalemer Tempel hat. Das ist zwar mal ein richtiger Tempel Jahwes, aber was heißt das schon. Also bin ich vor einiger Zeit hingegangen, bis in den Vorhof des Tempels, und habe ihnen dasselbe gesagt: dass Unheil über die Stadt kommen wird, weil die Leute so halsstarrig sind und Gott nicht ehren wollen.

Ich war mitten beim Reden, da ist Paschhur auch schon gekommen. Er hat mich ordentlich verprügelt. Er ist leider der Stärkere, und es war auch nicht mein Auftrag, ihn wieder zu prügeln, sondern das Wort zu sagen. Zweitens hat mich Paschhur in den Block gelegt. Droben am oberen Tempelausgang, also dem Benjamintor, haben wir so einen Schandblock, wo man mit Händen und Füßen eingeschlossen wird zur Belustigung und zur Belehrung aller Passanten. Wie es Staatskritikern eben geht. Eine Nacht war ich da im Block. Als er mich wieder herausließ, habe ich ihm nur gesagt:

Für Gott heißt du nicht mehr Paschhur, sondern du heißt ‚Schrecken um und um', denn wegen solchen wie dir werden deine Freunde den Schrecken des Kriegs erleben, und alle in die Hände von Babel fallen, und dahin verschleppt. [20, 3-4]

Aber ich glaube, Paschhur machte sich nichts daraus.

Später geriet ich sogar in Todesgefahr. Das kam so.

*Ich hatte dem Volk Untreue vorgeworfen. Ich meine das so zweideutig wie nur möglich. Untreue im sexuellen Sinn. Das wollte natürlich keiner auf sich sitzen lassen. Aber ich habe es ihnen gesagt:

Geht doch hin zu den Inseln der Zyprer und schaut, und schickt Kundschafter nach Arabien und gebt genau Acht und schaut, ob's da so zugeht wie bei euch: Ob die Heiden ihre Götter wechseln. Sie tun es nicht. Nur Gottes Volk hat seine Herrlichkeit eingetauscht gegen einen Götzen, der nicht helfen kann! [2, 10-11]

Diese Götzen sind doch nichts. Man fällt im Wald einen Baum und der Bildhauer macht daraus mit dem Schnitzmesser ein Kunstwerk, er schmückt es mit Silber und Gold und nimmt einen Nagel und einen Hammer und befestigt das Bild, dass es nicht umfällt. Diese Götzen sind ja gerade wie Vogelscheuchen, die man in sein Gurkenfeld stellt. Sie können nicht reden. Auch muss man sie tragen, denn sie können nicht gehen. Darum sollt ihr euch nicht vor ihnen fürchten; denn sie können weder helfen noch Schaden tun. [10, 3-5]

Warum ich dem Volk Untreue vorwerfe, wenn sie Götzen anbeten, werden Sie verstehen. Aber sexuelle Untreue? Nun, das ist so: Auf den Höhen der Berge richtet sich das Volk seit jeher Plätze ein, wo sie die heilige Hochzeit feiern. So macht es das ganze Land Kanaan. Sie sagen, jedes Jahr am Frühlingsanfang müssen der Gott Baal und die Göttin Aschera miteinander schlafen. Geboren wird bald darauf ein junger Stier, das Symbol der Fruchtbarkeit im neuen Jahr. Aber sie sagen das nicht nur. Sondern sie meinen, sie müssten das selbst machen. So tummeln sich im Frühling Männer und Frauen auf den Hügeln und halten so genannte Heilige Hochzeit. Eheliche Treue ist mit einem Mal völlig vergessen. Der eine Gott Jahwe völlig vergessen. Untreue im doppelten Sinn.

Woher ich das weiß? Ob ich selbst schon da oben auf den Hügeln war? Also was denken Sie von mir! Nie und nimmer! Gut, ich muss zugeben, ich kann es nicht selbst bezeugen. Ich muss zugeben, sexuelle Orgien hat man immer von den anderen behauptet. Die Christen haben es von den Juden behauptet, die Römer haben es von den Christen gesagt, Bischöfe haben es den Ketzern vorgeworfen. Gut, wir wissen es nicht, was hinter verschlossenen Türen geschieht. Ich kann nur in Andeutungen reden. Und dann wiederum: Wenn wir im Tempel Jahwes Heilige Hochzeit anbieten würden, was glauben Sie, wie voll die Gottesdienste gleich wären! Wieso gehen denn sonst die Leute so gern auf die Hügel im Frühjahr!

Wie auch immer. Untreu ist das Volk Israel allemal, wenn es im Frühling zu den Hügeln hinaufgeht.

Und deshalb habe ich ihnen gesagt:

Auf allen hohen Hügeln und unter allen grünen Bäumen hast du Hurerei getrieben. Jerusalem, du läufst umher wie eine läufige Kamelstute, wie eine Wildeselin in der Wüste, wenn sie vor großer Brunft lechzt und läuft, dass niemand sie aufhalten kann. [2, 20.23-24] °

Wieder und wieder sagten sie mir: Was willst du, Prophet Jahwes, hier haben wir doch Jahwes Tempel mitten in der Stadt? Dann sage ich: Der Tempel nützt euch nichts, wenn ihr euch nicht bessert.

Also: Gerecht handeln an den andern, keine Gewalt üben gegen Ausländer, Waisenkinder und Witwen, und wieder und wieder: nicht andern Göttern nachlaufen. Und weil ihr euch nicht daran haltet, wird Gott seinen Zorn und Grimm ausschütten über genau diesen Tempel, es soll brennen, dass niemand es löschen kann. [7, 5-6. 20]

Der Storch unter dem Himmel weiß seine Zeit, Turteltaube, Kranich und Schwalbe halten die Zeit ein, in der sie jedes Jahr wiederkommen sollen; aber mein Volk will nicht wissen, was wann dran ist. [8, 7]

Solche Dinge habe ich also immer wieder beim Tempel geredet, bis ich schließlich festgenommen wurde. Priester und Propheten forderten die Todesstrafe für mich. Warum? Weil ich der Stadt Verwüstung vorhergesagt habe. Es gab auch eine Gerichtsverhandlung gegen mich, und ich habe dem Vorsitzenden der Verhandlung noch einmal dieselbe Warnung über unsere Stadt und über unser Volk gesagt. Trotz meiner Todesgefahr.

Und dann ist etwas Interessantes geschehen. Einige Anwesende haben sich an den alten Propheten Micha erinnert. Micha hat vor hundert Jahren Unheil angedroht, falls das Volk nicht umkehrt. Damals waren die Leute sehr froh gewesen über die Warnung Michas, und hatten sich bei ihm bedankt, und Reformen eingeleitet. Also an dieses Ereignis aus dem letzten Jahrhundert hat man die Gerichtsvorsitzenden erinnert und gesagt: ein Prophet darf auch Unheil ankündigen, früher ist man dafür nicht bestraft, sondern sogar belohnt worden. Dieser Präzedenzfall von Micha hat mich gerettet. Die Anklage wurde fallengelassen, ich war sofort auf freiem Fuß. Es sind nicht alle gegen mich.

Ich hoffe sehr, wenn ich nachher hinausgehe zum Scherbentor mit meinem Tonkrug, dass nicht nur meine Gegner dabei sind vom Stadtrat und aus der Priesterschaft. Aber trotzdem habe ich Angst, und weiß nicht, wie es ausgeht. Und frage mich, wieso ich Prophet sein muss. Denn *noch* eine schlechte Erfahrung habe ich gemacht. Das muss ich Ihnen noch sagen.

Unser jetziger König Jojakim macht mir nämlich selbst Probleme.

Ist es Ihnen schon mal passiert, dass Sie stundenlang an einem Text geschrieben haben, und dann ist der Computer abgestürzt, und der ganze Text war gelöscht? Und sie mussten alles von neuem schreiben? Oder, wenn Sie ohne Computer schreiben, dass jemand seinen ganzen Kaffee drüber geschüttet hat, und alles unbrauchbar war? Oder gar, dass jemand Ihnen das Papier einfach zerknüllt hat, in der Luft zerfetzt und in den Papierkorb geworfen? Kleinigkeiten, meinen Sie? Aber es nagt an einem.

So ähnlich ist es mir ergangen. Als ich neulich meine Worte, die im Munde lebendig wurden, auf Papyrus festhalten wollte.

Bei uns ist es üblich, dass man einen Schreiber engagiert. Der weiß, wie man die Tinte mischt aus Ruß und Eisen, der kennt die Rechtschreibung, und der weiß, wo man den besten Papyrus kauft. Zugegeben, mit dem Papyrus haben die Ägypter ausnahmsweise etwas Sinnvolles erfunden.

Ich bin jedenfalls zur Familie Nerija gegangen, weil das eine Schreiberfamilie ist, die sich zu Jahwe bekennt. Man merkt es schon daran, dass der Name mit „ja" aufhört, „ja" heißt Jah-we. „Ner" heißt Mondlicht, und viele nennen den Mondgott so, aber diese Familie nennt sich „Neri-ja" „Mein Mondlicht ist Jahwe". Ich vertraue also dieser Familie, und sie gaben mir ihren Sohn Baruch mit, der sich bereits als guter Schreiber hervorgetan hatte. Baruch heißt „gesegnet", und mit ihm bin ich wirklich gesegnet.

Mit Baruch zusammen habe ich eine ganze Schriftrolle voll Text hingekriegt, viele Worte Gottes aus meinem Mund. Dann gab ich Baruch den Auftrag, in den Tempel zu gehen und die Schriftrolle an Stelle von mir vorzulesen. Ich selbst habe, das muss ich leider sagen, inzwischen Hausverbot im Tempel. Was wir geschrieben haben, war eine Art Fastenbrief, weil gerade Fastenzeit war. Verschiedene Propheten lesen dann im Vorhof des Tempels ihre Briefe an das Volk. Im Vorhof des Tempels sind Nebenhallen, und manche ehrwürdige Jerusalemer Familie stattet so eine Halle aus. Dort wird ein Fastenbrief gelesen.

Baruch ging in die Halle von Gemarja. Gemarja ist der Sohn Schafans, des Schreibers. Seine Halle ist im oberen Vorhof beim Neuen Tor. Die Familie Schafan ist eine berühmte Schreiberfamilie hier in Jerusalem, und, wie wir sehen werden, auch eine einigermaßen integre Familie.

Es geschah nun Folgendes. Der Sohn Gemarjas, des Hallenbesitzers, war anwesend, als Baruch aus meiner Schriftrolle vorlas. Und er war entsetzt. Das ist auch kein Wunder, meine Worte sind selten angenehm. Der junge Kerl ist vor Aufregung in die Amtsstube des Königs gelaufen. Zur Amtsstube des Königs sagen wir Kanzlei. Dorthin lief nun der junge Kerl, und traf die ganzen Beamten: Elischama, den Schreiber, dann Delaja, den Sohn Schemajas, Elnatan, den Sohn Achbors, Zidkija, den Sohn Hananjas, und so weiter, den König momentan nicht, aber auch Gemarja, den Vater des Burschen. Warum ist er in die Kanzlei gelaufen? Vielleicht weil sein Vater da war. Oder er wollte alle warnen vor dem Unheil, von dem Baruch gelesen hatte. Er wird es gut gemeint haben, der Bursche.

Was aber herausgekommen ist: Man hat sofort Baruch aus dem Tempel in die Kanzlei zitiert, und er musste noch mal alles vorlesen. Und wieder herrschte helle Aufregung. Die Beamten haben sogleich beschlossen, die Sache dem König zu melden. Warum? Wollten Sie ihn warnen, oder wollten sie mir nur etwas anhängen? Es hat sich dabei wieder gezeigt, dass nicht alle gegen uns sind. Die Schriftrolle haben sie gleich zum König geschickt, aber den Baruch haben sie zu mir geschickt, und gesagt, wir sollten uns schleunigst unsichtbar machen. Das haben wir auch gleich getan, und während bald darauf die Schergen des Königs die ganze Stadt nach uns abgegrast haben, saßen wir im Versteck, in dem Gott uns behütet hat.

Der König musste uns auf andere Weise bestrafen.

König Jojakim hat einen Vorleser. Der musste dem König und den anwesenden Fürsten die Schriftrolle vorlesen. Man hat es mir später erzählt. Sie waren im Winterhaus des Königs. Das Winterhaus heißt so, weil es da ein Kohlenbecken als Heizung gibt; wir haben noch die kühle Jahreszeit. Der Vorleser las dort also, Spalte für Spalte. Man hält ja die Rolle senkrecht, und man entrollt den Papyrus quer dazu. Man liest immer eine Spalte, dann dreht man die Rolle von links nach rechts weiter, bis man zur nächsten Spalte gelangt. Ich erkläre Ihnen das nur aus dem Grund, weil ja viele nicht lesen können und sicher noch nie so eine Rolle in der Hand gehabt haben. So las der Vorleser des Königs also Spalte für Spalte. Und immer, wenn er drei oder vier Spalten gelesen hatte, ließ sich der König die Rolle geben, und schnitt mit seinem Schwert die gelesenen Spalten ab, und warf sie zu den Kohlen im Becken. Bis die Schriftrolle ganz verbrannt war im Feuer.

Es ist entsetzlich, Worte Gottes zu verbrennen. Sie wissen das selbst, wir erleben, wie halbe Volksmengen auf die Straßen gehen und Rache und Tod drohen, wenn man ihre heiligen Bücher verbrennt. Obwohl es also so eine entsetzliche Tat ist, entsetzte sich niemand, als der König das tat, niemand zerriss seine Kleider zur Buße, der König nicht, noch seine Fürsten, die doch alle diese Worte gehört hatten. Und obwohl Elnatan, Delaja und Gemarja aus der Kanzlei den König baten, er möge die Schriftrolle nicht verbrennen, hörte er nicht auf sie. Die wichtige Nachricht, dass der König von Babel kommen wird und das Land verderben wird, verbrannte mitsamt der ganzen Rolle.

So mussten wir alles noch einmal schreiben. Außer dem, was in der ersten Rolle gestanden hatte, schrieben wir noch etwas für den König hinein:

So spricht der Herr: Du hast diese Schriftrolle verbrannt. Darum wird dies Land verderben, zusammen mit dem König, und ich will ihn und seine Nachkommen und seine Fürsten heimsuchen um ihrer Schuld willen, und ich will über sie und über die Bürger Jerusalems und über die in Juda kommen lassen all das Unheil, von dem ich zu ihnen geredet habe, und sie gehorchten doch nicht. [36, 29.31]

Baruch hat sehr geklagt über das, was ihm geschehen war, und es waren sicher nicht seine vom Schreiben steifen Finger, es war der seelische Schmerz. Ich kenne das sehr gut, und er hatte es nun zum ersten Mal erlebt. Ich gehe mit meinen Schmerzen so vor, dass ich Klagelieder verfasse. Aber zu Baruch habe ich etwas gesagt, was Gott mir am Anfang so ähnlich gesagt hatte.

So spricht der Herr: Schau, was ich gebaut habe, das reiße ich ein, und was ich gepflanzt habe, das reiße ich aus, nämlich dies mein ganzes Land. Begehre für dich nicht große Dinge! Denn es wird Unheil kommen über alles Fleisch, aber du wirst dein Leben davon bringen, an welchen Ort du auch ziehst. [45, 4-5]

Und wir haben noch etwas miteinander gemacht. Wir haben angefangen, mehr aufzuschreiben, damit es nicht verloren geht. Auch, was ich heute früh beim Töpfer gesagt habe, von dem Klumpen Ton, den der Schöpfer einfach zerdrückt und neu formen könnte, und auch das, was ich jetzt dann den Stadträten sagen will über den Scherbenhaufen Jerusalems und diesen schönen neuen Tonkrug, alles soll aufgeschrieben werden.

Ich gehe also, wünschen Sie mir Glück. Ich verabschiede mich überhaupt von Ihnen heute Abend. Andere werden die Geschichte weitererzählen. Stärken Sie sich einstweilen mit einem warmen Essen. Gesegnete Mahlzeit!

Ach dass ich eine Herberge hätte in der Wüste, so wollte ich mein Volk verlassen und von ihnen ziehen! Denn es sind lauter Ehebrecher und ein treuloser Haufe. [9, 1]

Ach Herr, gedenke an mich und nimm' dich meiner an und räche mich an meinen Verfolgern! Lass mich nicht hinweggerafft werden; du weißt, dass ich um deinetwillen geschmäht werde. [15, 15]

Herr, wir erkennen unser gottloses Leben; denn wir haben wider dich gesündigt. Aber um deines Namens willen verwirf uns nicht! Lass den Thron deiner Herrlichkeit nicht verspottet werden; gedenke doch an deinen Bund mit uns und lass ihn nicht aufhören! [14, 20-21]

Herr, Dein Wort wurde meine Speise, sooft ich's empfing, und dein Wort ist meines Herzens Freude und Trost; denn ich bin ja nach deinem Namen genannt, Herr, Gott Zebaot. [15, 16] °

– ৸৸৸৸ –

Der Berichterstatter

Meine Damen und Herren,
wir unterbrechen nun den Livebericht und werden Ihnen direkt hier in dieser Gaststube erzählen, wie es Jeremia weiter erging. Sie erinnern sich an seine geplante Aktion am Scherbentor, die er genau so auch durchführte. Sie hatte keine weiteren Konsequenzen. „Keine Konsequenzen" kann man positiv verstehen: Jeremia und Baruch ist nichts geschehen, man hat sie in Ruhe gelassen. „Keine Konsequenzen" kann man auch negativ verstehen. Fast niemand hat auf Jeremia gehört.

Es gab keinerlei Reformen im Land, und König Jojakim hat sich nicht vor Babel warnen lassen. Er hat die Stärke der Babylonier weitaus unterschätzt. Sondern gemeint, er könne die Babylonier abschütteln mit Hilfe Ägyptens.

Sie erinnern sich, dass er erst den Ägyptern Tribut zahlen musste, dann den Babyloniern. Drei Jahre hintereinander kam König Nebukadnezar ins Land, um von allen Völkern den Tribut abzuholen. Als er ein, zwei Jahre nicht kam, hörte König Jojakim auf mit den Zahlungen. Umgehend stand Nebukadnezar vor den Toren Jerusalems. Er hatte sein Heer dabei, der Krieg war da. Man hätte sich ergeben können, aber König Jojakim vertraute immer noch auf seine militärische Kraft. Er schloss die Stadt, und die Belagerung begann.

Was Belagerung bedeutet, muss man sich einmal vorstellen. Zwar gibt es bis heute in Jerusalem den langen Geheimgang, wo man in Zeiten der Not zu einem geschützten Trinkwasserbrunnen gelangt. Diesen Gang gab es schon damals. Man kann sich aber doch ausmalen, wie groß die Not in der Stadt und auch im Umland war. Eine Weile hielt Jojakim aus. Dann starb er. Die anderen konnten schauen, wo sie blieben.

Die Minister setzten seinen Sohn auf den Thron von Jerusalem. Der Sohn hieß ähnlich wie Jojakim: Jojachin. Der Sohn hielt nicht lange aus. Nach drei Monaten beschloss er, mit seiner königlichen Familie die Stadt zu verlassen und Unterwerfung anzubieten.

Glück im Unglück: Jojachin war es ja nicht, der sich gegen Babel aufgelehnt hatte. Er wurde nicht getötet, sondern mit seiner Familie nach Babel geschickt. Etliche andere Juden mussten mit fort. Pech für sie. Aber: Jerusalem blieb heil, die Menschen lebten, Gottesdienst wurde gefeiert. Das war im Jahr 597 vor Christus. Und Jojachin saß mit seiner Familie in Babel und ließ es sich relativ gut gehen mit Hilfe einer staatlichen Diät.

*Woher wir wissen, dass es ihm gut ging? Von einer Sternstunde der Archäologie. Als die Ruinen der Stadt Babylon ausgegraben wurden, fand man Tausende von Tontafeln, mit Schriftzeichen bedeckt. Viele wurden nach Berlin gebracht. Erst Jahre später lernte man, sie zu entziffern. Danach fand ein Herr Weidner die Zeit, sie systematisch zu lesen. Es waren Quittungen. Herr Weidner hat Quittungen übersetzt: für Getreide, Wein, Gemüse, Obst, Öl, was auch immer. Viele langweilige Quittungen. Dann fand er eine Quittung, auf der ordentlich vermerkt ist, an wen folgende Lebensmittelrationen verteilt worden sind.

Darauf steht:
Ein halber Schoppen Öl für den Zimmermann Nabu-Etir.
Ein halber Schoppen Öl für jeden Arbeiter aus Arad.
Je ein halber Schoppen Öl für jeden Arbeiter aus Byblos.
10 Schoppen Öl für König Jojachin aus Juda.
Ein halber Schoppen Öl für jeden seiner fünf Söhne.

Eine ähnliche Liste gab es für Gerstenrationen. Die Archäologen können also sagen, ganz ohne in die Bibel zu schauen, dass Jojachin nicht nur in Babel war, sondern dort auch königlich behandelt wurde. Er bekam 20mal soviel Öl und Gerste wie alle anderen. Wenn er soviel Öl für seinen Salat nicht brauchte, konnte er sich damit eincremen, oder konnte es gegen andere Dinge tauschen.°

Und die anderen jüdischen Volksgenossen im babylonischen Exil? Nicht alle wurden versorgt wie der König. Wie sollten sie leben? In der Flucht ihr Heil suchen? War ein Aufstand das Richtige? Meinungen wurden ausgetauscht und Briefe. Ein königlicher Botendienst wurde zu diesem Zweck eigens von Zedekia eingerichtet zwischen Babel und Jerusalem. Jeder konnte diesen Service nutzen. Die Exilgemeinde bekam Briefe von daheim. Eines Tages war auch ein Brief von Jeremia dabei. Sie lasen:

So spricht der Herr zu den Weggeführten in Babel: Baut Häuser und wohnt darin; pflanzt Gärten und esst ihre Früchte; nehmt euch Frauen und zeugt Söhne und Töchter, mehrt euch dort, dass ihr nicht weniger werdet. Sucht das Beste für die Stadt Babel, und betet für sie zu Gott, denn wenn es ihr gut geht, so geht es auch euch gut. [29, 5-7]

Wir sehen, dass Jeremia nicht damit rechnete, dass sie bald nach Jerusalem zurückkehren konnten.

Aber kehren *wir* aus Babel zurück nach Jerusalem. Nebukadnezar hatte den König mit nach Babel genommen, aber konnte die Stadt nicht ohne König lassen. Ordnung muss im Land sein, sonst kann kein Tribut gesammelt und nach Babel geschickt werden. Es brauchte jemanden, der politisch bis jetzt unauffällig war und möglichst nahe mit dem letzten König verwandt war. Einen Vasallenkönig. Es fand sich Jojachins Onkel Zedekia. Derselbe, der so gut den Postdienst organisiert hatte. Zedekia wird nun die Hauptperson in Jerusalem. Schauen wir, wie er seine Sache gemacht hat.

Zedekia regierte noch nicht lange, da begannen er und die umliegenden Vasallenkönigskollegen zu überlegen, ob man nicht doch etwas gegen die Babylonier ausrichten könnte. Das ist ja nun etwas ganz Neues. Zedekia lud seine

Kollegen aus Edom, aus Moab, aus Ammon, aus Tyrus und Sidon durch Boten ein in seinen Palast. Außerdem lud er einige Propheten und einige Wahrsager ein, die er gut kannte. Sie alle kamen heimlich, und sie begannen Pläne zu schmieden.

Gleichzeitig begannen Worte im Munde des Propheten Jeremia sich zu regen. Eins dieser Worte war so eindrücklich, dass Jeremia es durch eine Tat zu verdeutlichen beschloss. Jeremia ging zu einem Bauern, und fragte ihn, ob er ein altes Joch aus Holz übrig hätte, das er nicht mehr brauchte. Der Bauer hatte eins. Er wunderte sich zwar, denn der Prophet hatte ja kein Vieh, das er unters Joch hätte spannen können. Aber er gab es ihm. Jeremia zog seines Wegs. Später erfuhr der Bauer, was der Plan gewesen war: Jeremia hatte sich selbst unters Joch gespannt und war so durch die Stadt gezogen, und besonders war er vor dem Königspalast auf und ab gegangen, wo Herrscher aller Länder Pläne schmiedeten.

Worte sind überliefert, die dem Propheten dabei aus dem Mund quollen:

So spricht der Herr: Ich habe die Erde gemacht und Menschen und Tiere, die auf Erden sind, und gebe sie, wem ich will. Nun aber habe ich alle diese Länder in die Hand Nebukadnezars, des Königs von Babel, gegeben. Sie sollen ihm untertan sein. Das Volk aber, das dem König von Babel, Nebukadnezar, nicht untertan sein will und das seinen Nacken nicht unter das Joch des Königs von Babel beugt, das will ich heimsuchen mit Schwert, Hunger und Pest, spricht der Herr. [27, 5-8]

Ein hölzernes Joch, ein politisches Joch. So lief Jeremia mit seinem neuen alten Joch herum und forderte den König Zedekia auf, sein Haupt unter das Joch Babels zu beugen, und es auch darunter bleiben zu lassen. Warum wollt ihr sterben, rief er, und warum verlasst ihr euch auf eure Propheten, Wahrsager, und Traumdeuter, die auch noch behaupten, man könnte frei von Babel sein.

Was waren eigentlich diese anderen Propheten für Leute? Einer davon hieß Hananja. Was tat Hananja? Er ging wie zufällig zu Jeremia hin, er nutzte dessen Ahnungslosigkeit aus, wand dem Überraschten das Joch vom Nacken herunter, legte es über einen Stein und zerbrach es mit dem Fuß. Das ging leicht, denn es war ja ein altes Joch. Und auch dem Hananja quollen die Worte aus dem Mund:

So spricht der Herr: Ich habe das Joch des Königs von Babel zerbrochen, und noch bevor zwei Jahre um sind, will ich alles, was Nebukadnezar von hier fortgeschafft hat, wieder zurück bringen, auch Jojachin, den König von Juda, spricht der Herr, denn ich will das Joch des Königs von Babel zerbrechen. [28, 2-4]

Ein Wortgefecht erhob sich zwischen zwei Propheten. Jeremia rief: *Amen! Gott tue es so, wie du gesagt hast! Wenn aber ein Prophet Heil redet – ob Gott ihn wirklich geschickt hat, wird man daran erkennen, dass sein Wort erfüllt wird. [6.9]*

Und Hananja wiederholte, und es hörten viele Menschen zu: *So spricht der Herr: Ebenso wie dieses Joch will ich das Joch Nebukadnezars zerbrechen, und will es vom Nacken aller Völker nehmen. [11]*

Und Jeremia setzte entgegen: *Du Unglücklicher! Du hast das hölzerne Joch zerbrochen, aber dadurch hast du ein eisernes Joch an seine Stelle gesetzt. [13]*

Letztlich hörte wieder niemand auf Jeremia.

Man kann sich fragen, warum sein Gegenprophet Hananja so zuversichtlich war. Es gibt zwei Möglichkeiten: entweder glaubte er wirklich, dass Gott das Volk befreien würde, weil er sich nicht vorstellen konnte, dass dieses Land auf Dauer unterworfen werden kann. Oder aber er war Berufsprophet im Königspalast. Wenn die Vasallenkönige, die heimlich bei Zedekia versammelt waren, wirklich den Aufstand wagen wollten, dann brauchten sie natürlich Parolen der Befreiung. Hananja war quasi ein Teil der PR-Kampagne, die den Aufstand gegen Nebukadnezar vorbereitete.

Nun wusste man ja wirklich nicht, wie es ausgehen würde. Hananja glaubte an die Hoffnung, Jeremia glaubte an Babels Stärke. Kann man Hananja einen Vorwurf machen? Und: Wenn denn Jerusalem zerstört würde, konnte man dann sagen, die Gottlosigkeit des Königs war Schuld? Klar war Gottlosigkeit im Spiel, wenn man Wahrsagern mehr vertraute als Gott. Aber hat man nicht in bester Absicht den Aufstand geschmiedet? Doch aus Jeremias Sicht war es einfach Hybris, zu meinen, die Zukunft mitbestimmen zu können. König David, der hatte ein großes Königreich geschaffen, ja, mit Gottes Hilfe, aber auch, weil keine Ägypter oder Babylonier in der Nähe waren. Für Jeremia war die Realität genug, um zu sagen: unterwerft euch doch, das ist im Moment das Beste, nehmt es als Gottes Willen an.

Aber was nützt alles Nachdenken. Es kam wie es kommen musste. Man verhandelte mit Ägypten. Boten wurden hin und hergeschickt. Man nahm die Route über die Stadt Lachisch. Die Dokumentation war gut. Wenn ein Bote durchkam, wurde Meldung gemacht mit Hilfe von Tontäfelchen. Ein solches Meldungstäfelchen mit dem Namen eines der Boten ist in Lachisch 1930 wieder aus der Erde gegraben worden.

Man ließ einige Jahre vergehen, man vereinbarte sich. Auch mit Ägypten. Der Aufstand begann. Alle Vasallenkönige erhoben sich gegen Nebukadnezar. Nebukadnezar kam mit seinem Heer. Die Ägypter kamen nicht. Jerusalem wurde belagert. Das Land ringsum wurde verheert. Ägypten kam nicht. Nach zehn Jahren nun dieselbe Situation wie schon einmal, nur schlimmer. Die Belagerung wurde unerträglich. Endlich kamen die Ägypter. Man hoffte, sie würden Nebukadnezar besiegen. Aber Nebukadnezar verzog sich einfach nach Norden. Niemand wusste, was jetzt tun.

Da geschah etwas. Das allererste Mal schickte König Zedekia einen Boten zum Propheten Jeremia und fragte, was nun geschehen würde. Und Jeremia antwortete ihm: Die Ägypter sind da, und die Babylonier sind fort. Alle werden dir jetzt sagen: Es ist geschafft. Wir sind durch. Aber du, Zedekia, glaube ihnen nicht. Wisse, dass die Babylonier wieder kommen, sobald die Ägypter wieder fort sind. Die werden uns nicht ewig beschützen. Die Babylonier werden wieder kommen, diese Stadt erobern und mit Feuer verbrennen. Mehr sagte Jeremia nicht. Und man war so verärgert über ihn, dass man ihn bei der nächsten Gelegenheit ergriff. Das war so.

Jeremia wollte die Tatsache nutzen, dass gerade keine Belagerung war. Er brach auf, in sein Heimatdorf Anatot zu gehen, und mit seinen Verwandten eine Erbsache zu klären. Als er zum Tor hinausging, ergriff man ihn, mit dem Vorwand, er wolle zu den Babyloniern überlaufen. Das wundert uns nicht ganz, denn er hatte ja selbst die Unterwerfung unter Babylon gepredigt. Jeremia widersprach, aber man sperrte ihn ein.

Man hatte im Privathaus eines gewissen Jonatan ein Gefängnis improvisiert, weil es in Kriegszeiten viele Verdächtige gibt und man viele Gefängnisse braucht. Dort wiederum gab es eine Zisterne, die tief und feucht war, aber leer, und dort unten sperrte man Jeremia ein. Man konnte seine kritischen Worte jetzt absolut nicht brauchen. Aber für den Propheten war es da unten eine große finstere Not.

Er hatte viel Zeit, mit Gott zu reden.

Heile du mich, Herr, so werde ich heil; hilf du mir, so ist mir geholfen. Schau, Herr, sie sagen zu mir: Wo ist denn das Wort Gottes? Lass es doch kommen! [17, 14-15]

Tatsächlich, der Prophet hatte von Unheil geredet, von Eroberung Jerusalems durch Nebukadnezar, aber es trat momentan nicht ein.

Er sagte:

Ich habe dich nie gedrängt, Gott, Unheil kommen zu lassen; auch hab ich den bösen Tag nicht herbei gewünscht, das weißt du. Sei du mir nur nicht schrecklich, meine Zuversicht in der Not! Lass die zu Schanden werden, die mich verfolgen, und nicht mich; lass sie erschrecken, und nicht mich! [16-17]

Die Wege Gottes mit Jeremia in dieser Zeit sind komplizierter als ich es schildern kann. Schwer machte es ihm sein alter Feind Paschhur. Paschhurs Vorschlag war, Jeremia hinzurichten. Aber die Stadt hatte noch andere Sorgen. Die Ägypter zogen ab, und die Babylonier kamen wieder. Sie lagerten sich vor den Toren der Stadt, die schleunigst wieder verschlossen wurden. Im Durcheinander kam Jeremia auf Umwegen wieder heraus aus der Zisterne. Letztlich hatte er dabei sein Leben dem König zu verdanken.

*Und einem Ausländer. Es lebte im Palast der Afrikaner Ebed-Melech. Das bedeutet schlicht: Knecht des Königs. Wir könnten zu ihm sagen: Kammerdiener. Als Ebed-Melech hörte, dass Jeremia in einer Zisterne war, ging er zum König und sagte: Mein Herr und König, diese Männer misshandeln den Propheten Jeremia in der Zisterne. Dort muss er noch vor Hunger sterben. Da befahl der König dem Kammerdiener: Nimm von hier drei Männer mit und zieh den Propheten Jeremia aus der Zisterne, bevor er stirbt. So geschah es. Sie schauten erst in die Kleiderkammer des Königs und fanden alte Lumpen. Und ein Seil besorgten sie sich. An dem Seil ließen sie die Lumpen zu Jeremia in die Zisterne hinab. An alles hatte Ebed-Melech gedacht: Das bloße Seil hätte sich in den mager gewordenen Propheten eingeschnitten. Aber mit den Lumpen als Polster, konnte Jeremia sogar recht schmerzfrei hinaufgezogen werden.°

Von nun an blieb der Prophet im Wachhof des Königspalastes. Er war weiterhin Gefangener, aber er bekam eine sichere Ration Brot. Baruch, sein Schreiber, hatte wieder Zugang zu ihm. Hier war noch der sicherste Ort, weit weg von den Stadtmauern, die von den Babyloniern beschossen wurden. Im Wachhof ruhten sich die Kämpfer aus, wurden Verwundete aufgehoben und Sterbende zwischengelagert.

Manchmal hatte Jeremia Zeit nachzudenken. Der Krieg tobte um ihn. Er hörte die Not, und er sah den Tod. War das der Grund, dass sich etwas änderte in den Worten, die sich in seinem Mund meldeten? Er sagte immer noch klipp und klar den Untergang der Stadt voraus. Aber es fanden sich plötzlich auch Worte der Hoffnung, jetzt in der schlimmsten Zeit.

Zuerst kam Zedekia persönlich zu ihm und fragte ihn heimlich, ob er, der König, sterben müsse. Jeremia sah ihn an und sagte: Die Babylonier werden dich nicht töten. Von nun an waren König und Prophet ein wenig wie Verbündete, aber das behielten sie lieber für sich.

Dann kam Paschhur in offiziellem Auftrag. Er kam mit der Bitte, dass Jeremia zu Gott um Rettung *beten* möge. Welcher Gesinnungswandel! Ihm sagte Jeremia:

Es werden die Babylonier eine Bresche in die Mauer schlagen und hereinkommen, und alle, die nicht durch Schwert, Pest oder Hunger gestorben sind, werden in die Hand Nebukadnezars fallen. Und wer sein Leben retten will, soll jetzt hinauslaufen und sich ergeben, dann wird er überleben.

Diese Art Hoffnung wollte aber offiziell nicht gehört werden.

Jeremia musste nun wieder über seine Volksgenossen in Babel nachdenken. König Jojachin und seine Familie, und die anderen Israeliten, die vor zehn Jahren zwar verschleppt worden waren, aber nun in Sicherheit waren.

*Dort in Sicherheit waren aber auch manche Propheten von der anderen Partei. Auch sie nutzten den königlichen Briefbotenservice. Selbst im Krieg. Unter den verschleppten Propheten war auch gewisser Schemaja, ein Freund des Priesters Zefania, der in Jerusalem im Tempel ein Amt hatte. An Zefania verfasste Schemaja einen offenen Brief. Weil es ein offener Brief war, las Zefania ihn öffentlich vor, so dass auch Jeremia es mitbekam. Da hieß es:

Sehr geehrter, lieber Zefania! *Der Herr hat dich zum Priester eingesetzt, dass du Aufseher sein sollst im Tempel des Herrn über alle Weissager. Und über die Wahnsinnigen, dass du sie in den Block legst. Nun, warum strafst du dann nicht Jeremia von Anatot? Er hat doch tatsächlich zu uns nach Babel geschrieben:* Es wird noch lange dauern; *baut Häuser und wohnt darin, pflanzt Gärten und esst ihre Früchte. [29, 26-28]*

So hatte Jeremia wirklich geschrieben. Das hatten wir gehört. Und man hatte seinen Brief in Babel wirklich gelesen. Jeremia erkannte die feine Kritik des Propheten Schemaja. Wieder gab es einen Prophetenstreit. Jeremia verfasste eine offene Gegendarstellung und schickte sie nach Babylon:

So spricht der Herr: *Weil euch Schemaja weissagt, obwohl ich ihn nicht gesandt habe, und weil Schemaja euch auf Lügen vertrauen lässt, darum will ich Schemaja heimsuchen. Er soll das Gute nicht sehen, das ich meinem Volk tun will, spricht der Herr; denn er hat es mit seiner Rede vom Herrn abgewendet. [31-32]°*

Jetzt, wo Jerusalem unterging, waren die Juden dort in Babel tatsächlich eine Hoffnung. Und weil klar ist, dass ein hochmütiges Volk wie die Babylonier auch nicht lange Bestand haben kann, gab es noch mehr Hoffnung. Jeremias Worte wandten sich nun nicht mehr gegen Jerusalem, sondern gegen die Babylonier, noch bevor sie Jerusalem erobert hatten.

Seine Worte an die Juden in Babel hießen nun: *Ich weiß wohl, was ich für Gedanken über euch habe, spricht der Herr: Gedanken des Friedens und nicht des Leides. Ihr werdet mich anrufen und ich will euch erhören. Ihr werdet mich suchen und finden; denn wenn ihr mich von ganzem Herzen suchen werdet, so will ich mich von euch finden lassen, spricht der Herr. [29, 11-14]*

Und unter der Zunge des Propheten rührte sich noch mehr, und er sagte: *Siehe, es kommt die Zeit, dass Gott dem David einen gerechten Nachkommen erwecken will. Der wird ein König sein, der wohl regieren wird, und sein Name wird sein: »Der Herr unsere Gerechtigkeit«. [23, 5-6]*

Und er sagte auch: *Ich habe dich je und je geliebt. Darum habe ich dich zu mir gezogen aus lauter Güte. Siehe, es kommt die Zeit, da will Gott mit Israel und mit Juda einen neuen Bund schließen, nicht wie der Bund gewesen ist, den Gott mit den Vorvätern schloss, als er sie aus Ägypten führte, ein Bund, den sie nicht gehalten haben. Sondern so sagt der Herr über den neuen Bund: Ich will mein Gesetz in ihr Herz geben und in ihren Sinn schreiben, und sie sollen mein Volk sein und ich will ihr Gott sein. [31, 3.31-33]*

*Eines der letzten Worte Jeremias im Wachhof war eine Tat. Und die ging so:

Mitten im Kriegsgetummel gibt es immer auch einen Schleichweg, eine Atempause, eine Tarnung, eine Bestechung, so dass Boten aus der Stadt hinaus und in sie herein können. So war es möglich, dass plötzlich ein Cousin Jeremias aus dem Heimatdorf im Wachhof stand. Hanamel hieß dieser Cousin. Man sah Hanamel die Not an, die er durchgestanden hatte. Das Land draußen war verwüstet. Hanamel war ruiniert und musste fort. Es gab Schleuser, die Überfahrten über das Mittelmeer anboten (das waren in Wahrheit Himmelfahrtskommandos, aber keine Überfahrten). Diese Schleuser verlangten horrende Preise. Hanamel musste alles Land verkaufen. So hatte er sich zu Jeremia durchgeschlagen, um ihm die Äcker zuerst anzubieten: denn es galt das Vorkaufsrecht für die Verwandten. Im Stillen ahnt man, dass sonst wohl auch nirgends mehr Geld zu holen war.

Jeremia jedenfalls erkannte in Hanamels plötzlichem Auftauchen sofort einen Auftrag Gottes. Er wog seinem Cousin ohne Zögern das Geld ab, siebzehn Pfund Silber. Im Krieg in der Stadt fehlt ja das Brot und nicht so sehr das Geld.

Dann schrieb Jeremia einen Kaufbrief und versiegelte ihn und nahm Zeugen dazu. Und zu dem versiegelten Kaufbrief machte er noch eine offene Abschrift. Beides gab er seinem Schreiber Baruch zu treuen Händen, und sagte zu ihm:

Baruch, Sohn des Nerija, des Sohnes des Machseja, *nimm diese Briefe, und lege sie in ein Tongefäß, dass sie lange erhalten bleiben. Denn so spricht der Herr: Man wird wieder Häuser, Äcker und Weinberge kaufen in diesem Lande. [32, 14-15]*

Mehr als alle Worte der Hoffnung, die Jeremia gesagt hat, war diese Tat sein beredtestes Wort. Einen Acker kauft nur der, der glaubt, dass man ihn noch brauchen wird.

Und Jeremia betete: *Herr, du hast Himmel und Erde gemacht durch deine große Kraft und es ist kein Ding vor dir unmöglich. Dein Volk hast du aus Ägyptenland geführt durch Zeichen und Wunder, und hast ihnen dies Land gegeben, worin Milch und Honig fließt. Sie nahmen es in Besitz, aber gehorchten deiner Stimme nicht, und jetzt widerfährt ihnen Unheil. Die*

Erdwälle sind schon bis zum Rand der Stadtmauer aufgeschüttet, die Soldaten springen bald herein, die Stadt wird in die Hände der Babylonier gegeben; du siehst es ja selbst. Aber zu mir sagst du: »Kaufe dir einen Acker um Geld«, obwohl doch die Stadt verloren ist? [aus 32, 17-25]

Als der Prophet so gebetet hatte, erwachten neue Worte auf seiner Zunge, und Gott antwortete: *Diese Stadt wird verbrennen, und mit ihr werden das Unrecht, die Bosheit und die Götzen verbrennen. Und wenn das geschehen ist, siehe, dann will ich sie wieder sammeln aus allen Ländern, und will sie wieder an diesen Ort bringen, dass sie hier wohnen sollen. Sie sollen mein Volk sein und ich will ihr Gott sein. [32, 29.37-38]°*

Liebe Gäste, mit diesem Ausblick des Propheten möchte ich Ihnen eine Pause gönnen. Aus erzählerischer Sicht ist das Schlimmste überstanden. König Zedekia ist bereits unterwegs und sucht sein Heil in der Flucht aus der Stadt, während Jeremia sich mit seiner Ration Brot stärkt. Wenn Sie essen, dann essen Sie bewusst und dankbar. Würdigen Sie jeden Bissen!

– ܀ ܀ ܀ ܀ –

Baruch erzählt

Schalom, chaverim! Schalom alechem!

Es ist mir eine Ehre, dass nun *ich* Sie an diesem Abend weiter begleiten darf. Bitte verzeihen Sie, dass alles etwas durcheinander ist. Wir befinden uns immerhin in Ägypten, was Sie sicher nie geahnt hätten, und ich auch nicht. Tachpanches heißt diese Stadt hier. Eine griechische Militärkaserne im östlichen Nildelta, die im Auftrag Ägyptens arbeitet, und die nun jüdische Flüchtlinge aufgenommen hat. Ich will Ihnen erzählen, wie es dazu kam.

Zunächst aber – Sie wollen sicher wissen, was aus meinem großen Meister, dem Propheten Jeremia geworden ist. Ich kann Ihnen nur sagen, was ich mir selbst immer wieder vorsage: Baruch, sage ich mir, als du ihn zuletzt sahst, ging es ihm gut. Ich hoffe auch, dass ich ihn wieder sehe. Aber das kann dauern. Man verliert sich leicht aus den Augen, wenn man in den Flüchtlingsströmen hin und her verschoben wird.

Einstweilen nutze ich die Zeit und ich versuche, all meine Aufzeichnungen zu sortieren. Manche Schriftrollen sind mir abhanden gekommen. Manches wichtige Dokument haben wir in einem Tonkrug zurückgelassen, der liegt in Jerusalem irgendwo zwischen den Trümmern, da liegt er einstweilen gut, und niemand wird ihn finden, der nicht weiß, wo er versteckt ist. Ich versuche alles aus dem Gedächtnis wieder aufzuschreiben. Schreibmaterial gibt es hier wenigstens billig, im Land des Papyrus. Ärgerlicher ist es schon, dass auch meine Siegelringe verloren sind. Wenn Sie mal irgendwo hören, dass in Jerusalem ein Siegel ausgegraben wurde, worauf steht „Baruch, Sohn des Nerija, der Schreiber" – das gehört mir. Ein Siegelring ist halt etwas Persönliches, und jetzt kann ich nirgends als staatlich beglaubigter Schreiber siegeln. Nicht mal einen Abdruck des Siegels habe ich. Ich hoffe auf die zukünftigen Nachforschungen und Ausgrabungen des Herrn Professor Nahman Avigad aus der Hebräischen Universität in Jerusalem. Das wird zwar erst in 2½ Jahrtausenden sein, aber immerhin, dann ist wenigstens mein Siegelabdruck wieder da. Meinem Bruder ist übrigens dasselbe passiert, auch er hofft auf die zukünftigen Ausgrabungen zwischen den verbrannten Resten unseres Hauses. Ich wäre nur froh, wenn ich mehr von meinem Bruder selber wüsste. Hoffen wir, dass sein verlorenes Siegel sein größtes Problem geblieben ist.

Ich möchte von mir selbst noch ein wenig sagen. Ich will betonen, dass ich weder ein Schüler noch gar ein Diener Jeremias wäre. Ich bin von ihm als Schreiber angestellt worden, das ist alles. Unter meinem Namen Baruch werden sie noch manche Bücher vorgestellt bekommen, aber nehmen Sie das nicht so wörtlich, das ist nicht von mir. Schon das, was Sie unter dem Namen Jeremias zu lesen bekommen, ist nicht alles genau das, was ich nach seinem Diktat geschrieben habe. Ich will nur hoffen, dass der Text meinem Meister wenigstens einigermaßen treu bleibt.

So. Jetzt der Reihe nach. Ab da, wo die Belagerung Jerusalems fast vorbei war. Kurz nachdem Jeremia auf dem Wachhof seine letzten Prophezeiungen äußerte, hat König Zedekia versucht, sich mit seinen Haremsfrauen und seinem Hofstaat nach draußen zu schlagen. Weil nichts mehr zu essen da war. So hat er den Ausfall befohlen. Ich war mit dabei. Es gibt – nein: es gab – außerhalb der Stadt einen Garten des Königs; der Weg dorthin war von zwei Mauern geschützt. Natürlich war der Weg auch von Babyloniern bewacht, aber in der Nacht ist man unbemerkt doch ein ganzes Stück weit gekommen. Als wir schließlich entdeckt waren, haben unsere Soldaten versucht, den Weg mit ihren Waffen weiter zu bahnen. Bis ins Jordantal hinunter sind wir gekommen. So hat der König die Katastrophe der Stadt Jerusalem nicht ansehen müssen.

Ich will Ihnen ebenfalls die Details der Eroberung ersparen. Es ist halt nichts mehr übrig. Weder von der Stadt noch von unserem Heer. Das Hauptheer wurde am Jordan vollends zerschlagen. Der König wurde gefangen und ins Hauptquartier zu Nebukadnezar geschafft. Zedekia blieb am Leben, wie Jeremia es angesagt hatte. Aber wie! Die Prinzen hat man alle umgebracht vor Zedekias Augen, dann hat man ihm selbst die Augen ausgestochen, so dass das Letzte, was er in seinem Leben sah, seine sterbenden Söhne waren. Dann brachte man den Hofstaat und die Priesterschaft um. So mancher, dessen Namen Sie heute gehört haben, war darunter. Die Frauen wurden, wie man erwarten konnte, in die babylonischen Harems geschafft. Zedekia schaffte man ebenfalls nach Babel, und man hat gehört, er sei bald gestorben. Ein paar Botschaften gelangen ja doch immer noch von Babel nach Jerusalem und zurück.

Dann tat der babylonische Kommandeur seine Arbeit: Die Stadt wurde endgültig geplündert, geschleift und angezündet. Vor allem alles Metall, das Kupfer des Tempels, nahm man mit, das Gold und das Silber, alles heilige Gerät. König Salomo hatte ja für den Tempel zwei kupferne Säulen, sowie das so genannte kupferne Meer, die zwölf kupfernen Rinder, und die Opfergestelle herstellen lassen. Fast alles wurde zum Einschmelzen verwendet. Wer an Menschen noch lebte, entweder weil er übergelaufen war oder weil er vom einfachen Volk war, wurde abgeführt nach Babel. Auf dem Lande ließ man Weingärtner und Ackerbauern zurück, denn irgendjemand muss ja die Steuern zahlen.

Jeremia wurde verschont. Wusste Nebukadnezar, was Jeremia gepredigt hatte? Konnte man ihm ansehen, dass er die Jerusalemer Politik nicht unterstützt hatte? Jedenfalls hatte der babylonische Kommandeur den Befehl, Jeremia alle Wünsche zu erfüllen. Man holte ihn aus dem Wachhof unversehrt heraus. Man schaffte ihn dann nach Rama, und hätte ihn mit allen anderen nach Babel gebracht. Hätte. Denn Jeremia durfte sich sogar wünschen, im Land zu bleiben. Ich hatte wiederum Glück, dass ich sein Angestellter war.

Man setzte eine provisorische Regierung ein, und zwar in dem Städtchen Mizpa nordöstlich von Jerusalem. Die Leitung dieser Regierung bekam Gedalja übertragen. Gedalja gehörte sozusagen zu unserer Partei. Nebukadnezar hat wirklich gewusst, was in Jerusalem politisch los war und auf wen er sich einigermaßen verlassen kann, und wem er die Regierung übertragen muss. Es waren ab jetzt sowieso dauernd babylonische Beamte da, die jeden Schritt Gedaljas überwachten. Das hatte natürlich für „unsere" Partei Auswirkungen. Wir waren bestimmt keine Babylonierfreunde, aber wir waren die Realos. Unsere Politik sollte uns vor dem Schlimmsten bewahren, aber viele unserer jüdischen Brüder haben es uns als Verrat ausgelegt.

Gut. Wir trafen uns alle bei Gedalja in Mizpa wieder. Dann tauchten einige jüdische Offiziere wieder auf, die noch im Lande verstreut und versteckt waren. Sie hatten erfahren, dass nun Mizpa die Hauptstadt war. Sie hießen Jischmael, Jochanan und Jonatan, Seraja und Jaasanja. Man sagte den Babyloniern natürlich nicht, dass sie Offiziere waren. Dann kamen auch Volksangehörige, die ins Ausland geflohen waren, zurück. Es war wie ein Signal überallhin, dass ein Rest übrig geblieben war im Land, und alle wollten nun mitreden, und manche wollten sogar die Interessen der Nachbarkönige von Moab, Ammon und Edom vertreten.

Es kamen auch deshalb so viele, weil es in Mizpa eine sehr gute Ernte gab mit viel Wein und Sommerfrüchten.

Dann traf sich Jochanan vertraulich mit Gedalja und sagte zu ihm: Weißt du, was Jischmael in Wahrheit vorhat? Er hat von Baalisch, dem König von Ammon, den Auftrag, dass er dich erschlagen soll! Aber Gedalja war ein ehrenwerter Mann, und er wollte Verleumdungen keinen Raum geben. Doch Jochanan bohrte weiter: Von mir aus gehe ich zu Jischmael hin, ich erschlage ihn, bevor er dich erschlägt.

Von so etwas hielt Gedalja schon gar nichts. Er sagte zu Jochanan: Du sollst das nicht tun; es ist nicht wahr, was du von Jischmael sagst. So dass Jischmael, ein Offizier aus königlichem Stamm, ungehindert mit zehn Männern Gedalja aufsuchte, wo sie erst mit ihm Brotzeit machten, und ihn dann mit dem Schwert erschlugen, nur weil ihn der König von Babel über das Land gesetzt hatte. Und nicht nur Gedalja, sondern auch die anderen Angehörigen der provisorischen Regierung erschlugen sie. Und die babylonischen Beamten erschlugen sie dazu. Und dann kamen noch einige Pilger in Sack und Asche daher, die Buße taten für unser Land, und Jischmael erschlug sie auch noch, ich denke, weil er vermutete, sie würden Schlechtes über das Jerusalemer Königshaus denken. Er erschlug sie fast alle, nur ein paar sagten ihm, sie hätten in ihren Äckern Vorräte versteckt an Weizen, Gerste, Öl und Honig, und wenn er sie tötete, könnte niemand die Vorräte mehr finden, und das war ein Grund für ihn, mit dem Töten aufzuhören. Denn Vorräte sind zurzeit wertvoller als Menschenleben. Vielleicht hätte er am Ende Jeremia und mich auch noch getötet.

Sie merken das Problem. Für Leute wie Jischmael sind wir Verräter und Kollaborateure. Aber indem sie uns bestraft haben, haben sie doch wieder sich selbst bestraft.

Denn jetzt bekamen alle Angst vor den Babyloniern. Jischmael wollte uns alle ins Land Ammon verschleppen.

Doch es war ja noch Jochanan da. Das ist der, der Gedalja vergeblich gewarnt hatte. Auch er war Offizier und hatte seine Leute dabei. Er stoppte Jischmael. Wir liefen alle schleunigst zu Jochanan über, und Jischmael entkam mit acht Leuten über die Grenze nach Ammon. Es ist eine Schande, wie ein Volk, das völlig geschlagen ist, sich immer noch untereinander entzweit, und es erfüllt mich mit Schmerz, wie von den wenigen Übrigen die Besten sinnlos hingemordet wurden.

Jochanan übernahm nun die Führung, aber man floh nur noch, weil ja jederzeit wieder Babylonier auftauchen konnten. Wir gingen nach Süden und kamen nach Betlehem. Dort wollte man sich ausruhen, um dann weiter nach Ägypten zu ziehen.

Und jetzt ging man auf einmal wieder auf Jeremia zu. Sie wollten seinen Segen und sein Gebet für die Flucht haben. Sie sagten sogar, sie wollten alles tun, was er ihnen sagte.

Doch meinen Sie nicht, dass einem Propheten solche schlimmen Geschehnisse nichts ausmachen. Sie können selbst einen Propheten sprachlos machen. In diesen schweren Zeiten dauerte es zehn Tage, bis sich wieder Worte in Jeremias Mund einfanden. Erst dann sagte er – ich habe es mitgeschrieben:

Werdet ihr in diesem Lande bleiben, so will ich euch bauen und nicht einreißen; ich will euch pflanzen und nicht ausreißen. [42, 10]

Jeremia hat ihnen außerdem gesagt: Wenn ihr dennoch nach Ägypten wollt, so sollt ihr wissen, dass es egal ist, wo ihr seid, der Hunger, die Pest und das Schwert werden euch auch dort einholen.

Ich mache es kurz, obwohl Jeremia noch einmal sprudelte fast wie in alten Zeiten. Seine Worte hatten keinen Zweck, die Leute sind ihm *nicht* gefolgt. Entgegen ihrer Versprechung. Sondern sie sind ihrem eigenen Plan gefolgt, und der führte uns nach Ägypten hierher.

Und so frage ich mich am Ende: Was hat sie eigentlich gebracht, die Arbeit des Jeremia? Er hat alles angekündigt. Hat recht behalten. Der Prophet, der am Ende Recht hatte, ist der wahre Prophet. Deswegen gibt es heute ein Buch Jeremia und kein Buch Hananja. Aber was hat es gebracht? Hat es auch nur ein bisschen geändert? Ja, vielleicht. Die wenigen, die ihn gehört haben, waren nicht ganz so überrascht von den Ereignissen. Vor allem hat er einen Weg gewiesen, wie es nach der Katastrophe weitergehen kann. Er hat hingewiesen, was der falsche Weg ist, und hat denen in der Diaspora Mut gemacht, ihren Weg weiter zu gehen. Er hat einen anderen gerechten König angekündigt, und einen Neuen Bund mit Gott. Er ist ein Vorbild geworden, wie man den Menschen nicht nach dem Mund redet, sondern was Sache ist. Er hat sich nicht gescheut, einzureißen, wo alle blind gepflanzt haben, aber auch vorsichtig zu pflanzen, wo alles ausgerissen dagelegen hat.

Hat er etwas geändert? Jeremia hat nicht einmal ein Gottesbild hinterlassen, das alle späteren Generationen befriedigend finden werden. Aber man kann glaube ich doch verstehen, warum er vor allem einen strafenden Gott gepredigt hat. Wir alle fühlen uns nur noch gestraft nach dieser Katastrophe. Das ist der einzige Sinn, den wir der Sache noch abgewinnen können, sonst müssten wir ja sagen: Gott hat uns mutwillig diesen Schaden zugefügt. Aber seien Sie ehrlich, selbst wenn Sie an keinen strafenden Gott glauben sollten: Dass ein Volk sehenden Auges in die Hände der Babylonier gefallen ist, das war nun einmal die Konsequenz von Nationalstolz, von Bequemlichkeit, von Aberglauben oder von was auch immer gewesen. Wenn Jeremia also etwas geändert hat, dann hat er uns gelehrt, zu sehen, welche Konsequenz die Hybris des Menschen haben kann. Und wer es liest, möge nicht über uns lachen, sondern zusehen, dass er nicht selbst falle, und er möge Gott handeln lassen und nicht versuchen, selbst Gott zu sein.

Ach ja, ich verliere mich in Theorie.

Jeremia wollte im Land bleiben, alle anderen wollten nach Ägypten. So haben sie ihn gepackt, denn ohne Mann Gottes wollten sie nicht sein, und haben ihn gegen seinen Willen nach Ägypten geschleppt. Wir kennen das: Ägypten, die große Hoffnung. Lass mein Volk doch gehen, nur andersherum. Was mich betrifft, ich bin halt mitgegangen.

Jeremia hat hier noch einmal Briefe geschrieben, an die daheim und die in Babel, er hat wieder seine Worte ausgespuckt, die er im Mund nicht mehr halten konnte, gegen die Ägypter hat er den Angriff Nebukadnezars vorhergesagt und recht behalten, aber auch den Babyloniern hat er ihr Ende vorhergesagt und recht behalten. Seinem Volk hat er die Heimkehr vorhergesagt und recht behalten, aber davon weiß ich offiziell gar nichts, das wissen nur Sie, denn ich werde das alles nicht mehr erleben.

Ich bin einstweilen beschäftigt mit Sortieren, und befürchte, es wird ein bisschen durcheinander bleiben. Gut, dann haben spätere Theologen etwas, womit sie sich noch beschäftigen können. Die können dann an dem Jeremiabuch herumpuzzeln, ob sie eine gute Reihenfolge wieder hinkriegen. Und ich warte, ob es mir beschieden sein wird, meinen Meister noch einmal zu treffen, und ob ich einst heimkehre oder in Ägypten begraben sein werde.

Und Sie, seien Sie nicht böse, wenn ich jetzt meine Erzählung beende, bleiben Sie noch ein wenig, nehmen Sie wenigstens ein Häppchen, ich wünsche guten Appetit, *bete'avon!* – und gute Nacht, *layla tov!*

– ﬡﬡﬡﬡ –

Daniel und
die Makkabäer

Vorspeise

In Jerusalem

Erster Gang

In der Wüste

Zweiter Gang

In Jerusalem

Dessert

Requisit: Schriftrolle und Schreibrohr

In Jerusalem

Hanna erzählt

Damals, als Nebukadnezar König von Babel war, zog er her zu uns nach Jerusalem und belagerte die Stadt. Gott gab sie in Nebukadnezars Hand. Viele von uns wurden getötet, und viele gefangen geführt. Und Nebukadnezar ging in den Tempel von Jerusalem und nahm sich dort unsere Gefäße und Opferschalen. Er entweihte alles. Die Gefäße ließ er ins Land Babel bringen, in die Schatzkammer seiner Götter.

Seither leben wir zerstreut. Bis heute leben Israeliten dort in Babel, obwohl schon vier Jahrhunderte vergangen sind, und obwohl viele von uns wieder in die alte Heimat gekommen sind.

Damals aber befahl König Nebukadnezar seinem Oberkämmerer, er sollte einige von uns auswählen, und zwar Männer von edler Herkunft, jung, gesund, schön, begabt, also geeignet, um am Hof des Königs zu dienen. Man sollte ihnen Schrift und Sprache der Babylonier beibringen. Der König bestimmte sogar, was man ihnen täglich zu essen geben sollte, das Beste vom Tisch des Königs. Er wollte, dass sie gesund blieben. Sie sollten drei Jahre erzogen werden und danach dem König dienen. Unter diesen jungen Leuten waren Daniel, Hananja, Mischaël und Asarja.

Aber Daniel nahm sich vor, sich nicht zu verunreinigen durch die Speisen und den Wein des Königs. Denn vieles, was die Babylonier essen, ist uns unrein. Daniel ging zum Oberkämmerer, und bat ihn: Befreie uns doch von diesen Speisen des Königs. Er hatte zunächst Glück: Gott fügte es, dass der Oberkämmerer günstig gesinnt war.

Doch damit war das Problem nicht gelöst. Mit dem Oberkämmerer konnte man reden, aber auch er konnte ja nicht machen, was er wollte. Er sagte zu Daniel:

Ich fürchte mich selbst vor dem König. Er hat eure Speise und euren Trank bestimmt. Wenn ihr das nicht esst und nicht trinkt, wird er es merken. Denn ihr würdet stattdessen nur noch Gemüse und Wasser essen. Wie die gewöhnlichen Gefangenen. Aber man sieht es einem Menschen ja an, wenn er nur Gemüse isst. Oder? Wenn dann der König merkt, dass ihr schlechter aussent, so kostet *mich* das *meinen* Kopf. Und außerdem, wieso wollt ihr nicht essen, was der König isst? Andere würden euch darum beneiden!

Da musste Daniel dem Oberkämmerer erst einmal erklären, warum ein wahrer Israelit nicht essen will, was die Heiden essen.

Dann machte Daniel dem *Unter*kämmerer einen Vorschlag. Den Unterkämmerer hatte der Oberkämmerer eingesetzt. Das hatte den Vorteil, dass manches unter der Hand geregelt werden konnte. Der Oberkämmerer konnte dann dem König sagen: Ich habe nichts gewusst. Daniel schlug also dem Unterkämmerer vor:

Versuch's doch mit uns zehn Tage und lass uns Gemüse essen. Und dann schau dir an, wie wir aussehen; und danach kannst du immer noch entscheiden.

Der Unterkämmerer ging darauf ein und versuchte es mit ihnen zehn Tage.

Was meint ihr: Nach den zehn Tagen sahen die vier schöner und kräftiger aus als alle jungen Leute, die von den Speisen des Königs aßen. Da tat der Unterkämmerer die Speisen und den Trank des Königs endgültig weg und gab ihnen nur noch Gemüse.

Und Gott gab diesen vier jungen Leuten Einsicht und Verstand, sie wurden fähig, jede Art von Schrift zu lesen und Weisheit zu begreifen. Daniel aber verstand sich besonders auf Träume und Visionen jeder Art.

Dann kam der Tag, wo alle jungen Leute nach ihrer Ausbildung vor den König Nebukadnezar gebracht wurden. Der König redete mit ihnen, und keiner von all den jungen Männern war so klug wie Daniel, Hananja, Mischaël und Asarja. Der König stellte ihnen eine Frage nach der anderen.

Ich kann euch sagen, meine Freunde und Freundinnen, was der König feststellen musste: in allen Sachen, die er die vier fragte, waren sie zehnmal klüger und verständiger als alle Gelehrten und Zeichendeuter und Weisen in seinem ganzen Reich!

Da wurden sie zu Dienern des Königs.

Amos erzählt

Liebe Gäste,

willkommen in Jerusalem. Darf ich vorstellen? Sie haben hier eine der weisen Frauen Israels vor sich. Hanna ist ihr Name. Sie kennt die Geschichten unseres Volks.

Denken Sie nicht, dass Hanna ein Bücherwurm ist. *Wir* kennen unsere Geschichten vom Erzählen. Ich selbst gehöre durchaus zu den Verfechtern des Aufschreibens. Man muss aufpassen, dass das Wissen einer Hanna nicht verlorengeht in solch unruhigen Zeiten wie den unseren. Hanna, da ich schreiben kann, musst du mir das alles bald einmal diktieren. Wie lange werden die Kinder Israels noch wissen, wer sie sind?

Es gibt jetzt schon so viele, die nichts Jüdisches mehr wollen, sondern nur noch Griechisches. Griechisch essen gehen. Griechische Spiele und Olympiaden. Griechische Komödie und Tragödie. Griechische *Götter* am Ende wie Zeus und Hera und ihre ganze große Familie. Schauen Sie sich nur um in den griechischen Gasthäusern! Da gibt es nicht nur unreine Kalamares und Souvlaki, da stehen auch gleich die Götterstatuen herum. Die nackten. Wie kann man nur so seine Scham vor allem verloren haben.

Wie gut, dass Hanna die Geschichten von Daniel noch kennt. Haben Sie es gemerkt? Die Geschichte hat genau gepasst. Daniel ist *nicht* mit den Heiden essen gegangen. Er – und seine Freunde – sind trotzdem gesund geblieben, ja gesünder und klüger als die anderen. Nicht alles, was neu ist, ist das Bessere. Egal ob babylonisch der griechisch.

Und Gott hat ihnen einen Ausweg geschenkt.

So. Jetzt bin ich fast politisch geworden. Aber das ist kaum anders möglich in unseren Zeiten, wo alles griechisch sein will.

Viele legen sich Namen zu, die mit –os aufhören, weil das griechisch klingt. In Athen heißt der Präsident: Pavlopoulos. In Leverkusen heißt der Panaiotis: Retsos. Und sogar die Vicky heißt: Leandros. *Unser* derzeitiger König in Antakya nennt sich Antiochos, obwohl er König von Syrien und Palästina ist. Da hat es in unserer Geschichte nie Griechen gegeben, und nun das! Der einzige vermeintliche Grieche, der hier einmal war, Alexander, war gar keiner, er war Makedone. Er war hier, als er alles erobert hat. Aber das ist lange vorbei. Unser König Antiochos ist ein Orientale wie wir alle, aber er trägt einen griechischen Namen. Wir könnten so schön aramäisch miteinander reden, oder noch besser hebräisch!

Nun will ich Ihnen ein paar Sachen erklären, die Sie für heute Abend wissen müssen.

Zunächst mal darf ich mich selbst vorstellen. Gestatten, Amos. Eigentlich Amasja, zu deutsch: Gott trägt. Mein

Name ist Programm. Gott trägt. Amos ist der Spitzname. Warum ein Spitzname? Weil er griechisch klingt, obwohl es ein echt hebräischer Name ist.

Wie? Werden Sie fragen. Warum hat er das nötig? Er mag doch die Griechen nicht? Ich muss zugeben, in meinem Beruf ist es gut, nicht aufzufallen. Ich bin Händler und habe Verbindungen in der ganzen Welt. Aber das ist nicht alles... bitte noch nicht weitersagen: nebenbei halte ich für mein Volk überall auch Augen und Ohren offen, und ich knüpfe Kontakte. Zuletzt war ich in Rom zum Beispiel, und traf dort... hm, das ist aber nicht spruchreif.

Soviel zu meiner Person. Nun zu meinem Volk Israel und zu Jerusalem. Wir sind also von Griechen und Pseudogriechen umgeben. Schon lange haben wir keine echte Autonomie mehr, eben seit vierhundert Jahren, seit Nebukadnezar damals – Sie haben es gehört.

*Seither gab es vier Weltreiche, ich will Ihnen das mal zeigen. Es kamen damals also zuerst die Babylonier an die Weltmacht. Später dann die Perser. Und dann kam als dritter Alexander, der Makedone, und hat wieder alles erobert, auch wieder unser Israel mit dazu. Nach Alexander kamen seine Generäle an die Macht. Einer von ihnen gewann das syrische Gebiet um Antakya herum, auch uns dazu. Er hieß Seleukos – auch mit –os, wie Sie hören. Von ihm stammt die Dynastie der Seleukiden ab. Die sind jetzt unsere vierte Fremdherrschaft in Israel.°

Der jetzige Fremdherrscher ist König Antiochos IV. Er beherrscht uns von Antakya aus, das ist im Norden.

Ganze griechische Städte haben sie hier gebaut, es gibt jetzt ein Skythopolis, ein Sebaste, ein Neapolis. Und das wirkt sich natürlich aus. Heiden und Soldaten wohnen da mitten in unserem Land. Sie locken uns, und sie drohen uns, wir sollen so werden wie sie. Sie meinen, alles Heil käme vom Griechentum. Oder sie meinen, sie könnten unser Land nur regieren, wenn es eine Einheitskultur gäbe, oder so etwas. Hellenismus nennen sie das.

Das Schlimmste ist: wir haben im Tempel Israels einen hellenistischen Hohenpriester. Menelaos heißt er. Gottes Gebot ist ihm egal, er stammt nicht einmal aus einer Priesterfamilie. Ihm geht es um das Geld, das er verdient.

Wissen Sie, was das heißt? Wir sind nicht mehr wir selber. Unser Glaube nicht mehr derselbe. „Höre *Israel*, *ich*, *Jahwe*, bin dein Gott, ich bin *einer*, ich bin der, der dich aus Ägyptenland geführt hat". Die Griechen aber haben so viele Götter. Und manche meinen sogar, Jahwe wäre so etwas Ähnliches wie Zeus – was für ein Gedanke!

Wie soll man sich da trösten? Ich tröste mich, wann immer ich nach Jerusalem heimkomme, indem ich hier vorbeischaue bei Hanna. Hier weiß man noch, was Israel ist. Abgesehen davon, dass hier auch gut gekocht wird.

In diesem Haus treffen sich auch Männer, die zu vielem bereit sind. Man wird sich nicht alles gefallen lassen. Mattatias ist so einer, mit seinen fünf Söhnen. Aber gerade von ihm sollte ich vorerst nichts erzählen. Auch die Griechen haben überall Ohren.

Lieber will ich mit Ihnen noch einmal Hanna zuhören, was sie von Daniel erzählen kann. Da gibt es Geschichten, die nicht einmal ich gekannt habe. Wetten, Sie auch nicht? Kein Wunder, bei so alten Geschichten. Erzähl doch, Hanna, von der Frau, bei der man sich *damals* getroffen hat mitten in einer heidnischen Stadt.

Hanna

In Babylon wohnte Susanna, die war sehr schön und gottesfürchtig. Sie war die Frau eines sehr reichen Mannes; sie besaßen bei ihrem Haus einen großen Garten, mitten in der Stadt.

Die Juden pflegten hier zusammenzukommen. Auch zwei jüdische Richter kamen regelmäßig ins Haus der Susanna und ihres Mannes. Wenn es eine Rechtssache gab, besprach man sie hier mit ihnen. Hatten sich dann die Leute um die Mittagszeit wieder entfernt, dann ging Susanna im Garten spazieren. Die beiden Richter sahen sie täglich umhergehen. Da regte sich in ihnen die Begierde nach ihr. Ihre Gedanken gerieten auf Abwege, ihre Augen gingen in die Irre. Sie sahen nicht mehr zum Himmel auf, noch dachten sie an die Konsequenzen, die Gott vorgesehen hat.

Das heißt: beide hatten Liebeskummer wegen Susanna. Sie sprachen nicht darüber, denn sie schämten sich, so begierig nach ihr zu sein. Aber ungeduldig warteten sie jeden Tag, sie zu sehen. Eines Tages sagte der eine zum andern: Gehen wir nach Hause, es ist Zeit zum Essen. Sie trennten sich also und gingen weg, dann aber kehrte jeder um und sie trafen wieder zusammen.

Was, wieso bist du wiedergekommen? fragten sie einander. Und sie gestanden einander ihre Leidenschaft. Daraufhin beschlossen sie, miteinander auf eine Gelegenheit zu warten, Susanna allein anzutreffen.

Bald war es soweit: Susanna kam in den Garten, nur von zwei Mädchen begleitet, und wollte baden; denn es war heiß. Niemand war dort. Nur die beiden Männer, die sich versteckt hatten und ihr auflauerten. Susanna sagte den Mädchen: Holt mir Öl und Salben und verriegelt das Gartentor, damit ich baden kann. Das taten sie.

Als die Mädchen weg waren, sprangen die beiden Männer aus ihrem Versteck, liefen zu Susanna hin und sagten: Das Gartentor ist verschlossen und niemand sieht uns. Wir brennen vor Verlangen nach dir: Sei uns zu Willen und gib dich uns hin! Wenn du dich weigerst, dann werden wir zu zweit aussagen, dass ein junger Mann bei dir war, um mit dir die Ehe zu brechen. Du weißt, dass das deinen Tod bedeuten würde.

Da seufzte Susanna. Sie sagte: Ihr bedrängt mich von allen Seiten: Wenn ich mich euch nicht hingebe, so bringt ihr mich zu Tode; im anderen Fall missbraucht ihr mich. Aber es ist besser für mich, zu sterben, als euch in die Hände zu fallen, und gegen den Herrn zu sündigen.

Dann schrie Susanna, so laut sie konnte. Aber zugleich mit ihr schrien auch die beiden Richter, und einer von ihnen lief zum Gartentor und öffnete es. Als die beiden Mädchen und alle anderen Leute im Haus das Geschrei hörten, eilten sie herbei, um zu sehen, was vorgefallen sei.

Die Richter erzählten ihre Version: dass sie Susanna mit einem jungen Mann ertappt hätten. Die Mädchen, die das hörten, schämten sich sehr; denn noch nie war so etwas über Susanna gesagt worden. Sie selbst weinte, und sie blickte zum Himmel auf; im Herzen vertraute sie dem Herrn.

Am nächsten Morgen kam der Volksrat zusammen, und es erschienen auch die beiden Richter. Sie ließen Susanna herbeiholen. Sie war anmutig und sehr schön. Sie war aber verschleiert. Um sich an ihrer Schönheit zu weiden, befahlen die Gewissenlosen, sie zu entschleiern. Vor dem ganzen Volk standen nun die beiden Richter auf und legten die Hände auf den Kopf Susannas.

Sie brachten ihre Version noch einmal vor.

Wir, so sagten sie, waren gerade in einer abgelegenen Ecke des Gartens; als wir aber die Sünde sahen, eilten wir zu ihnen hin. Den Mann konnten wir nicht festhalten; er öffnete das Tor und entkam. Susanna wollte uns nicht verraten, wer es war. Das alles können wir zwei bezeugen.

Die versammelte Gemeinde glaubte ihnen, und man verurteilte Susanna zum Tod. Da rief sie laut: Ewiger Gott, du kennst auch das Verborgene; du weißt dass ich jetzt sterben muss, obwohl ich mir nichts vorzuwerfen habe.

Gott erhörte ihr Rufen. Gottes Geist wurde wach in einem jungen Mann aus der jüdischen Gemeinde, der mit dabei war. Es war Daniel.

Daniel rief laut: Ich will mit dieser Hinrichtung nichts zu tun haben.
Da fragten sie ihn: Was soll das heißen?
Er sagte: Seid ihr so dumm? Ohne Verhör und ohne Prüfung der Beweise habt ihr eine Tochter Israels verurteilt. Kehrt zurück zum Gericht! Trennt diese beiden Zeugen, bringt sie weit auseinander! Ich will sie hören.

Man trennte die beiden Richter.

Dann rief Daniel einen von ihnen her. Er fragte ihn:
Wenn du diese Frau wirklich beim Ehebruch gesehen hast, dann sag uns: Was für ein Baum war das, unter dem du die beiden zusammen gesehen hast?
Er antwortete: Unter jener Zeder.
Dann ließ Daniel den andern vorführen. Er fragte auch ihn:
Nun sag mir: Was für ein Baum war das, unter dem du die beiden ertappt hast?
Er antwortete: Unter jener Eiche.
Da sagte Daniel: Mit eurer Lüge habt ihr euer eigenes Haupt getroffen. Euch hat die Schönheit verführt, die Leidenschaft hat euer Herz verdorben.

Da schrie die ganze Gemeinde auf und pries Gott, der alle rettet, die auf ihn hoffen. Dann wandten sie sich gegen die beiden Richter. Die Todesstrafe traf nun sie selbst nach dem Gesetz des Mose. So wurde an jenem Tag unschuldiges Blut gerettet.

Daniel aber gewann beim Volk großes Ansehen.

Amos

Hanna, meine Schwester, was für eine gute Geschichte! Daniel hat ja wirklich etwas gelernt in seiner babylonischen Ausbildung! Und das Herz hatten sie alle beide am rechten Fleck, Susanna und Daniel. So furchtlos! Solche Menschen brauchen wir im Volk Gottes.

*Gibt es da nicht noch mehr zu erzählen? Vielleicht auch etwas Appetitanregendes? Nicht nur mit Gemüse und so?

Hanna

Da gibt es auch die Geschichte mit den Bel-Priestern. Da war in Babel ein Bild des Gottes Bel. Man brachte dem *Bild* täglich kiloweise Speisen aus Feinmehl, Fleisch und Fisch, dazu krügeweise Wein. Auch der König verehrte dieses Bild. Daniel aber betete seinen eigenen Gott an.

Der König fragte ihn: Warum betest du Bel nicht an? Er gab zur Antwort: Ich verehre keine Standbilder, die von Menschen gemacht worden sind, sondern nur den lebendigen Gott, der den Himmel und die Erde erschaffen hat und die Herrschaft besitzt über alles, was lebt. Der König war erstaunt: Du meinst also, Bel sei kein lebendiger Gott? Siehst du nicht, welche *Mengen* er Tag für Tag isst und trinkt?

Da lachte Daniel und sagte: Lass dich nicht täuschen, König! Dieser Bel ist innen aus Lehm und außen aus Bronze; er hat niemals gegessen oder getrunken.

Da wurde der König zornig. Warum? Wenn man verunsichert ist, wird man zornig. Er wusste nicht, wer ihn zum Narren hielt.

Er rief die Priester des Bel herbei. Es waren siebzig Priester, nicht gerechnet ihre Frauen und Kinder. Und der

König sagte ihnen: Ihr oder Daniel: Derjenige von euch, der mir die Unwahrheit sagt, soll sterben. Denn entweder habt ihr mich betrogen, oder Daniel hat Bel gelästert!

Der König ging nun mit allen in den Tempel des Bel. Die Priester sagten: Wir gehen jetzt hinaus. Trag du, König, heute die Speisen auf, mische Mehl und Fisch zu einem köstlichen Gericht, hole den Wein und stell alles hin! Verschließ die Tür und versiegle sie mit deinem Ring! Und komm morgen früh wieder. Wenn bis dahin Bel nicht alles verzehrt hat, dann wollen *wir* sterben, andernfalls aber *Daniel*, der uns verleumdet hat. Sie waren unbesorgt, und sie gingen hinaus.

Nun trug der König persönlich die Speisen für Bel auf. Daniel aber streute nebenbei Asche auf den ganzen Boden des Tempels. Dann gingen beide hinaus, verschlossen die Tür, und der König versiegelte sie mit seinem Ring.

Früh am Morgen ging der König wieder mit Daniel zum Tempel des Bel. Der König fragte: Sind die Siegel unversehrt, Daniel? Er antwortete: Sie sind unversehrt, mein König. Niemand ist heute Nacht durch diese Tür in den Tempel gegangen. Kaum hatten sie das Portal geöffnet, schaute der König zum Opfertisch, und sah, dass alles aufgegessen war. Er rief laut: Groß bist du, Bel! Bei dir gibt es nie einen Betrug.

Der König wollte zum Götterbild hinlaufen. Doch Daniel hinderte ihn daran. Er lachte und sagte: Schau dir doch den Fußboden an und prüfe, von wem die Fußspuren sind, die sich da in der Asche abzeichnen.

Der König schaute genau hin, dann sagte er: Ich sehe Fußspuren von Männern, Frauen und Kindern. Beide folgten nun diesen Spuren. Sie führten zu einer Wand und verschwanden unter ihr! Das heißt, hier war eine Geheimtür, und ihr Mechanismus war schnell entdeckt. Hinter der Tür fanden sie die Wohnungen der Priester und ihrer Familien. Der König wurde zornig und ließ die Priester mit ihren Frauen und Kindern festnehmen. Sie mussten ihre Füße zeigen, die noch voll Asche waren. Sie mussten zugeben, wie sie nachts heimlich hereingekommen waren, um das, was auf dem Tisch stand, zu verzehren.

Darauf ließ sie der König bestrafen. Das Götterbild aber übergab er Daniel. Und Daniel zerstörte das Bild und das ganze Heiligtum.

Amos

Wie klug er wirklich war, der Daniel. Das kam daher, dass er von vorneherein wusste, dass es nur den einen lebendigen Gott gibt. Und wie er dann schon wieder die Betrüger überführt hat. Ein Detektiv!°

Es stimmt schon, was der weise Salomon gemeint hat: Alle Weisheit beginnt mit dem Glauben an Gott. Schade, dass man das im Alltag manchmal vergisst.

Liebe Gäste, jetzt sind Sie vielleicht schon ganz hungrig geworden. Aber so ist es bei uns. Wir warten mit dem Essen, wir erzählen unsere Geschichten. Doch essen wir nun etwas, wer weiß, wie lange es uns gut gehen wird. Denn vergessen wir nicht, es sind nicht alles Freunde hier in Israel, wir sind umringt von Skrupellosen. Ja, das solltest du, Hanna auch noch erzählen von Daniel, wie er angekündigt hat, dass Königreiche erschüttert werden...

Hanna

Halt, Amos, das können wir uns für später aufheben. Jetzt sättigt euch erst mal: Gesegnete Mahlzeit!

– ℵ ℵ ℵ ℵ –

In der Wüste

L **Amos**
iebe Gäste,

soll ich wieder sagen willkommen? In so einem staubigen Versteck diesmal? Nun, willkommen, wenn auch diesmal in der Wüste. Ich bin froh, Sie wieder anzutreffen. Drei Jahre sind ja vergangen. Aber entschuldigen Sie, dass Sie es nun hier in der Wüste in unserem Versteck aushalten müssen. Wer weiß wie lange noch.

Und ich muss Sie bitten: Vermeiden Sie lautes Rufen, wirbeln Sie keinen Sand auf, bleiben Sie alarmbereit. Wenn wir angegriffen werden und die Waffen ziehen, suchen Sie bitte Deckung hinter den Felsen. Die Wurfspieße der Griechen sind tödlich. Wenn wir bei einem Angriff wegrennen, zerstreuen Sie sich bitte in alle Winde, so überleben wenigstens einige. Lassen Sie sich von unseren Geschichten auch nicht ablenken, achten Sie ständig auf Ihre Umgebung, und zeigen Sie Verdächtiges sofort an, indem sie – leise – mit einem Kleidungsstück winken.

Aber unter Beachtung dieser Verhaltensregeln dürfen Sie nun gern wieder Hanna zuhören. Hanna erinnert uns mit ihren Geschichten daran, wofür wir kämpfen. Denn sonst könnte man schon manchmal den Mut verlieren, umzingelt von Feinden in der Wüste. Hanna, erzähl doch!

Hanna

Als Belschazar König von Babylon war, machte er ein herrliches Mahl für seine Oberen Zehntausend und soff sich voll, gemeinsam mit ihnen. Belschazar wollte seine Macht demonstrieren mit diesem Fest.

Als er betrunken war, ließ er die goldenen und silbernen Gefäße herbringen, die man früher aus dem Tempel Jerusalems geraubt hatte. Belschazar wollte sich aus den heiligen Gefäßen noch mehr betrinken. Alles wurde hergebracht, und der König trank daraus, ebenso seine Mächtigen, seine Frauen und Nebenfrauen. Sie schändeten damit nicht nur die heiligen Gefäße, sie feierten dabei auch noch ihre Götter, die goldenen und silbernen, die eisernen, hölzernen und steinernen. Die Gefangenen Israels, die als Bedienstete dabei standen, senkten ihre Augen vor Scham.

Aber es geschah etwas. Es erschienen Finger wie von einer Menschenhand. Die Finger schrieben auf die getünchte Wand in dem königlichen Saal, an einer Stelle gegenüber dem Kronleuchter. Und der König erblickte die Hand, die da schrieb. Da verlor der König seine Farbe, er war wie gelähmt und die Beine zitterten ihm.

Und Belschazar rief laut, man solle die Weisen, Gelehrten und Wahrsager Babels herbeiholen. Und er ließ ihnen sagen: Wer diese Schrift lesen kann und wer mir sagt, was sie bedeutet, der soll in Purpur gekleidet werden und eine goldene Kette um den Hals tragen und der Drittmächtigste in meinem Königreich sein.

Man sieht, wozu ein König bereit ist, der Angst hat.

Es wurden nun alle Gelehrten hereingeführt. Aber sie konnten die Schrift nicht einmal lesen, geschweige denn sagen, was sie bedeutete. Darüber erschrak der König noch mehr. Er verlor seine Farbe ganz.

Nun war aber auch die Königinmutter da, und sie erhob ihre Stimme: Der König lebe ewig! sagte sie. Lass dich nicht so erschrecken und verlier nicht deine Farbe! Es gibt einen Mann in deinem Königreich, der hat den Geist der heiligen Götter. Als dein Vater noch lebte – und bei diesen Worten seufzte die Königinmutter – als dein Vater noch lebte, hat man die Erleuchtung und Klugheit dieses Mannes erlebt. Als ob er sie von den Göttern hat. Er heißt Daniel. Den rufe man her; der wird sagen, was es bedeutet.

Daniel wurde vor den König geführt. Der König sprach ihn an: Ich habe von dir sagen hören, dass du den Geist der heiligen Götter hast. Stimmt das? Daniel antwortete: Es stimmt, dass Gott sich erbarmt derer, die ihn fürchten. Der König fuhr fort: Da ist diese Schrift an der Wand. Meine Weisen und Gelehrten können mir nicht sagen, was sie bedeutet, obwohl sie dafür zuständig sind. Wenn du es kannst, so sollst du mit Purpur gekleidet werden und eine goldene Kette um deinen Hals tragen und der Dritte in meinem Königreich sein.

Daniel sagte zu sich selbst: Da sieht man, wozu Könige bereit sind, wenn sie Angst haben. Laut sagte er, mit einer Verbeugung: Behalte deine Gaben oder gib sie einem andern. Aber die Schrift will ich gern lesen und deuten. Mein König, Belschazar, du bist kein demütiger König, obwohl du es besser wissen könntest. Du hast dich gegen den Gott des Himmels erhoben. Die Gefäße *seines* Tempels hast du dir bringen lassen, und ihr habt daraus getrunken; dabei habt ihr eure Götter aus Holz und Stein gefeiert. Den Gott aber, der dir deinen Atem gegeben hat und der deine Wege in seiner Hand hat, den hast du nicht verehrt.

Belschazar wurde ungeduldig: Was redest du? Ich habe dich gerufen, die Schrift zu lesen, nicht aber, mir Vorwürfe zu machen. Weißt du, wer du bist? Daniel ließ sich nicht beirren und fuhr fort: Darum wurde von Gott diese Hand gesandt und diese Schrift. Ich lese sie jetzt vor. Da steht: Mené mené tekél u-farsín. Und das bedeutet:

Mené, das ist, deine Jahre der Herrschaft sind *ausgezählt*. Tekél, das ist, deinen Untaten *wiegen* zu schwer. Farsîn, das kann man alternativ lesen als ferés – dann heißt es, dein Reich wird *zerteilt*. Oder als *farsí* – dann heißt es: dein Reich wird den *Persern* gegeben.

196

Belschazar war begeistert. Er befahl, dass man Daniel in Purpur kleiden sollte und ihm eine goldene Kette um den Hals geben. Er scheint vor Begeisterung und in seinem Zustand nicht wirklich gemerkt zu haben, um was es ging. Denn in derselben Nacht wurde Belschazar, der König von Babel, getötet. Ihr wisst ja, dass es so war. Dass zuerst die Meder kamen und dann die Perser und alles eroberten. Oder wie war das? Ach, ich weiß es ja nicht so genau. Jedenfalls hat Daniel mit seiner Deutung der Schrift an der Wand Recht behalten. Gott lässt sich nicht spotten.

Amos

Hanna, wie sehr hat es mir deine Geschichte wieder angetan. Sie tröstet mich. Was Daniel erlebte, gibt mir das Gefühl, dass Gottes Recht nicht vergeht. Keiner darf sich an den heiligen Dingen Gottes vergreifen. Keinem wird es gelingen, unserem guten Gottesdienst Schaden zuzufügen. Denn so viele tun das in unserer Zeit. Schon wieder wurden unsere heiligsten Dinge geschändet. Ich muss Ihnen das auch erzählen, obwohl es unangenehm ist. Aber dann verstehen Sie, warum Hannas Geschichte mich so tröstet.

Sie erinnern sich, als wir uns vor drei Jahren in Jerusalem gesehen haben. Da hatte ich geklagt, wie griechisch unser Land geworden war. Danach ist die Situation gekippt. Ich war zwar die ganze Zeit auf Reisen, auch wieder in Rom. Das war mein Glück, denn sonst lebte ich vielleicht nicht mehr. So viele Brüder und Schwestern waren tot, als ich wiederkam.

Das war so: Unser König Antiochos war zweimal gegen Ägypten in den Krieg gezogen und hatte eine bittere Niederlage erlitten. Denn Rom hatte Ägypten beschützt. Stellen Sie sich das vor: Ein kleiner römischer Beamter kommt nach Ägypten, geht mitten ins Heerlager des Antiochos, zum König, stellt sich vor ihm auf, sagt ihm:

Geh heim, geh weg aus Ägypten, wenn du nicht Krieg mit Rom haben willst.

Der Beamte malt einen Kreis auf den Boden, so mit einem Stecken, einen Kreis um den König herum. Und sagt zu ihm: Ich will deine Antwort haben, noch bevor du diese Kreislinie überschreitest.

Antiochos musste sich geschlagen geben, war tief gedemütigt, musste heimziehen nach Norden mit seinem ganzen Heer. Sie verstehen jetzt, warum auch wir an den Römern interessiert sind. Weil sie stärker sind als unser schlimmer König.

Nur: als dieser schlimme König heim wollte, musste er an Jerusalem vorbei. Als er unsere schöne Stadt sah, kam sein ganzer Zorn hoch. Er ließ die Wut an uns aus. Aber *wie*! Er hat viele umgebracht. Er hat wertvolle Opfergefäße aus dem Tempel geholt. Und ist wieder verschwunden. In Ägypten war er total erniedrigt worden von einem römischen Beamten. In Jerusalem konnte er Stärke zeigen.

Vielleicht war ihm unser schönes Jerusalem auch unbequem. Wir waren ja ein Unruheherd. Die griechische Partei, die antigriechische Partei. Manche standen hinter dem König, manche suchten sich andere Verbündete. Ich zum Beispiel. Viele wollten sich einfach nur bereichern. Der Hohepriester hat – das darf man fast nicht aussprechen – hat heilige Gefäße aus dem Tempel verkauft, um an Geld zu kommen! Möge auf ihn dieselbe Strafe kommen wie auf Belschazar! Außerdem gab es Gerüchte, dass Geld aus dem Tempel nach Ägypten geschafft werden sollte. Der König hat gemeint, er könnte Jerusalem zum Schweigen bringen, indem er uns tötet und den Tempel entheiligt und zeigt, wie stark er ist. Aber er hatte nur scheinbar Erfolg. Als er verschwunden ist, sind wir wieder aus den Löchern hervorgekrochen.

Deshalb fand ich Hannas Geschichte von Belschazar so gut. Die zeigt uns ganz klar, wie es einem geht, der die Gefäße aus dem Tempel schändet.

Aber das war nicht alles. Im Jahr darauf hat der König Geld gebraucht, hat wieder seine Leute geschickt, hat uns ausplündern lassen. Eine ganz reguläre Steuereintreibung haben sie das genannt.

Und dann ist er noch einmal gekommen. Das war das Schlimmste. Diesmal hat er wirklich gemeint, er bräuchte die Einheitsreligion aller Griechen. Er müsste alles beseitigen, was jüdisch ist. Er hat unseren Tempel vollends verwüstet. Der Hohepriester, Menelaos, hat nichts dagegen getan. Aber mehr noch. Ein Gräuel. Der König hat *sein* Götterbild im Tempel aufgestellt. Und er hat... er hat... Schweine geopfert im heiligen Tempel. Welch Gräuel!

Ich habe das alles nicht gesehen. Ich war auf Reisen. Als ich wieder nach Jerusalem kam, habe ich mir das nicht angeschaut. Ich bin direkt hierher geflüchtet und habe in der Wüste meine Gefährten getroffen.

Die ganze Verwüstung geschah ja nicht nur in Jerusalem. Im ganzen Land tauchten Beamte auf. Sie veranstalteten Götzendienste und jeder Jude sollte teilnehmen. Alle Gebote Gottes wurden verboten. Eine Mutter, die ihren kleinen Sohn beschneiden ließ, wurde aufgehängt, und das Kind dazu.

So war es auch in der Stadt, wo Mattatias wohnte. Sie erinnern sich vielleicht, ich habe ihn einmal erwähnt unter den Treuen. Der mit den fünf Söhnen. Die Beamten kamen, und alle mussten sich vor einem heidnischen Opferaltar versammeln. Jeder sollte eine Opfergabe darauf legen. Mattatias, weil er angesehen war, sollte als erster dem Götzen opfern. Dann würden es die anderen Juden leichter nachmachen.

Mattatias tat es nicht. Er stand schweigend und bebend. Sein Zorn wuchs.

Dann kam ein anderer Jude, der wollte opfern. Er hatte Angst um sich und seine Familie. Da konnte sich Mattatias nicht mehr halten. Er schlug den Mann zusammen. Er nahm ein Messer. Er tötete ihn. Er tötete auch den Beamten des Königs.

Dann nahm er seine Familie, Frau und fünf Söhne, ließ alles zurück, und floh. In die Wüste eben. Und viele machten es genauso. Manche Schriftgelehrte kamen mit. Die Essener kamen mit. Hanna kam mit. Ich bin auch gekommen. Aber meinen Sie nicht, hier wären wir richtig in Sicherheit. Tausend sind schon aufgespürt und umgebracht worden von den Soldaten des Königs.

*Allerdings hätte das vielleicht nicht sein müssen.

Da muss ich Ihnen etwas erklären. Die ganz Treuen, die sich restlos ans Gebot halten, *die* sind die Getöteten. Sie haben nämlich den Sabbat eingehalten. Am Sabbat wird nicht gekämpft, kein Finger wird gerührt, kein Steinchen geworfen. Sie sind auch nicht weiter gelaufen als erlaubt ist. Sie wurden in der Wüste und in den Höhlen Judas aufgespürt und getötet.

Wir bewundern sie für ihre Treue. Aber Mattatias und die Seinen haben gesehen, dass es der Untergang wäre, weiterhin so den Sabbat einzuhalten. Also haben sie *ein* Gebot übertreten, um *alle anderen* Gebote zu retten. Sonst wäre niemand mehr geblieben, der die Gebote hätte einhalten können. Sie haben also auch am Sabbat gekämpft. Bei solchen Leuten komme auch ich nun unter.°

Hier in der Wüste geschehen zwei Dinge.

Erstens, hier findet ein Guerillakrieg statt, wo unsere Leute alles geben. Sie haben nichts zu verlieren, es geht um alles. Auch kennen sie jeden Unterschlupf und jeden

Hinterhalt. Die Soldaten des Hauptmanns Gorgias kennen sie nicht. Man hat sie in die Flucht geschlagen. Auch die Leute von Nikanor dem Griechen sind besiegt. Man fürchtet uns inzwischen.

Zweitens, hier sind Menschen wie Mattatias oder Hanna, die wissen, was Israel ist. Sie erzählen uns, wie man lebt. Wie man durchhalten kann. Wie man Gott vertraut. Sie erzählen einfach, wie es immer gewesen ist. Sie erzählen von David, von Kaleb, von Elia, und eben von Daniel.

Und das tröstet und bestärkt uns. Auch die Geschichte von Belschazar, ich habe es ja schon gesagt. Sie lässt mich wieder an Gerechtigkeit glauben. Auch gegenüber dem bösen König Antiochos wird wieder Gerechtigkeit einkehren. Niemand auf der Welt kann sich ständige Gotteslästerung erlauben. Weder Belschazar mit seinem lästerlichen Trinkgelage, noch Antiochos mit seinem Götzenbild und seinen Schweinen in unserem heiligen Tempel!

Und ich weiß, wo*für* ich durchhalte hier in der Wüste.

*Hanna

Damals, als Nebukadnezar noch lebte und noch König war, ließ er ein goldenes Bild machen. 20 m hoch und 2 m breit. Er ließ es in Babel aufrichten. Und er ließ die Fürsten und Würdenträger holen, Statthalter, Richter, Schatzmeister, Amtsleute und alle Mächtigen. Sie sollten zusammenkommen, um das Bild zu weihen, das der König hatte machen lassen.

Da kamen sie alle zusammen. Es wurde befohlen, sich niederzuwerfen, sobald Musik ertönte, und das goldene Bild anzubeten. Es hieß: Wer nicht niederfällt und anbetet, der soll sofort in den glühenden Ofen geworfen werden. Dann ertönte Musik von Posaunen, Trompeten, Harfen,

Zithern, Flöten, und alle Leute fielen nieder und beteten das goldene Bild an.

Dann kamen einige Babylonier und verklagten die Juden. Sie verneigten sich vor dem König Nebukadnezar und sagten: Der König lebe ewig! Du hast den Befehl ergehen lassen, dass alle Menschen niederfallen und das goldene Bild anbeten sollten. Wer es aber nicht tat, sollte in den glühenden Ofen geworfen werden. Warum sind dann Hananja, Mischaël und Asarja noch am Leben, warum brennen sie nicht im Ofen, obwohl sie dich verachten und deinen Gott nicht anbeten?

Da wurde Nebukadnezar grimmig und zornig: Was, sie haben das Bild nicht angebetet? Hananja, Mischaël und Asarja ließ er vor sich bringen. Wir wissen ja, das waren die drei Freunde Daniels. Und Nebukadnezar sagte zu ihnen: Wie? Wollt ihr meinen Gott nicht ehren? Wohlan, seid bereit! Sobald ihr die Musik hört, fallt auch ihr nieder und betet das Bild an! Da ergriff einer der drei das Wort: Tue, was du meinst, König. Wenn unser Gott, den wir verehren, es will, so kann er uns erretten. Auch aus dem glühenden Ofen und aus deiner Hand, o König, kann er erretten. Und wenn Gott uns *nicht* retten will, so sollst du dennoch wissen, dass wir dein goldenes Bild nicht anbeten werden.

Nebukadnezars Gesicht verwandelte sich völlig. Er schrie, man solle den Ofen siebenmal heißer schüren, als es üblich war. Und er befahl, die drei zu binden und hineinzuwerfen.

Da wurden sie in Mänteln, Hosen, Hüten, wie sie waren, gefesselt und in den glühenden Ofen geworfen. So heiß war es dort, dass die Soldaten, die sie hinbrachten, zu Tode kamen. Und die drei Israeliten fielen hinab in den glühenden Ofen, gebunden wie sie waren.

Und der König sah etwas, das er nicht erwartet hatte.

Er erschrak. Er fuhr auf und sprach zu seinen Räten: Haben wir nicht drei Männer in das Feuer werfen lassen? Sie antworteten: Ja, König. Da sagte der König: Ich sehe aber vier Männer. Und sie gehen frei im Feuer umher. Und der vierte sieht aus, als wäre er ein Sohn der Götter. So dachte er, weil er keine Engel kannte. Natürlich war es ein Engel, der als viertes mit im Feuer war.

Und Nebukadnezar trat zur Tür des glühenden Ofens, so nahe es ging, und rief: Hananja! Mischaël! Asarja! Ihr Knechte Gottes des Höchsten, kommt heraus! Das taten die drei. Und alle Anwesenden kamen auch und sahen, dass das Feuer diesen Männern nichts hatte anhaben können. Ihre Haare waren nicht versengt und ihre Mäntel nicht versehrt, ja, man konnte keinen Brand an ihnen riechen.

Nebukadnezar blieb nichts anderes übrig als zu sagen: Gelobt sei der Gott dieser Männer, der seinen Göttersohn gesandt und sie errettet hat. Sie haben Gott vertraut und nicht dem Befehl des Königs.

Und der König erließ einen neuen Befehl: Wer unter allen Völkern *diesen* Gott lästert oder verfolgt, *der* soll von nun an in Stücke gehauen und sein Haus zu einem Schutthaufen gemacht werden. Denn es gibt keinen andern Gott als den, der so erretten kann.

Amos

Ich bin entsetzt. Sie auch? Menschen im Feuerofen?

Ich muss Ihnen sagen, ich bin ja ein weit gereister Mensch. Ich habe schon allerhand gesehen. Leute, die auf Feuer gehen, Leute, die Feuer schlucken können. Aber ein siebenmal heißerer Ofen? Wie es auch sein mag. Ich bin kein Engel, die Engel werden es wissen.

Aber das ist nicht der eigentliche Grund meines Entsetzens. Wissen Sie: Hanna hat beim Namen genannt, was wir hier in der Wüste erleben. Jeden Tag. In einen echten Feuerofen, in Teufels Küche sind wir hier geraten, weil wir den Götzendienst unseres Königs Antiochos nicht mitmachen. Damals Nebukadnezar, heute Antiochos – immer geht es darum. Aber ich bin umgeben von Menschen, die denselben Glauben haben wie die drei im Feuerofen. Sie sind ins Feuer der Wüste gegangen. Sie würden den Tod akzeptieren, wenn Gott es wollte. Aber sie sagen, Gott kann uns retten, wenn er will. Es gibt den Engel Gottes. Wie kann man durchhalten? *So* kann man.

Obwohl unsere Chancen ja gegen Null gehen. Am Anfang, als der alte Mattatias allein in die Wüste ging, was sollte er ausrichten? Inzwischen haben sie immerhin dreitausend Kämpfer um sich gesammelt. Doch was wäre, wenn der König heute mit seiner Armee käme, mit hunderttausend Soldaten und Reitern und Kriegselefanten? Hananja, Mischaël und Asarja würden sagen: Es reicht ein Engel Gottes, um eine Armee umzuwerfen. Bis dahin kann man aushalten. Die Geschichten von Daniel sind so treffend für unsere Zeit!°

Wir kämpfen für den wahren Glauben. Die Makkabäerzeit wird man unsere Zeit einmal nennen. Warum Makkabäer? Dazu muss ich Ihnen etwas vom drittältesten Sohn des Mattatias sagen. Es ist der verwegenste von den Fünfen. Er heißt Judas, und man nennt ihn den Hammer. Auf Aramäisch Makkaba. Also Judas, der Hammer, und seine Brüder, die Makkabäer.

*Der Vater, Mattatias, lebt leider schon nicht mehr. Der Mann, der so wütend wurde, dass er zwei Menschen erschlug, war schon alt. Er ist hier in der Wüste gestorben. Aber vor seinem Tod hat er allen ein Vermächtnis gegeben. Er hat uns an David erinnert, an Kaleb, Elia, Daniel. Und er hat Judas beauftragt, die Sache fortzuführen.°

Eine Geschichte geht noch, oder?

Sie werden zwar, liebe Gäste, unsere Wüste wieder verlassen wollen, weil Sie wieder hungrig sein werden, und weil Sie wahrscheinlich denken, nur in einer Stadt werden Sie etwas zu essen finden. Aber dort ist es gefährlich für jeden, der in der Wüste war, sage ich Ihnen. Und denken Sie nicht, in der Wüste gäbe es nichts zu essen. Wir kommen zurecht. Unser Koch lädt Sie ein. Und bis der Topf warm ist, noch eine Geschichte.

Und zwar eine Geschichte, die zum Thema passt. Zu meiner Frage, wie lange soll man noch durchhalten? *Wann* kommt Gerechtigkeit? Gibt es da eine Geschichte, Hanna?

Hanna

Einmal hatte König Nebukadnezar einen Traum, über den er so erschrak, dass er aufwachte. Er ließ gleich alle Zeichendeuter und Weisen und Zauberer und Wahrsager rufen. Sie kamen, traten vor den König, und warteten, was er befahl. Der König befahl: Ich hatte einen Traum, der hat mich erschreckt, und ihr sollt mir diesen Traum sagen.

Die Wahrsager verneigten sich mit den Worten: Ewig lebe der König! Sage uns den Traum, so wollen wir ihn deuten. Darauf der König: Ich habe mich deutlich ausgedrückt. Ihr sollt mir erst einmal den Traum *sagen*, sonst könnt ihr ihn ja nicht deuten. Wie soll ich ihn noch wissen, er war zu erschreckend. Sagt ihr ihn mir nicht, so sollt ihr in Stücke gehauen und eure Häuser sollen zu Schutthaufen gemacht werden. Andernfalls bekommt ihr Geschenke und große Ehre. Also. Sagt mir den Traum *und* seine Deutung.

Sie wurden nervös. Dass der König viel verlangte, wagten sie nicht, ihm ins Gesicht sagen. Nebukadnezar ergriff wieder das Wort: In der Tat, ich merke, dass ihr Zeit gewinnen wollt. Ihr habt euch vorgenommen, mir etwas vorzumachen, bis bessere Zeiten kommen. Sagt mir den Traum – dann weiß ich, dass ich auch eurer Deutung glauben kann.

Die Wahrsager versuchten sich zu rechtfertigen: Kein Mensch auf Erden könnte sagen, was unser König fordert. Kein König würde so etwas von einem Wahrsager fordern. So etwas kann höchstens ein Gott. Damit waren sie aber zu weit gegangen. Denn man darf einem König nicht vorschreiben, was ein König tut. Der König wurde sehr zornig und befahl, alle Gelehrten von Babel umzubringen. Ein entsprechendes Edikt wurde ausgesandt.

Auch Daniel und seine Gefährten waren natürlich unter den Gesuchten. Aber Daniel war klug und besonnen. Er wandte sich an den Oberst, der mit der Sache beauftragt war. Warum ein so strenges Urteil?, fragte er. Der Oberst sagte es ihm. Da beantragte Daniel eine ganz kurze Frist. Sie wurde gewährt. Er ging heim und erzählte alles seinen Gefährten. Er sagte zu ihnen: Lasst uns zum Gott des Himmels um Gnade beten wegen dieses Geheimnisses des Königs, damit wir nicht samt den andern Gelehrten von Babel umkommen. So taten sie es.

Am Morgen, als sie aufstanden, hatte Daniel ein Lied auf den Lippen:

Gelobet sei der Name Gottes,
denn ihm gehören Weisheit und Stärke!
Er ändert Zeit und Stunde;
er setzt Könige ab und setzt Könige ein.
Er gibt den Verständigen ihren Verstand,
er offenbart, was tief und verborgen ist.
Er weiß, was in der Finsternis liegt,
denn bei ihm ist lauter Licht.

An dem Lied erkannten die Freunde, dass Daniel in der Nacht eine Vision empfangen hatte. Alles war gut.

Dann ging Daniel zum Oberst, und bat ihn: Bring die Weisen von Babel nicht um, sondern führe mich hinein zum König. So geschah es eilends, der Oberst präsentierte Daniel dem König: Dieser Gefangene aus Juda kann dem König den Traum sagen. Daniel wartete, bis der König ihn aufforderte. Dann begann er:

Das Geheimnis, nach dem der König fragt, vermögen die Weisen, Gelehrten, Zeichendeuter und Wahrsager dem König nicht zu sagen. Aber es ist ein Gott im Himmel, der kann Geheimnisse offenbaren. Der hat dem König kundgetan, was in künftigen Zeiten geschehen soll.

Mit deinem Traum verhält es sich so: Du, König, hast darin nachgedacht, was einst geschehen wird; und der, der Geheimnisse offenbart, hat es dir kundgetan. Mir aber auch. Weil er es wollte. Nun höre, was du im Traum sahst.

Eine große und hohe, hell glänzende und erschreckende Statue befand sich vor dir. Deren Kopf war aus feinem Gold, die Brust und Arme aus Silber, der Bauch aus Kupfer, die Beine aus Eisen. Das sahst du.

Dann kam ein Stein von oben herab, ohne Zutun von Menschenhand. Der fiel dem Bild auf die Füße, und zermalmte die Füße. Da verschwanden miteinander Eisen, Kupfer, Silber und Gold. Alles wurde vom Wind verweht. Der Stein aber, der das Bild zerschlug, wurde groß und füllte die ganze Welt. Dies ist der Traum.

Nun konnte sich Nebukadnezar auch wieder an seinen Traum erinnern. Er gab ein Zeichen weiterzumachen.

Nun höre, König, die Deutung des Traums.

Du bist ein König aller Könige. Gott hat dir Königreich und Macht gegeben. Du bist der goldene Kopf, den du gesehen hast. Aber nach dir wird ein anderes Königreich aufkommen, niedriger als deines, das ist die Brust aus Silber. Danach ein drittes Königreich, das ist das Kupfer.

Und das vierte Königreich wird hart sein wie Eisen. Aber dann wird Gott ein Reich aufrichten, das nie mehr zerstört wird. Vorher wird es diese Königreiche zermalmen und zerstören. So wie du es ja gesehen hast: Ein Stein kam ohne Zutun von Menschenhand herab, und zermalmte das Eisen, das Kupfer, das Silber und das Gold.

Das war die Deutung. Und Daniel gab dem König eine zertifizierte Abschrift mit Stempel und Unterschrift.

Da fiel der König Nebukadnezar auf sein Angesicht, und sagte: Es ist kein Zweifel, euer Gott ist ein Gott über alle Götter und ein Herr über alle Könige, der Geheimnisse offenbaren kann, wie du dies Geheimnis hast offenbaren können. Daniel bekam viele Geschenke und wurde zu einem Beamten über das ganze Land Babel gemacht, er wurde zum Chefgelehrten ernannt.

Amos

Nun, liebe Gäste, haben Sie es gemerkt? Haben Sie mitgezählt? Ich habe von vier Königreichen gehört. Gold, Silber, Kupfer, Eisen, diese vier Metalle... das entspricht vier Königreichen: Babylon, Persien, Alexander, und jetzt die Pseudogriechen. Regiert nicht der jetzige König hart wie Eisen? Haben wir nicht gerade das vierte Königreich? Und danach? Ein großer Herrscher wird alles zerhämmern und zermahlen. Wie ein riesiger Stein. Und wird die Welt ausfüllen. Nicht von Menschenhand gemacht. Wenn wir diese Griechen noch aushalten, dann ist es geschafft. Dann kommt die Gerechtigkeit. Ewig.

Einstweilen, stärken wir uns. So glänzend wie Daniel haben wir es noch nicht. Aber ein bisschen zaubern kann auch unser Koch in der Wüste. Guten Appetit!

– ֆֆֆֆ –

In Jerusalem

Amos

Liebe Gäste, willkommen, willkommen!

Ich muss nur schnell noch ein paar Buchstaben hinschreiben. Ich war gerade dabei, mit Hanna die Dinge aufzuschreiben – was ich mir ja vorgenommen hatte. Wir haben die Heiligen Schriften und die Erzählungen zu studieren angefangen, und es ist etwas kniffelig geworden. Wir versuchen deshalb jetzt, alles zu Papier zu bringen. Dann bekommt man mehr Übersicht.

Dabei sind die Geschichten, die Sie schon kennen. Auch Danielgeschichten von anderen Erzählern wollen wir einbauen, und ein richtiges „Buch Daniel" zusammenstellen.

Aber erst einmal muss ich Ihnen ja sagen, was geschehen ist. Ich darf sagen: Das Schlimmste ist absolut vorbei. Die Wüstenzeit ist vorbei. Deswegen sind wir heute, nach nochmals drei Jahren, wieder in Jerusalem versammelt.

Oder machen wir es so. Hanna soll Ihnen unsere Geschichte erzählen, die wir gerade aufgeschrieben haben. Und Sie nehmen es als ein Rätsel, ob sie es erraten können.

Hanna

Im ersten Jahr Belschazars, als er König von Babel war, hatte Daniel ein Traumgesicht, als er auf seinem Bett lag. Diesmal nicht der König, sondern Daniel selbst. Hört gleich einmal, was er gesehen hat:

Die vier Winde des Himmels wühlten das große Meer auf. Da stiegen vier Tiere herauf aus dem Meer, ein jedes anders als das andere.

Gut, dass wir es aufgeschrieben haben, denn Sie werden sich die Tiere kaum merken können in der richtigen Reihenfolge. Aber dass es *vier* Tiere sind, *das* kann man nicht leicht vergessen. Die Zahl vier ist ja nun schon öfter vorgekommen. Also, so geht es weiter:

Das erste Tier war wie ein Löwe, aber mit Flügeln wie ein Adler. Dann kam das zweite Tier. Es sah wie ein Bär aus und hatte in seinem Maul zwischen seinen Zähnen drei Rippen.
Danach das dritte. Es glich einem Panther, mit vier Flügeln auf dem Rücken und vier Köpfen.
Zuletzt war da das vierte Tier. Furchtbar und stark. Mit großen eisernen Zähnen, die alles fraßen. Es war ganz anders als die vorigen Tiere. Und es hatte zehn Hörner.

Wenn man diese Hörner genau anschaute, konnte man sehen, wie da noch ein kleines Horn zwischen ihnen hervorkam. *Dieses neue Horn hatte Augen wie Menschenaugen und ein großes Maul, das viel daher redete. Und dieses kleine Horn kämpfte gegen alle Heiligen.*

Daniel war entsetzt. Dieses Traumgesicht erschreckte ihn. Noch *in* seinem Traum ging er deshalb zu einem hin, der da stand, und bat ihn, immer noch im Traum, um eine Erklärung. Und derjenige sagte freundlich: Diese vier großen Tiere sind vier Königreiche, die auf Erden kommen werden, und wieder vergehen.

Das vierte Tier wird das vierte Königreich sein. Es wird alle Länder schlucken und zertreten. Das kleine Horn des Tiers meint den letzten König dieses Reichs. Einen König, der Gott lästern wird und die Heiligen vernichten. Er wird sich anmaßen, Festzeiten und Gebote Gottes zu ändern. Die Menschen werden in seine Hand gegeben *dreieinhalb Jahre*.

Doch zum Glück war dies nicht das Ende von Daniels Vision. Er sah noch etwas anderes.

Throne wurden aufgestellt.
Einer, der uralt war, nahm Platz. Sein Kleid war weiß wie Schnee
und das Haar auf seinem Haupt rein wie Wolle; Feuerflammen
waren sein Thron. Millionen dienten ihm, und Milliarden
standen da.
Gericht wurde gehalten und die Bücher wurden aufgetan. Es ging
um die großen Reden, die das letzte Horn geredet hatte.
Aufgrund dieser hochmütigen Reden wurde nicht nur das kleine
Horn, sondern das ganze Tier ins Feuer geworfen. Auch mit der
Macht der andern drei Tiere war es dann vorbei, denn es war
ihnen Zeit und Stunde ihres Endes vorherbestimmt.

Und zuletzt kam einer auf den Wolken. Er war *wie eines Menschen Sohn*. Er wurde von dem Uralten zum König gemacht. Alle Völker sollten ihm dienen. Seine Macht ist ewig. Und die Macht wird auf Gottes Heilige übergehen.

Das war Daniels Traum.

Amos

Das klang jetzt vielleicht etwas erschreckend, dieses Traumgesicht Daniels. Aber haben Sie es erraten, was Hanna zuletzt von dem kleinen Horn erzählt hat, mit dem Thron des Uralten, mit dem Gericht und dem Ende des kleinen Horns? Darin steckt die gute Nachricht. Gemeint ist natürlich Antiochos, unser schrecklicher König. Also: es ist aus mit ihm! Er ist tot! Seine Tage sind zu Ende. Nicht erst eines fernen Tages. Sondern – Sie werden staunen – diese Tage liegen schon *hinter* uns.

Deshalb sind wir auch wieder in Jerusalem. Das kam schon dramatisch. Judas war wirklich der Hammer. Er hatte ja manches kleinere Gefecht gewonnen. Doch dann kam wirklich das große königliche Heer unter dem griechischen General Lysias. Was macht unser Judas? Er greift an! Zahlenmäßig völlig unterlegen, dreitausend gegen Zehntausende, und – gewinnt.

So würden das die Griechen nie sagen, aber wir sagen es so. General Lysias hätte wohl gesagt: Wir Griechen haben vor euch Juden so kapituliert, wie man auch vor Stechmücken kapitulieren kann. Lysias hat gemerkt, dass er uns nicht ohne Verluste besiegen kann, und hat erst mal Verhandlungen angeboten. Er hat wohl auch eingesehen, dass das Verbot unserer Religion ungerecht war. Oder er wollte nur Zeit gewinnen. Wir waren ja nicht seine einzigen Feinde. Jedenfalls ist der General mit der Armee wieder abgezogen. Wenn das kein Sieg ist! Lysias würde sagen: wir haben uns so zurückgezogen, wie man abends ins Haus geht, wenn draußen die Mücken zu viele werden.

Und was macht daraufhin Judas? Er ist glatt mit unseren Leuten nach Jerusalem gegangen. Da gibt es ja die Burg, wo Soldaten des Königs stationiert sind, neben dem Tempelberg. Judas hat ganz einfach diese Burg belagert.

Er konnte sie niemals einnehmen. Aber die Belagerung hat völlig ausgereicht, um ungestört mit einigen Männern unseren Tempel aufzusuchen. Und dort haben sie aufgeräumt mit dem ganzen Gräuel. Den von den Heiden entweihten Altar haben sie mitsamt dem Götterbild abgerissen und hinausgeworfen, und einen neuen reinen Altar gebaut. Das haben sie einfach so gemacht. Und Antiochos ist vor Schreck gestorben. Stellen Sie sich vor! Als er von unserem Sieg in Jerusalem hörte, hat er wirklich einen Schlaganfall gehabt.

Das ist gut fünf Monate her. Es war im November. Den 25. November haben wir abgewartet. Warum dieses Datum? Am einem 25. November hatte Antiochos, drei Jahre davor, den Tempel geschändet mit seinem Götzen.

Wir haben neue Gefäße gemacht aus Gold und Silber. Und am 25. haben wir damit den Tempel neu geweiht. Ich war dabei. Es war ein großes Fest, improvisiert wie es auch war. Der 25. ist jetzt unser neuer Feiertag. Wir werden ihn Chanukka nennen. Und seither, fast ein halbes Jahr nun, sind wir unbehelligt geblieben. Wir denken schon an den ersten Jahrestag heuer im Herbst. Manche Juden fangen an, sich uns zuzuwenden, die vorher nie an uns geglaubt hätten.

Denken Sie nicht, dass jetzt schon alles geregelt ist hier in Jerusalem. Wir versuchen die Burg neben dem Tempel immer noch in Schach zu halten, aber eine richtige Lösung haben wir noch nicht. General Lysias mit seiner Armee wird wieder auftauchen.

Aber doch hat sich alles geändert. Wir sind wieder da. Wir beten wieder im Tempel zu Gott. Judas ist im ganzen Land unterwegs. Andere Juden haben ihn um Hilfe gerufen. Und Hilfe ist unterwegs nach Gilead im Osten, nach Galiläa in den Norden.

Es ist eingetroffen, woran wir glauben. Der Traum Daniels ist in Wahrheit unser Traum. Die Zeit der vier Tiere geht zu Ende. Oder der Traum des Nebukadnezar: Die Statue ist zermalmt, weil der Stein vom Himmel auf ihre Füße gefallen ist. Judas der Hammer. Genauer gesagt: *Gottes* Herrschaft bricht wieder an. Davon sind wir überzeugt. Auch der griechische König ist ja tot!

Das *meiste* ist schon eingetroffen, noch ist nicht ganz alles vorbei. Darum fragen wir uns jetzt, wann Gottes Herrschaft *ganz* anbrechen wird, wie viele Tage das noch sind. Das ist ein kleineres Problem, aber es ist interessant.

Es war ja das Götzenbild genau drei Jahre im Tempel. Das sind 1093 Tage. Manche haben dann gesagt, noch so zwei Monate, bis Gottes Herrschaft endgültig ist. So sind sie auf runde 1150 Tage gekommen. Aber die zwei Monate sind auch schon wieder vorbei, und es ist *nicht* alles so weit erledigt.

Hanna und ich, wir glauben, genau drei*einhalb* Jahre braucht es für die ganze Sache, also 1290 Tage. Dreieinhalb ist eine gute Zahl, das ist genau die Hälfte von sieben. Wir haben auch Zahlen aus dem Propheten Jeremia verwendet, aber das zu erklären wäre jetzt zu schwierig ohne ein Stück Papier. Jedenfalls haben wir dann im Traum Daniels *dreieinhalb Jahre* geschrieben. Das haben wir uns erlaubt.

Natürlich sind es Zahlenspiele. Denn man weiß nie, wie es genau weitergeht. Aber schauen Sie mal: Antiochos starb am Herzschlag während eines Feldzugs, der nur das Ziel hatte, Geld zu beschaffen. Der Staat war bankrott. Jetzt haben wir sein Kind als König, und wir haben Generäle, die sich um die Vormundschaft streiten. Das weltliche Reich hat Probleme. Seine Herrschaft wackelt.

Gottes Herrschaft *beginnt.*

Und jeder meint, ein anderes Datum dafür zu kennen. Soll ruhig jeder seine Version und seine Vision des Daniel aufschreiben. Alles sammeln wir in unserem Buch. Welche Vision welchen Sinn hat, sollen andere sehen, die später leben. Wahrscheinlich werden sie es aber auch nicht besser wissen.

Übrigens sind ja manche Menschen ganz dagegen, den Anfang der Gottesherrschaft vorherzusehen. Sie sagen, Gott herrscht nicht irgendwann am Ende, sondern Gott herrscht schon jetzt in unseren Herzen. Stimmt ja auch. Ich muss Ihnen aber noch einmal sagen: *Uns* kommt es zurzeit wirklich so vor, als würde Gott alleine regieren wollen ohne fremde Könige. Was wir hier erleben, das ist etwas Neues, nicht von Menschenhand gemacht. Lassen Sie uns doch *das* glauben. Gott greift wirklich ins Weltgeschehen ein, nicht nur in unseren Herzen. Das ist der Sinn jedes apokalyptischen Buches.

Und dass Gott in der Welt handelt, fällt mir leicht zu glauben. Denn wenn Daniel, der Traumdeuter und Traumseher alles so passend gesehen und gehört hat, dann muss doch alles geplant sein. Es ist alles so wahr! Hanna, ich bin so froh, dass Leute wie du diese Geschichten erzählen!

Wieso passen die heutigen Ereignisse nur so genau zu den alten Geschichten von Daniel?

Hanna

Frag doch anders, Amos: wieso erzählen wir die Geschichten so, dass sie genau zu den heutigen Ereignissen passen? Wir sehen in den Geschichten das, was heute passiert. Wir können sie fast nicht mehr anders erzählen als wir die Geschichten heute erleben. Wir wissen ja gar nicht, was Daniel tat und dachte und sagte. Es sind Geschichten. Vielleicht hat Daniel, als er lebte, etwas anderes im Sinn.

Aber heute passen wir zu den Geschichten, und sie zu uns, heute sind es wahrhaft *unsere* Geschichten. Das kannst du schon als Gottes Geschenk für uns verstehen. So gesehen, sind sie *neu* wahr.

Amos

Sie sind wahr. Es ist wahr gewesen, dass die Treue sich gelohnt hat. Und dass die Weisheit der Menschen nicht so weit reicht wie Gottes Weisheit. Und dass man durchhalten *kann* mit Hilfe der Engel Gottes. Und dass es den Tag *gibt*, wo Gott eingreift. Und dass die Gerechtigkeit wieder gekommen ist. Das ist wahr. Nicht erfunden.

*Und gibt es nicht noch eine Lehre aus deinen Geschichten? Könnte man nicht den Königen sagen, mit etwas mehr Demut wären sie weiter gekommen im Leben?

Hanna

Dann höre noch eine Geschichte von Daniel und Nebukadnezar.

Der König von Babel lebte zufrieden in seinem Palast. Bis er einen Traum hatte, der ihn – wieder einmal – erschreckte. Er befahl, wir ahnen es, alle Weisen Babels zu sich. Da brachte man herein Zeichendeuter, Weise, Gelehrte und Wahrsager. Diesmal erzählte ihnen der König seinen Traum, aber sie konnten ihm dennoch nicht sagen, was er bedeutete.

Bis zuletzt Daniel kam, der den Geist Gottes hat. Auch ihm erzählte Nebukadnezar seinen Traum: *Da stand ein Baum in der Mitte der Erde, der war sehr hoch und mächtig. Er reichte bis an den Himmel, und er war bis ans Ende der Erde zu sehen. Sein Laub war dicht, seine Frucht reichlich. Alle Tiere fanden Schatten unter ihm und die Vögel saßen auf seinen Ästen.*

Doch da fuhr ein Engel vom Himmel herab. Er rief: Haut den Baum um! Schlagt ihm die Äste weg! Streift ihm das Laub ab! Zerstreut seine Früchte! Auf dass die Tiere weglaufen und die Vögel von seinen Zweigen fortfliegen. Doch lasst den Wurzelstock in der Erde bleiben! Er soll auf dem Feld unter dem Tau des Himmels liegen und nass werden. Es soll ihm gehen wie den Tieren auf der Erde. Das menschliche Herz soll von ihm genommen und ein tierisches Herz ihm gegeben werden, und sieben Jahre sollen über ihn hingehen.

Nun forderte Nebukadnezar Daniel auf, den Traum zu deuten. Daniel schwieg eine Zeit lang, es beunruhigte ihn auszusprechen, was er dachte. Aber der König sagte: Lass dich nicht beunruhigen, sag nur, was du denkst.

Also fing Daniel an: Ach, mein Herr, besser wäre es, wenn deine Feinde und Widersacher das geträumt hätten! Der Baum, der große und mächtige – das bist du, denn deine königliche Macht ist groß bis ans Ende der Erde. Was aber mit dem Baum im Traum geschah, das wird dir geschehen. Der Baum wird gefällt, das heißt: man wird dich aus der Gemeinschaft der Menschen verstoßen und dir soll es wie den Tieren gehen, bis du erkennst, dass Gott Macht hat *über* die Könige. Dass aber dennoch der Wurzelstock übrig bleiben sollte, das bedeutet: Wenn du das erkannt hast, wirst du wieder König sein.

Daniel ermutigte den König, die Sünden zu lassen, und Gerechtigkeit zu üben an den Armen, damit es ihm selbst wohlergehe. Dennoch geschah alles, was Nebukadnezar geträumt hatte. Denn als er bald darauf auf dem Dach seines Palastes umherging, verfiel er dem Hochmut, und sagte: Das ist das große Babel; *ich* habe es erbaut durch *meine* große Macht zu Ehren *meiner* Herrlichkeit. Doch während er das redete, wurde er irrsinnig. Er wurde bald verstoßen. Er fraß das Gras wie die Tiere, seine Haare und Nägel wuchsen wie Adlerfedern und Krallen. Er schlug sich in der Wildnis durch.

Erst nach sieben Jahren hob Nebukadnezar seine Augen wieder zum Himmel. Sein Verstand kehrte wieder, indem er nur noch den ehrte, der ewig lebt. Gott im Himmel. Er kehrte zurück in die menschliche Zivilisation und in aller Bescheidenheit. Aber als er sich seiner Stadt näherte, sah ihn ein Kind. Und es fing an laut zu schreien! Andere Menschen sahen hin, und schrien ebenso. Und sie bewaffneten sich und kamen drohend auf Nebukadnezar zu. Der geläuterte König sah nämlich nach sieben Jahren Haarwuchs immer noch aus wie ein wildes Tier, und er roch auch so. Er flüchtete wieder in die Wildnis, und ein Jäger nahm ihn auf. Auch der Jäger wusste sich keinen Rat, aber er kam auf die Idee, Daniel zu Rate zu ziehen. Daniel empfahl dem armen König dringend, sich zu waschen, und er brachte einen Barbier für die Haare und die Nägel. Gesagt, getan, und Nebukadnezar macht sich erneut auf den Weg in seine Heimat. Die Hofräte erkannten und anerkannten ihn sofort. Sie setzten ihn wieder über das Königreich ein. So ging es Nebukadnezar, der hochmütig wurde, und sich wieder demütigte, genau, wie es ihm durch Daniel gesagt worden war.

Amos

Lass uns doch diese Geschichte auch aufschreiben.°

Wenn wir sie nun alle aufgeschrieben haben, Hanna, dann lass uns nicht vergessen, dass wir es ins Hebräische übersetzen wollen. Es gefällt mir immer weniger, dass wir es auf Aramäisch geschrieben haben.

Liebe Gäste, Aramäisch ist zwar die Sprache, die immer mehr Menschen in unserer orientalischen Welt verstehen. Aber Hebräisch ist doch unsere eigene Sprache, auch wenn viele sie schon vergessen haben. Wir empfinden es als unsere heilige Sprache. Wir wollen die alte Sprache der Bibel wieder pflegen. Das erste Kapitel haben wir schon übersetzt, aber dann sind wir nicht mehr weiter gekommen, und haben das Weitere vorerst aramäisch gelassen. Man kann nicht alles auf einmal tun. Aber die Kapitel mit den Visionen Daniels, die andere Juden beigesteuert haben, die von anderen geschrieben sind, die sind auch bereits hebräisch. Da wollen wir es ihnen schon möglichst nachtun, sobald Zeit dafür ist.

Nun wollen wir nicht vergessen, liebe Gäste, dass Sie sich einen letzten Nachschlag wünschen könnten.

*Gäbe es da nicht noch eine letzte Geschichte zum Essen passend? Ja genau, damals, als Daniel *nicht* gegessen wurde von den Löwen. Daniel in der Löwengrube.

Hanna

Na, dann hört zu. Aber das machen wir so: wir erzählen die Fassung, die *nicht* so bekannt ist, die ist nämlich lustiger.

218

Wenn ihr wüsstet, wie schwer das ist, wenn jeder es anders erzählt, und man soll sich dann einigen, welche Fassung man verwenden will. Ich würde vorschlagen, die eine Fassung nehmen wir in das offizielle Buch Daniel, und die andere inoffizielle Fassung erzählen wir euch heute, weil da noch der Habakuk vorkommt und der Drache – und eine ganz besondere Nachspeise.

Es gab einen großen Drachen, den die Babylonier wie einen Gott verehrten. Der König sagte zu Daniel: Von diesem Drachen kannst du nicht sagen, er sei kein lebendiger Gott. Ihn kannst du also anbeten! Daniel erwiderte: Nur den Herrn, meinen Gott, bete ich an; denn er ist wirklich ein lebendiger Gott. Du aber, König, gib mir die Erlaubnis, den Drachen zu töten, ohne Schwert und Keule! Der König sagte: Ich gebe sie dir.

Da nahm Daniel Teer, Talg und Haare, schmolz alles zusammen, formte eine Nachspeise daraus und warf sie dem Drachen ins Maul. Der Drache fraß sie – aber man darf nicht vergessen, dass ein Drache Feuer in sich trägt. Mit Feuer wird Teer, Talg und Haar zu einem tödlichen Gemisch, zu einer antiken Bombe. Der Drache explodierte aus seinem eigenen Bauch heraus. Und Daniel sagte: Seht, was ihr da für Götter verehrt!

Als die Babylonier davon hörten, rotteten sie sich empört zusammen. Sie sagten: Der König ist Jude geworden. Alles macht er, wie Daniel es sagt. Das Standbild des Bel hat er zertrümmern, den Drachen töten und die Priester umbringen lassen. Sie gingen zum König und verlangten: Liefere uns Daniel aus! Sonst töten wir dich und deine Familie. Da sich der König aufs Äußerste bedroht sah, lieferte er ihnen Daniel notgedrungen aus.

Sie warfen ihn in die Löwengrube. Dort blieb er sechs Tage lang. In der Grube waren sieben Löwen; man gab ihnen täglich zwei Menschen und zwei Schafe zu fressen.

Jetzt aber gab man ihnen nichts, denn sie sollten Daniel fressen. Doch die Löwen taten es nicht.

Dann hofften die Feinde, dass Daniel doch wenigstens verhungern würde.

Weit weg, in Judäa, lebte damals der Prophet Habakuk in seiner Hütte zwischen den Gerstenfeldern. Dieser Habakuk hatte gerade eine Mahlzeit gekocht, einen süßen Brei zur Nachspeise, hatte Biskuits in den Napf gebrockt, und er wollte damit gerade auf das Feld gehen, um auch den Arbeitern etwas davon zu bringen.

Da kam der Engel des Herrn zu Habakuk und sagte: Bring das Essen, das du in der Hand hast, dem Daniel nach Babylon in die Löwengrube, er braucht es dringender. Habakuk antwortete dem Engel: Herr, ich habe Babylon nie gesehen, und diese Grube kenne ich auch nicht. Es klingt auch, als müsse das viele Tagesreisen entfernt sein. Da fasste ihn der Engel des Herrn am Schopf, trug ihn an seinen Haaren fort und versetzte ihn mit der Gewalt des Geistes nach Babylon an den Rand der Löwengrube.

Habakuk schaute hinein und rief: Daniel, nimm dieses Essen, das Gott dir geschickt hat. Da dankte Daniel, zuerst Gott und dann dem Habakuk, dafür, dass er nicht vergessen worden war. Dann stand er auf und aß, und hob noch etwas auf für die kommenden Tage. Den Habakuk aber versetzte der Engel Gottes sogleich an seinen heimatlichen Ort zurück.

Am siebten Tag kam der König, um Daniel zu betrauern. Er hatte ein schlechtes Gewissen. Er rechnete natürlich damit, dass nichts mehr übrig war, das er hätte betrauern können. Er trat an die Grube und schaute hinein. Doch da sah er Daniel sitzen. Und er rief laut: Groß bist du, Herr, du Gott Daniels. Dann ließ er Daniel herausziehen und statt seiner die Männer in die Grube werfen, die ihn hatten vernichten wollen. Und vor seinen Augen wurden sie sofort aufgefressen.

Liebe Gäste, nun ist aber wirklich Zeit für die Nachspeise. Nur passen sie auf, platzen sie dabei nicht wie der Drache es tat.°

Amos

Doch liebe Gäste, soeben habe ich Nachricht bekommen. Ich muss aufbrechen, ohne Aufschub. Ich fürchte, Sie müssen die Nachspeise mit Hanna alleine zu sich nehmen.

Ich bin dringend von Judas dem Hammer kontaktiert worden. Ich soll in seinem Auftrag mit Rom weiter verhandeln. Rom ist auf dem besten Wege, auch unsere Schutzmacht zu werden. So könnte unsere Lage sich stabilisieren. Das Schiff wird bereits morgen auslaufen. Wir haben nur die Nacht, um zum Hafen in Jaffa zu gelangen. Die Nacht wird uns schützen, aber man reitet die 45 Meilen dann doch nicht so schnell wie am Tag.

Wir hoffen, es hat Ihnen gefallen, und Sie haben unsere sehr abenteuerliche Reise nicht bereut. Und vielleicht konnten wir Ihnen auch ein wenig zugänglich machen, was man in unserer Zeit denken und glauben kann. Gott segne Sie.

Somit zu letzten Mal für heute: Guten Appetit!

– 𐎐 𐎐 𐎐 𐎐 –

Amos und Hanna sind frei erfundene Figuren. Was in unserer Erzählung die beiden getan haben, nämlich erzählen, aufschreiben, übersetzen, Termine berechnen, haben in Wahrheit andere, Namenlose, getan. Alle anderen Personen der Erzählung sind dagegen dem Danielbuch und den Makkabäerbüchern entnommen.

Auch der Zusammenhang des Danielbuchs, das im 6. Jh. v. Chr. spielt, mit den Ereignissen um den König Antiochos IV (er regierte 175-164 v. Chr.), und um den mutigen Aufständischen Judas den Hammer (er starb 146 v. Chr.), ist nicht erfunden. Jedenfalls sind sich die meisten Forscher einig, dass in dieser Zeit die Danielgeschichten aufgelebt sind, neu erzählt und niedergeschrieben. Auch wenn es ähnliche Geschichten schon vorher gegeben haben dürfte – ohne Menschen wie Judas und Antiochos, sowie „Amos" und „Hanna", würde es das Danielbuch so nicht geben. Und in babylonischer Königsgeschichte, und bei den „vier Reichen" hat „Hanna" wirklich manches durcheinander gebracht, weil es viel zu lange her war.

Vieles von diesen Ereignissen lässt sich in den apokryphen Makkabäerbüchern nachlesen. Man erkennt, dass darin die „griechischen" Herrscher aus jüdischer Sicht subjektiv negativ geschildert wurden. Die moderne Rekonstruktion ihrer Geschichte sieht etwas anders aus, und sie ist ein wenig in unsere Erzählung eingeflossen.

„Amos" und „Hanna" waren mit ihrem Projekt, das Danielbuch zu sortieren und komplett herauszugeben, nicht alleine. Verschiedene Leute hatten verschiedene Textsammlungen. Bis heute unterscheiden sich die hebräisch-aramäische, die griechische und die lateinische Fassung des Danielbuchs. In der Lutherbibel sind nur die Geschichten aus der hebräischen Bibel zu finden, nicht dagegen die Geschichten von Susanna, von der Belstatue, und von dem Drachen.

Die vollständige Übersetzung aus dem Aramäischen ins Hebräische haben „Amos" und „Hanna" anscheinend mittendrin abbrechen müssen. Es verblüfft jedenfalls bis heute die Forscher, dass das Danielbuch mitten im Satz von letzterer Sprache in die erstere wechselt.

Tatsächlich findet sich im Danielbuch noch eine andere Berechnung des Termins der Gottesherrschaft. In der letzten großen Vision des Daniel (Kap. 10-12) sind die „dreieinhalb Jahre" (1290 Tage) durch eine neue Zahl (1335 Tage) nach oben korrigiert worden.

General Lysias ist bald wieder mit seiner Armee angerückt, hat die königlichen Soldaten aus der Jerusalemer Burg befreit und hat den Tempelberg und Judas' Leute bedroht. Aber wegen der Konkurrenz um die Regentschaft – da gab es einen anderen Anwärter namens Philipp – musste Lysias auch diesmal schleunigst umkehren. So gestand er den Juden vertraglichen Frieden zu. Damit war die Bedrohung des orthodoxen Judentums endgültig beseitigt. Allerdings ließ Lysias die Wehrmauern, die die Juden gerade erst auf dem Tempelberg gebaut hatten, wieder schleifen. Wieder wurden die Juden vor dem Äußersten bewahrt durch glückliche Umstände – nicht von Menschenhand.

Judas brachte durch seine Agenten tatsächlich ein Bündnis mit den Römern zustande, das aber keinen praktischen Nutzen hatte. Judas starb eines Tages im Kampf. Sein Bruder Jonathan übernahm die Führung. Er kam durch Verrat um.

Der letzte lebende Makkabäerbruder, Simeon, erreichte eine gewisse Autonomie der Juden. Zeitweise brauchte er keine Abgaben an den hellenistischen König zu zahlen. Sein Sohn Johannes Hyrcanus durfte als Herrscher eigene Münzen prägen. Die syrisch-griechischen Truppen wurden abgezogen. Das war der Höhepunkt der Macht der Familie, die offiziell den Namen Hasmonäer trägt.

Dieser Aufstieg war auch deswegen möglich, weil es um den syrischen Königsthron in Antakya immer öfter Konkurrenz gab. Wer dort auf den Thron wollte, oder ihn halten wollte, musste immer öfter durch Zugeständnisse Bündnisse mit den Juden schließen. Auch die römischen Bündnisverträge wurden erneuert. Schließlich, um die Zeitenwende, war Rom bekanntlich endgültig die Schutzmacht in Judäa. Mit dem Tod des Königs Herodes im Jahre 4 v. Chr. endete der letzte Rest der Autonomie der Juden. Ewig hatte die neue Herrschaft nun doch nicht gedauert, und es wundert nicht, dass man vermehrt an das Reich Gottes am Ende der Zeiten zu glauben begann. Anders Jesus, der predigte: es wächst mitten in der Zeit leise auf.

Das ursprüngliche religiöse Ziel des Aufstands des Mattatias und seiner Söhne war eigentlich schnell erreicht: Der jüdische Gottesdienst war nach drei Jahren wieder eingeführt, die Strenggläubigen wurden nicht mehr verfolgt, die Hellenisierer spielten keine so große Rolle mehr. Nun waren die Hasmonäer nur noch eine jüdische Partei unter mehreren, die sich letztlich mit den üblichen Methoden durchsetzte: Verhandlungsgeschick und Kriegsführung. Es lässt sich nicht erkennen, dass es dafür noch rein religiöse Gründe gab.

Im geschilderten Traumgesicht Daniels (Kap. 7) war neben dem „Uralten" (Gott), der auf dem Thron zu Gericht über die „vier Tiere" (die vier Weltreiche) saß, auch eine Gestalt „wie eines Menschen Sohn" auf einer Wolke erschienen, dem die Macht übergeben wurde. Es ist schwer zu sagen, ob die Menschen darin etwa Judas den Hammer sehen wollten, oder einen neuen legitimen Hohenpriester, oder eine symbolische Figur wie etwa den Erzengel Michael. Für die Schriften des Neuen Testaments ist mit dem „Menschensohn" Jesus Christus gemeint.

Tobit

Vorspeise

Tobias erzählt

Ein Fischgericht

Sara erzählt

Ein Hochzeitsgericht

Tobias erzählt

Dessert

Tobias erzählt

Ich möchte sterben.

Diese Worte klingen mir immer noch im Ohr. Ich war noch recht jung, und entsprechend wusste ich gar nicht wie mir geschieht, als mein Vater Tobit sagte: Ich möchte sterben. Es war für ihn auch noch nicht Zeit dazu, und er hat danach noch schöne Zeiten gesehen.

Ein bisschen von ihm möchte ich Ihnen heute erzählen, aber auch von mir, denn ich bin auch gut weggekommen bei alledem, und ich bin Gott sehr dankbar. Mein Vater hat mich gelehrt an Gott zu glauben, aber nach all dem, was geschehen ist, kann ich Ihnen sagen, wenn er es mich nicht gelehrt hätte, würde ich es trotzdem tun.

Mein Name ist Tobias, das klingt so ähnlich wie der Name meines Vaters, Tobit. Auch mein Großvater hat so ähnlich geheißen, Tobiel. Das alles heißt soviel wie „Gott ist gut". Großvater Tobiel habe ich nicht gekannt, er ist noch in der Heimat gestorben, das war in Kedesch-Naftali in Galiläa. Die einzige Reise, die er oft gemacht hat, war nach Jerusalem zum Tempel, um Opfer zu bringen, und um den Priestern den Zehnten zu geben. Weil aber meine Großeltern früh gestorben sind, musste mein Vater diese Wallfahrten dann allein machen als junger Mann. Das hat sonst fast niemand mehr gemacht in unserer Sippe. Viele haben dem Stierbild des Baal geopfert! Da gab es einen Tempel des Baal, der war nicht so weit weg von Kedesch-Naftali, dann ist man eben dahin gegangen. Ich will Ihnen damit nur erklären, dass die Familie meines Vaters sehr fromm war, und eben dass Jerusalem die einzige Reise von der Heimat weg gewesen war, die man kannte.

Aber dann haben die Assyrer unsere Heimat Israel erobert. Mein Vater Tobit sagt, das war, weil alle zu Baal statt zu Jahwe gebetet haben. Meine Eltern sind danach hierher in den Osten verschleppt worden, genauer gesagt nach Ninive am Tigris. Tobit war gerade erst frisch verheiratet mit meiner Mutter Hanna, und ich war auch dabei, aber ich weiß davon nichts mehr, von der Verschleppung, ich war viel zu klein. Meine Mutter war von demselben Stamm Naftali, so wie mein Vater selbst, das ist ihm ganz wichtig, dass man sich nicht vermischt.

Hier in Ninive dann haben sie ihr Leben ganz neu aufgebaut, vielleicht brauche ich Ihnen gar nicht sagen, was das heißt. Doch, ich muss es Ihnen schon sagen. Sie denken wahrscheinlich an das Wirtschaftliche – wovon kann man leben als verschleppte Familie in der Fremde. Aber Tobit, mein Vater, hat sich Sorgen wegen unserer heidnischen Umgebung gemacht, und weil unsere israelitischen Brüder – viele von ihnen – das Essen der Heiden gegessen haben. Und er selbst hat streng darauf geachtet, dass wir das nicht tun, und er hat immer mit ganzem Herzen an unseren Gott gedacht.

Und Gott hat ihm Glück geschenkt, er bekam eine Stelle als Einkäufer für den assyrischen König Salmanasser. So kam er oft in die Hauptstadt, nach Assur, aber auch in die Provinzen. Und die Provinzen haben ja vom Mittelmeer bis an den Persischen Golf gereicht, und von Ägypten bis in das Gebirge von Medien, das Sie heute Iran nennen, und die Iraner nennen es Luristan. Tobit hat Reichtum erwirtschaftet für den König und gut verdient und hat sein privates Geld auf einer seiner Reisen deponiert bei zuverlässigen Leuten. Denn er wusste, die politische Lage im Land ist nicht so stabil, und in Ninive konnte das Geld schnell verloren gehen. Der König Salmanasser war mit Gewalt an die Macht gekommen, und dasselbe konnte ihm jederzeit ein anderer nachmachen. Und dieser andere war dann vielleicht meinem Vater nicht wohl gesonnen.

Ja genau, ich wollte Ihnen ja sagen, warum mein Vater Tobit sterben wollte. Sein Unglück hat genau damit angefangen, dass der König Salmanasser gestürzt wurde, und dass man wegen der allgemeinen Unruhe nicht mehr in die Provinzen reisen konnte. So hatten wir zwar viel Geld, aber wir hatten nichts davon. Es war gut aufgehoben – aber nicht bei uns. Und der neue König Sanherib war nicht wohlgesonnen. Er wollte Jerusalem erobern, damals die einzige Stadt Israels, die die Assyrer noch nicht erobert hatten, und er konnte es nicht, und als der König von seinem vergeblichen Feldzug heimkam, war er so wütend, dass er viele von uns Israeliten umbringen ließ.

Davon war zwar unsere Familie nicht betroffen, *aber*: Mein Vater Tobit war bekanntlich ein frommer Mensch, dem auch seine Volksangehörigen sehr am Herzen lagen. So gab er nicht nur den armen Brüdern Geld – das weiß ich noch als Kind: immer wenn er einen jüdischen Bettler gesehen hat, hatte er keine Ruhe, bis er ihm nicht etwas gegeben hat – sondern er hat vor allem die Toten bestattet. Das war ihm ganz, ganz wichtig. Dem Gebot Gottes zu folgen, hieß für ihn, dass er keine Leiche unbegraben liegen lassen konnte. Und da lagen viele Tote herum damals. Er war nachts oft nicht daheim. Meine Mutter hat dann immer so eine Angst gehabt, und wenn die Mutter Angst hatte, dann hatte ich als Kind auch Angst, obwohl ich gar nicht wusste, was los war.

Heute weiß ich, dass er dann draußen vor der Stadt war, um die Toten zu begraben. Und heute weiß ich auch, dass es aufgrund einer Anzeige war, dass Tobit plötzlich nicht mehr da war. Der König Sanherib hat natürlich gut bezahlt dafür, dass man ihm verriet, wer die umgebrachten Israeliten, die doch öffentlich verrotten sollten, immer begräbt. Mein Vater war weg, und nicht nur das, meine Mutter und ich standen von einem Tag auf den anderen auf der Straße. Aller Besitz wurde konfisziert. Einen kleinen Hund habe ich nur noch gehabt, den ich auf der

Straße gefunden habe, sonst nichts. Verwandte haben uns notdürftig unterstützt. Mein Vater war in den Bergen versteckt gewesen. Wie gesagt, als Kind war mir das aber nicht klar, warum der Vater weg war. Meine Mutter hätte ihm vorwerfen können, dass er mit seiner Gottesliebe und Bruderliebe alles aufs Spiel gesetzt – und alles verloren hat, und wir auch, aber sie hat zu mir nie etwas gesagt. Irgendwie haben wir überlebt.

Das Ganze hat fünfzig Tage gedauert, dann war Tobit wieder da. Nach alledem war er nicht einmal zermürbt. Im Gegenteil, er war dankbar, und es wurde auch gefeiert. In diesen fünfzig Tagen war der König Sanherib selbst gestürzt worden, von seinen eigenen Söhnen umgebracht, und wir bekamen einen von ihnen als neuen König, Asarhaddon. Und weil sich mit einem neuen König oft das Blatt wendet, hatten einige unserer Brüder Israels Glück. Zum Beispiel mein Onkel Achikar – Sie wissen vielleicht, der weise Achikar, von dem viele Geschichten erzählt werden – er wurde Mundschenk, Siegelbewahrer, Verwaltungsbevollmächtigter und oberster Beamter des Rechnungshofs in einem. Der Onkel war es, der dann auch meinem Vater wieder zur Heimkehr verhelfen konnte. Auch das war mir als Kind alles nicht so klar: Hauptsache, mein Vater war wieder da, oder noch wichtiger, wir konnten uns bei diesem Fest satt essen. Und ich wusste, von nun an, obwohl niemand meinem Vater seinen Besitz zurückgeben wollte, würden wir doch wenigstens wieder leben können, weil Onkel Achikar für uns sorgen würde.

Kaum hatte ich einigermaßen gegessen, zeigte sich mein Vater von seiner alten Seite. Er schickte mich hinaus, ich sollte sehen, ob irgendwo ein Bettler liegt, den sollte ich heimbringen, damit auch der Ärmste heute etwas zu essen bekommt. Ich musste also hinaus und ging zum Marktplatz. Da lag tatsächlich ein Israelit. Aber er war tot, erwürgt worden. Für mich leider kein so seltener Anblick. Trotzdem war ich schockiert, lief heim und sagte es meinem Vater. Der, obwohl die Mutter ihn zurückhalten will, sofort hinaus, schleppt den Toten her und versteckt ihn im Schuppen. Wäscht sich rituell, setzt sich wieder zu uns, mag aber nicht mehr essen, und zitiert den alten Propheten Amos:

Eure Feste sollen sich in Trauer verwandeln und alle eure Freudenlieder in Totenklage.

Und damit war das Fest zu Ende, denn er saß da und weinte. Nach Sonnenuntergang ging er hinaus vor die Stadt, mit dem Toten natürlich, ein Grab suchen, und ich höre noch den Nachbarn, wie er hämisch sagt:

Er will wohl gleich wieder in sein Versteck in die Berge hinauf müssen.

Aber es kam noch anders. Mein Vater Tobit, das weiß ich von ihm selbst, blieb in der Nacht wie immer draußen – das hat etwas damit zu tun, dass er ja durch den Toten unrein war, und er sich im Dunkeln schlecht hätte waschen können. Er schlief also draußen, an die Stadtmauer gelehnt, und ohne Kopfbedeckung. Wer denkt auch so etwas, dass man in einer warmen Nacht eine Kopfbedeckung braucht. In der Früh ließ ein Spatz, der oben an der Mauer wohnte, ihm seinen Kot genau in die Augen fallen. Es haben sich danach so weiße Flecken in seinen Augen gebildet. Es wurde schlimmer, und als er dann zu den Ärzten ging, konnte ihn keiner heilen. Er war blind.

Und: Mein Onkel Achikar wurde nach Elam versetzt, da wo die Provinzhauptstadt Susa ist, vielleicht kennen Sie Susa. Ja und dann hatten wir kein Einkommen mehr. Nur noch meine Mutter Hanna hat uns über Wasser gehalten, sie hat Tücher gewebt und konnte ein wenig davon verkaufen. Wird man bei so einem Schicksal nicht mürbe? Und immer noch haben sie durchgehalten, meine Eltern, ohne ein Wort der Klage.

Meine Psychologin würde mir das schon längst nicht mehr abnehmen, dass jemand das alles ohne Klagen wegstecken kann. Vielleicht geht das mit Gottesglauben. Manche Interpreten, so hundert Jahre nach meiner Zeit, haben denn auch die Geschichte meines Vaters mit der des Hiob verglichen, dessen Geduld ja auch getestet wurde. Kennen Sie die Geschichte des Hiob? Was der für einen Glauben und eine Geduld hatte! Aber dann hat sogar ein Hiob richtig ausgepackt mit seinem Zorn und seiner Bitterkeit gegen Gott. Nicht dass Sie denken, der Hiob sollte uns ein Vorbild fürs Stilleschweigen sein.

Jedenfalls auch für meine Eltern ist das Fass dann übergelaufen. Und zwar wegen einer Kleinigkeit, gerade da, wo ich es am wenigsten verstehen konnte. Wegen etwas Schönem.

Meine Mutter hat nämlich eines Tages ein Zicklein mitgebracht. Ein Festessen! Es hätte eine Überraschung werden können, aber Tobit hörte das Zicklein meckern und wurde misstrauisch.

Woher ist das? Das ist doch gestohlen! Gib es zurück! Hanna dagegen: Ein Kunde hat es mir gegeben – geschenkt! Stell dir vor!
Tobit: Das glaube ich nicht! Bring es zurück! Ich schäme mich für meine Frau! In meinem Haus geht es gerecht zu!
Und Hanna: Wo ist denn der Lohn für deine Barmherzigkeit und Gerechtigkeit? Jeder weiß, was es dir eingebracht hat.

Ich, der Sohn, wäre am liebsten nicht dabei gewesen. Ich habe meine Eltern noch nie streiten hören. Aber ich konnte mich auch nicht verkrümeln, ich war wie gefesselt. Ich glaube, ich wollte auch wissen, wie es ausging. Es ging so aus: Mein Vater hat auch noch zu weinen angefangen. Und weinend hat er gebetet:

Herr, du bist gerecht; alle deine Wege und Taten
zeugen von deiner Barmherzigkeit und Wahrheit;
wahr und gerecht ist dein Gericht in Ewigkeit.
Denk an mich und blick auf mich herab!
Straf mich nicht für die Sünden und Fehler,
die ich und meine Väter dir gegenüber begangen haben.

Ich glaube, mein Vater hat alles, was geschieht entweder als Belohnung oder als Strafe angesehen. Und hat wohl auch gedacht, sein ganzes Unglück wäre ein Teil der Strafe dafür, dass Israel ständig zu fremden Göttern gebetet hat. Mein Vater hat gekämpft wie ein Held, um gerecht zu leben, und hat doch den Eindruck haben müssen, dass seine Gerechtigkeit nicht genug war. Sondern dass er bestraft werden muss: blind, arm, arbeitslos, und wie er wohl meinte, sogar von seiner Frau belogen. Und hat alle Schuld auf sich genommen. Und dann hat er sich seinem vermeintlichen Schicksal übergeben und weiter zu Gott gebetet:

Tu also mit mir, was dir gefällt. Lass meinen Geist von mir weichen; lass mich sterben und zu Staub werden! Es ist besser für mich, tot zu sein als zu leben. Denn ungerechte Vorwürfe musste ich anhören und ich bin sehr betrübt. Lass mich jetzt aus meiner Not zur ewigen Ruhestatt gelangen! Wende deine Augen nicht von mir ab!

Das bewegt mich bis heute sehr. Ich überlege mir, was mein Vater Tobit dabei wollte: Wollte er vollends den Tod als Strafe akzeptieren? Oder wollte er nur endlich Frieden haben? Oder war das eigentlich ein Aufschrei: Gott, lass mich endlich wissen, woran ich bin!

Jetzt wissen Sie jedenfalls, wie es dazu kam, dass mein Vater Tobit sterben wollte.

Am nächsten Tag schien die Sonne wieder etwas zu scheinen. Mein Vater wurde ganz aktiv. Der Gedanke ans Sterben hatte in ihm etwas ausgelöst. Er hat gemerkt, dass zum Sterben eine Erbschaft gehört. Er hatte mir etwas zu vererben. Aber damit fing er nicht an, als er mich zu sich rief, sondern er sagte:

Begrab mich, wenn ich sterbe.

Das hätte er nicht sagen müssen. Wenn er mir mit seinem ganzen Leben überhaupt etwas beigebracht hatte, dann dass man die Toten unbedingt begraben muss.

Und er sagte: Wende deinen Blick niemals ab, wenn du einen Armen siehst.

Auch das hätte er mir nicht sagen müssen. Aber *wie* er das erklärte, wunderte mich schon, er sagte: Hast du viel, so gib reichlich von dem, was du besitzt; hast du wenig, dann zögere nicht, auch mit dem Wenigen Gutes zu tun. Auf diese Weise wirst du dir einen kostbaren Schatz für die Zeit der Not ansammeln. Das wunderte mich sehr, weil ich in seiner Zeit der Not nirgends einen kostbaren Schatz erblicken konnte. So groß war sein Glaube an das, was er sagte.

Noch viele gute Lebensweisheiten gab er mir mit auf den Weg, von Barmherzigkeit und Keuschheit und Charakter und dass ich Gott immer loben soll. Dann sagte er, ich sollte für meine Mutter sorgen, denn sie habe Schmerzen gehabt bei meiner Geburt, und ich solle ihr das danken. Schließlich verlangte er, dass ich jemanden aus unserer Sippe heiraten sollte. Sei nicht zu stolz, sagte er, dir aus der Mitte deines Volks eine Frau zu nehmen. Denn Stolz führt ins Verderben und bringt Zerrüttung mit sich.

All das klang richtig wie ein Vermächtnis, und ich befürchtete schon, er würde wirklich sterben. Und dann machte er die Sache komplett und redete von der Erbschaft. Dass das Geld, das er damals in der Provinz versteckt hatte und das dann quasi verloren war, dass das Geld in der Stadt Rages sich befinden würde, bei Gabael, dem Bruder des Gabrija. Und zwar: Zwei Talente Silber. Ich wusste damals nicht, wie viel das eigentlich ist, Sie werden es auch nicht wissen.

In der Schweiz gibt es einen Tauschkreis mit einer alternativen Währung, dort tauscht man heutzutage Talente statt zu zahlen mit Franken oder Euro. So eine Regionalwährung hat Vorteile, sie ist unabhängiger von der Weltwirtschaft, und das Geld bleibt in der Region.

Unsere Talente dagegen sind ein Goldgewicht. Auch mit ihnen tauscht man statt zu zahlen mit Franken oder Euro, auch sie sind einigermaßen unabhängig von der Weltwirtschaft. Und unsere Talente bleiben in Rages.

Zwei Talente, wenn man das in der Hand hält, hält man es nicht lange in der Hand, denn das sind 60 Kilogramm. Da staunte ich also nicht schlecht! So als Jüngling, der die meiste Zeit in Armut aufgewachsen war. Ich hörte also genau hin, was mein Vater weiter sagte.

20 Jahre liegt das Geld nun schon in Rages, sagte mein Vater, und er gab mir ein halb abgerissenes Pergament. Die andere Hälfte des Dokuments lag bei Gabael, und auf beiden Hälften stand, von beiden unterschrieben, dass das Geld Tobit gehörte.

Mein Vater beendete seine Rede mit den Worten: Du hast ein großes Vermögen, wenn du nur Gott fürchtest, alle Sünde meidest und das tust, was ihm gefällt. Das war wieder ganz er.

So schickte mich mein Vater nach Rages. Ich wollte gleich los und fragte, ob das flussaufwärts oder flussabwärts liegt, und ob ich einen Ziegenhautbeutel mit Wasser mitnehmen musste, oder ob sich das nicht lohnt. Nun, Rages liegt nicht am Fluss, sondern hinter dem großen Zagrosgebirge am Fuß des auch nicht kleinen Elbursgebirges. Rages ist eine bedeutende Stadt, aber ich kannte sie nicht, weil sie so weit weg ist. So weit, dass nicht einmal die Assyrer dort viel zu sagen haben. Sie, liebes

Publikum, kennen sie auch nicht, weil Rages einen Vorort hat, der Teheran heißt, und Rages ist seither kaum gewachsen. Teheran aber schon, und bald reden alle nur noch von Teheran. Jedenfalls verstand ich, dass der Weg lange dauern würde, und ich dachte mir, da muss ich schon etwas mehr Wasser mitnehmen und auch sonst noch manches vorbereiten.

Vor allem wollte mein Vater mich nicht alleine gehen lassen. Seitdem der letzte König umgebracht war, waren die Straßen zwar sicherer geworden. Trotzdem sollte ich mir einen Begleiter suchen. Auf dem Marktplatz habe ich Asarja kennen gelernt. Er kannte den Weg nach Rages, und er sagte, er sei sogar schon bei unserem Bruder Gabael zu Gast gewesen. Sie haben es gleich gemerkt: bei uns sagt man zu allen Israeliten Bruder oder Schwester, obwohl wir ja nur im entferntesten Sinne alle verwandt sind. Gabael ist kein Verwandter, sondern der, der das Geld aufbewahrt hat.

Mein Vater, obwohl blind, hat Asarja unter die Lupe genommen. Es war mir ein bisschen peinlich, dass er ihn sogar gefragt hat, ob er zu unserem Stamm gehört. Asarja hat denn auch zurück gefragt: Suchst du einen Stammes-genossen, oder einen, der den Weg nach Rages kennt? Darauf hat sich mein Vater entschuldigt. Trotzdem hat dann Asarja gesagt, er sei verwandt mit Hananja. Tobit hatte ganz früher, als ganz junger Mann einmal in Jerusalem Hananja kennen gelernt. Nun war er zufrieden. Und er hat dem Asarja einen guten Lohn versprochen. Ich war unsicher, wie sollte Tobit diesen Lohn zahlen, vor allem falls wir ohne das Geld heimkommen würden?

Aber Vater Tobit war wieder voll Gottvertrauen. Und als Mutter Hanna fragte, wie sie mich nur gehen lassen konnten, denn ich sei alles, was sie hätten, ohne mich wäre ihnen auch das ganze Geld nichts wert, da hat mich das zwar angerührt, aber Tobit ermahnte sie, sie sollte mehr auf Gott vertrauen. Mach dir keine Sorgen, Schwester, hat er ganz liebevoll zu seiner Frau gesagt. Auch Asarja hat meinen Eltern Mut gemacht und gesagt, ich hätte einen Engel mit dabei auf meiner Reise, und hat dabei mit den Augen gezwinkert. Tobit hat dasselbe gesagt. Ich glaube aber, er hat sich insgeheim trotzdem Sorgen gemacht.

Aber das Gute für mich war, dass endlich etwas passierte, und dass ich ein Ziel hatte. Wir verabschiedeten uns. Ich war auf dem Weg mit meinem neuen Freund Asarja. Mein Hund war auch dabei. Zu essen hatten wir dagegen kaum, das mussten wir unterwegs finden.

Und mit unserer ersten Mahlzeit, das war so: Ninive, wo wir aufbrachen, liegt ja am Tigris. Da muss man zunächst ganz schön lang flussabwärts laufen, erst einmal an der Hauptstadt Assur vorbei, bevor man nach Osten abbiegt und an einem der Nebenflüsse, dem Diyala, ins medische Gebirge hinaufsteigt. Ganz auf der anderen Seite des Gebirges, am Rand einer sehr großen Salzwüste, findet man die Stadt Rages. Wir hatten also viel vor uns. Aber jeder Tag hat seine eigene Sorge, und am ersten Abend haben wir uns erst mal am Tigris niedergelassen und waren hungrig, und ich dachte, ich würde noch oft hungrig schlafen müssen. Ich stieg in den Tigris, um mich zu waschen, da kam ein Fisch. Erst dachte ich, na, der ist ja furchtlos, aber dann verstand ich: er hat es auf mich abgesehen! Sie werden sagen, es war doch nur ein Fisch, aber sagen Sie das nicht, denn es muss kein Wal sein, damit ein Fisch gefährlich werden kann. Ich habe von Hechten gehört, die Menschen große Stücke Wade abgebissen haben! Ich jedenfalls, bevor ich noch entscheiden kann, ob ich etwas tun soll, oder ob das am Ende noch mein Ende ist, ich höre die Stimme Asarjas: Pack ihn! Tatsächlich war Angriff die beste Verteidigung, und den Fisch packen, und an Land werfen, wo er keine Kraft hat, das war eins. Ich war unversehrt, und wir hatten ein Abendessen.

Asarja hat Holz gesammelt. Bevor ich aber den Fisch aufgeschnitten habe, sagt mir Asarja, ich soll Herz, Leber und Galle zuerst herausnehmen und aufbewahren. So etwas klingt zwar für uns vormoderne Menschen recht ungewöhnlich, aber weil das, was Asarja sagt, sich schon gcradc cbcn als schr hilfrcich crwicscn hattc, bin ich ihm auch diesmal gefolgt und ich habe die drei Innereien gut eingepackt. Den übrigen Fisch haben wir gebraten, und er war köstlich.

Vielleicht werden Sie da neidisch, aber ich sage Ihnen, werden Sie es nicht, denn der Fisch war so groß, es ist noch etwas übriggeblieben. Überzeugen Sie sich selbst. Guten Appetit!

– ＲＲＲＲ –

Sara erzählt

Ich möchte sterben.

Am besten ich sorge selbst dafür!

So sagte ich mir. Aber ich war die einzige Tochter meines Vaters. Ich konnte ja nicht die große Schande auf ihn laden. Ich wollte auch nicht Schuld daran sein, dass der alte Mann vor Kummer ins Grab sinkt. Sterben ging nicht. Aber leben ging auch nicht. Mit meiner *eigenen* Schande und meinem *eigenen* Kummer.

Wenn ich über die Gasse musste, tat ich es so, dass ich möglichst nicht gesehen wurde. Möglichst nahe an die Häuser gedrückt, den Schleier möglichst weit über mein Gesicht, möglichst erst in der Abenddämmerung.

Sie müssen wissen, in unserem alten Orient sind Verspottungen etwas sehr Schlimmes und fast mehr gefürchtet als mancher tätliche Angriff. Bei uns ist das Spottlied eine verbreitete Form, um Gegner fertig zu machen. Sie singen es dir vor, und es brennt sich ein in deine Gedanken wie ein Ohrwurm. Du kannst es nicht mehr vergessen.

Mein Spottlied geht so:

Merkst du das nicht, es braucht nur eine Nacht,
und wieder hast du einen Mann umgebracht.
Sieben Hochzeitsnächte waren's, und Männer auch sieben,
was hast du getrieben, kein einziger davon ist dir geblieben.
Wann immer wir dich nun sehen, dann wird uns schlecht;
dass du dich noch sehen lässt, wer gibt dir das Recht?
Wenn von sieben Männern schon bleicht das Gebein,
dann solltest längst mit ihnen du selbst tot sein!

Sie werden wahrscheinlich sagen: Was für ein böses Spottlied. Wie kann man einem armen Mädchen solche Unwahrheiten an den Hals hängen!

Aber das ist ja das Problem. Die Mägde meines Vaters haben die Reime aus der Geschichte gemacht, die mir wirklich passiert ist. Da hilft es auch nichts, dass sie so schlecht reimen können. Ich fürchte mich inzwischen vor mir selbst. Wenn in der Hochzeitsnacht ein Mann neben dir plötzlich furchtbar zu zittern anfängt, oder zu röcheln, oder rot wird im Gesicht, oder einen Schweißausbruch erleidet. Und dann tot ist. Und du schüttelst ihn, drückst ihn, versuchst ihn zu beatmen. Du schreist ihn an, hör mich! Hörst du mich! Und wenn dir das mit sieben Männern in sieben Jahren so geht. Dann glaubst du ziemlich sicher, dass das an *dir* liegen muss. Oder du hast einen bösen Geist. Und du glaubst, dass du kein Recht hattest, je zu heiraten. Ich will auch nie mehr heiraten.

Sieben Hochzeitsnächte hattest du, und Männer auch sieben,
was hast du getrieben, kein einziger davon ist dir geblieben.
Wenn von sieben Männern schon bleicht das Gebein,
dann solltest längst mit ihnen du selbst tot sein!

Die Männer, die ich bekam, wurden mir immer vorgesetzt. Spätestens ab dem dritten Mal waren es nur Unglücksvögel. Die hatten eine Kriegsversehrung oder stotterten oder hatten keinen Beruf. Die nahmen sehenden Auges das Risiko auf sich, mich zu heiraten, weil sie dachten: Wenn das mit der Sara nicht klappt, dann ist es egal, wenn ich tot bin, eine andere finde ich sowieso nicht mehr. Arme Kerle waren sie, wie ich selbst. Das muss ich ja auch noch verkraften, dass ich als Übriggebliebene nur die Übriggebliebenen bekam.

Meine Eltern sagten:
Du hast Glück, Sara, dass du hübsch bist. So versucht es immer wieder jemand mit dir.
Ich würde gerne nicht hübsch sein.

Sie sagten: Du hast Glück, dass es immer geschah, als du noch Jungfrau warst. Sonst wärst du nicht vermittelbar. Vielleicht wäre es für mich besser, nicht Jungfrau zu sein.

Meine Eltern hatten natürlich auch Sorgen. Ich bin ihr einziges Kind. Wenn es mit mir nichts wird, wird es auch nichts mit Nachkommen. Dann kann das Familienerbe nicht in der Familie bleiben. Deswegen müssen sie es auch immer wieder versuchen. Oder sie meinen es jedenfalls.

Ich habe auch so etwas wie ein Lied gemacht. Ein Gebet zu Gott. Wenn immer ich Gott nahe bin, habe ich meine Ruhe vor all dem Schlimmen. Es geht so:

Ach Herr, gepriesen seist du, mein Gott.
Alle deine Werke sollen dich ewig preisen.
Herr, ich wende meine Augen
und mein Gesicht zu dir.
Lass mich von dieser Erde scheiden,
damit ich nicht länger solche Beschimpfungen hören muss.
Ich habe doch weder meinen eigenen Namen
noch den meiner Eltern befleckt.
Gefangen bin ich in dieser Stadt,
in einem schönen Land lebe ich, das mir nichts mehr bedeutet.
Wenn du mich schon nicht sterben lassen willst,
dann schau auf mich herab und hab Erbarmen mit mir.

Jetzt wissen Sie, wie es mir damals ging. Mir, Sara, einzige Tochter des Raguel und der Edna. Wir leben in einer Stadt; Ekbatana heißt sie. Es ist die Hauptstadt des Mederlandes, sie ist sehr groß und im ganzen Land bekannt. Die Perser nennen sie Hamadan. Sie, liebe Gäste, hätten sich viel zu erzählen über unsere Stadt – Grab der jüdischen Königin Esther, Felsinschrift des persischen Königs Darius, Heimat der drei Könige aus dem Morgenland, Wirkungsstätte des arabischen Medicus Avicenna. Aber wir wissen nichts davon. Wir sind zu früh geboren dafür. Ich weiß von unserer Stadt nur, dass wir einen ganz großen Berg hier haben, den Alvand. Und ich weiß, dass die Assyrer sagen, wir gehören ihnen, und dass die Meder sagen, wir gehören uns selbst, und dass wir den Assyrern manchmal Geld dafür geben, damit alles so bleibt wie es ist. Und ich weiß, dass meine Familie eine Familie Israels ist. Als Israel erobert wurde von Salmanasser, hat er meine Eltern hierher verschleppt, und sie haben sich hier eine neue Existenz aufgebaut. Wir sind hier eine Minderheit in der Bevölkerung.

Mitten in meiner schlimmsten Zeit kamen zwei fremde Männer in Ekbatana an. Die zwei fielen mir sofort auf, weil sie einen so super süßen kleinen Hund bei sich hatten. Ich schaue mir gern die Leute an, während ich mich selbst so gut wie unsichtbar mache. Aber vielleicht habe ich zu direkt hingeschaut. Oder es war Zufall. Jedenfalls haben sie mich bemerkt. Oder weil ich israelitisch gekleidet bin. Das waren sie selbst nämlich auch. Einen kurzen Moment lang kam es mir auch so vor, dass der Größere von den beiden nur nach mir gesucht hatte und genau mich ansprechen wollte. Aber ich schaute mir mehr den Kleineren an. Ihm gehörte anscheinend der süße Hund.

Sie sagten, sie seien auf dem Weg nach Rages. Das überraschte mich, denn Rages liegt weit hinter den Bergen, ganz außerhalb der assyrischen Kontrolle. In so unsicheren Zeiten geht niemand gern dorthin. Und sie sagten, sie suchten einen Platz für die Nacht.

Ich überlegte kurz. Fragte mich, wie mein Vater Raguel entscheiden würde. Er würde sagen: Die Tür eines Israeliten steht einem Israeliten immer offen. Also führte ich die beiden gleich nach Hause. Mein Vater hieß sie herzlich willkommen, umarmte sie sogar. Die beiden waren sehr dankbar. Wir erfuhren, dass sie Tobias und Asarja heißen. Es stellte sich auch heraus, dass Tobias, der mit dem Hund, genauso wie wir aus dem Stamm Naftali ist. Das ist mir immer etwas peinlich, dass mein Vater seine Gäste zuerst fragt, welchem Stamm sie angehören.

Gerade diesen Tobias schaute mein Vater immer wieder verwundert an. Als wir dann schon drinnen bei Tisch saßen, sagte er schließlich:

Tobias, sag', ich habe einen Vetter namens Tobit. Er wohnt in Ninive. Kann es sein, dass du mit ihm verwandt bist?
Tobit? Nun war Tobias sehr verwundert. Wie kommst du auf ihn?
Tobit ist mein Vetter. Du siehst ihm sehr ähnlich.
Aber er ist mein Vater!
Raguel sprang auf und segnete Tobias und sagte: Du bist der Sohn eines guten und edlen Mannes.
Das war nun ein Moment zum Weinen. Für meine Mutter, meinen Vater, für mich. Dann war Tobias also der Neffe meines Vaters. Was für eine Freude!

Ich habe ganz schön geschaut. Ich hatte nicht gewusst, dass wir Verwandte in Ninive haben. Wie weit das weg ist! Wenn man am Tag 20 Meilen schafft, braucht man 20 Tage für die Strecke. So weit waren sie gekommen, und noch einmal so weit wollten sie gehen.

Dann hörten wir, dass Tobit das Augenlicht verloren hatte. Das machte uns wiederum alle sehr traurig. Doch wir einigten uns, dass im Moment die Freude überwiegen soll.

Ein Lamm wurde geschlachtet und ein Fest vorbereitet. Als die Gäste sich frisch gemacht hatten und Raguel seine Arbeit getan hatte, und als es bei uns Frauen in der Küche schon brutzelte und brodelte in den Töpfen, hörten wir Wortfetzen von den Männern draußen. Es ging dort sehr lebhaft zu. Ich dachte mir, sie werden sich gegenseitig alle Neuigkeiten erzählen; manches klang aber fast zu feierlich dafür. Gern hätte ich mehr davon verstanden. Worum es wirklich ging, hätte ich nie geahnt.

Als wir das Essen auftrugen, störte mich das Schreibzeug auf dem Tisch. Ich weiß noch, wie ich mühsam einen

Platz für meine heiße Schüssel fand. Ich weiß auch alles andere noch, als ob es heute wäre. Ich wollte losgehen, die nächste Schüssel zu holen, doch mein Vater hielt mich fest. Er nahm meine Hand und legte sie in die Hand des Tobias. Tobias' Hand war mir angenehm. Dann wollte ich fragen, was das bedeuten soll. Dann wusste ich es von selbst. Ich wusste nur nicht, ob ich es wissen will. Ob ich protestieren will. All das durchlief mich in einem Augenblick. Und eine große Hilflosigkeit kam über mich.

Mein Vater Raguel sagte:
Der Gott Abrahams, der Gott Isaaks, der Gott Jakobs sei mit euch! Er selbst verbinde euch und erfülle euch mit seinem Segen!
Ich hörte es so, als wäre ich gar nicht dabei.
Der Ehevertrag wurde unterschrieben.
Ich sah es, als wäre ich gar nicht dabei.
Mein Vater küsste mich.
Ich spürte es, als wäre ich nicht da.

Bei uns hat eine Heirat zwei Teile: den Vertrag mit allen Abmachungen, und den Vollzug in der Hochzeitsnacht. Danach ist der Vertrag endgültig. Tobias und ich waren nun zu Mann und Frau bestimmt, Tobias war die Hälfte bestimmt von allem, was uns gehörte: Knechte und Mägde, Vieh, Kamele, und Geld. Und morgen würde es endgültig sein.

Oder eben endgültig aus. Ich wollte nicht, wollte nicht, wollte nicht.

Die wenigsten Frauen können mitbestimmen, ob und wen sie heiraten. Das war mir klar.

Ich wollte nicht. Das war mir auch klar. So schaute ich ohnmächtig mir selbst zu.

Nach einer Pause sprach Tobias mich an.
Sara, ich will sehr gerne dein Ehemann sein.
Das rettete mich ein wenig.

Solange dieser Mann da war, den ich sympathisch fand – sympathisch vielleicht nur wegen seines Hündchens, oder warum auch sonst – solange brauchte ich nicht an alles andere zu denken. Ich brauchte keinen Bissen herunterzubringen, brauchte mir keine Gedanken zu machen, wie ich den Weg ins Schlafgemach schaffen soll. Brauchte der Diskussion über Dämonen nicht zuzuhören, die am Tisch aufkam. Brauchte mich nicht zu fragen, woher mein Vater den Mut fand für einen neuen Versuch mich zu verheiraten. Ja, und woher Tobias den Mut fand. Denn es war ihm mein Schicksal erzählt worden. Tobias wollte mich unbedingt zu seiner Frau haben. Er hätte sich geweigert zu essen, hätte er mich nicht bekommen.

Wenn ich also Tobias betrachtete, sah ich Freude in seinen Augen. Keinerlei Anzeichen von Angst. Kein bisschen. Dieser Mann hatte Mut und vermittelte mir ein Stückchen Sicherheit, dass alles genau richtig war. Ich konnte etwas von dem Fleisch herunter bekommen, konnte einen Schluck Wein trinken. Konnte aufstehen und mich von meiner Mutter hinausführen lassen.

Und dann...

Ich im Zimmer mit meiner Mutter zusammen.
Ich weinend, sie mit ihrem Tuch, alle Tränen abwischend.
Ich zitternd, sie ihre Arme um mich legend.
Dabei ihre sanfte Stimme: Ich weiß, meine Tochter, das ist nun die Nacht.
Hab Vertrauen heute Nacht, mein Kind! Nach so viel Leid schenke dir der Herr des Himmels und der Erde endlich Freude. Hab Vertrauen, meine Tochter!
Und ein Kuss auf meiner Stirn, den ich heute noch spüre.

Ich im Zimmer alleine.
Ich spüre ihn. Den Dämon.
Sieben Hochzeitsnächte hattest du, und Männer auch sieben,
was hast du getrieben, kein einziger davon ist dir geblieben.

Wenn von sieben Männern schon bleicht das Gebein,
dann solltest längst mit ihnen du selbst tot sein!
Es spricht die Angst.
Du bist mir ausgeliefert, sagt er.
Aschmodai heiße ich, Ehemänner nehme ich.
Und ich bin alleine.

Ich im Zimmer, als Tobias mit einem Räucherbecken
kommt, es geschäftig aufstellt.
Ich nur Zuschauerin, wie er mit dem Schürstab die
glühenden Kohlen zusammenschiebt.
Wie er einen Lederbeutel aufmacht. Etwas herausnimmt,
das furchtbar stinkt, nach ganz altem Fisch.
Hier das Herz, sagt er, hier die Leber.
Ich würde gern sagen: Pass auf, Tobias, der Dämon ist hier,
aber ich bringe nichts heraus.
Tobias legt das Herz und die Leber auf die Glut, beides
verbrennt zischend und stinkend.
Teuflisch kommt es mir vor. Nicht das Verbrennen,
sondern – vielleicht kennen Sie das: als ob etwas drin wäre,
das da jetzt herauszischt. Dieses Etwas, das herausfährt
aus den Organen des Fischs.

Danach setzte sich Tobias neben mein Lager. Es tat
sehr gut, dass er nicht gleich bei mir lag, das hätte mir
Angst gemacht vor dem, was jetzt kommt. Aber Tobias
erzählte einfach. Mit einer ruhigen Stimme.

Er erzählte von seiner Reise mit Asarja. Wie sie auf
ihrem Weg am Fluss rasteten. Wie er sich die Füße wusch.
Von dem Fisch und dem Fang und der Mahlzeit. Von
Asarjas Auftrag, Herz und Leber des Fischs einzupacken.

Tobias sagte: Ich habe so viel Unglaubliches mit Asarja
erlebt, dass ich inzwischen alles tue, was er sagt, ich frage
nicht. Wenn Asarja sagt: Das Verbrennen von Herz und
Leber des Fischs auf glühenden Kohlen vertreibt alle
bösen Geister – dann vertraue ich darauf. So habe ich es
gemacht.

Und dann sagte Tobias, ich solle mich nicht wundern, dass er sich jetzt *nicht* zu mir legt.

Es wunderte mich dennoch, denn das haben alle Männer bis jetzt immer ziemlich sofort gemacht. Da kenne ich mich inzwischen ein bisschen aus. Wundere dich nicht, sagte Tobias. Auch das habe ich von Asarja gelernt. Asarja sagt, dass die Dämonen der Hochzeitsnacht nur über Brautpaare Gewalt haben, die von Gott nichts wissen wollen. Und solche, die sich allein von ihrer Lust leiten lassen. Ich soll dich drei Tage lang nicht berühren, sagt er, sondern mit dir beten. So bitte ich dich, Schwester, aufzustehen. Wir wollen beten, damit der Herr Erbarmen mit uns hat.

Und er begann:
Sei gepriesen, Gott unserer Väter.
Die Himmel und alle deine Geschöpfe müssen dich preisen.
Du hast Adam erschaffen und hast ihm Eva zur Frau gegeben.
Du sagtest: Es ist nicht gut, dass der Mensch allein ist.
Darum, Herr, nehme ich diese meine Schwester zur Frau,
auch nicht aus bloßer Lust, sondern aus wahrer Liebe.
Hab Erbarmen mit uns und lass uns gemeinsam ein hohes Alter erreichen!
Amen.

Das Amen sagten wir zu zweit. Fast ohne dass ich es merkte, verflog meine Angst. Wir schwiegen noch einige Zeit und schliefen dann gemeinsam ein. Ähnlich ging es in den anderen Nächten. Denken Sie nicht, dass wir ganze Nächte durchbeteten. Aber unser Ehevertrag war erst nach der vierten Nacht gültig.

*Kennen Sie das Geräusch? Ein kurzes Zisch, dann Pause, dann ein Rieseln oder ein kleines Prasseln. Wieder ein kräftiges kurzes Zisch, dann Pause, dann Prasseln. Zwischendrin mal das Schnaufen eines Menschen. Ein rhythmisches Geräusch. Davon bin ich an diesem vierten Morgen aufgewacht. Irgendwann habe ich erraten, was es ist. So klingt es, wenn ein Mensch etwas schaufelt. Neben mir schlief ruhig atmend mein Ehemann.

Beim Frühstück erfuhr ich, was da geschaufelt wurde. Ein Grab wurde zugeschaufelt hinten im Garten. Wer ist gestorben? fragte ich erschrocken. Niemand ist gestorben! Kam die fröhliche Antwort. Dein Zukünftiger ist nicht gestorben! Es wird ein leeres Grab zugemacht! Alle lachten, und manche lobten Gott.

Ich habe meinem Vater innerlich eine Watschn gegeben. Das Grab, das jetzt wieder zugemacht wurde, hatte er wirklich für Tobias vorbereiten lassen. Er hatte nicht wirklich dran geglaubt. Das finde ich egoistisch von ihm; dazu stehe ich. Ich war sein Versuchskaninchen, meine Gefühle waren egal. Ich habe ihm die Watschn aber nicht real gegeben. Sein Egoismus soll nun sein Problem sein. Ich bin einfach glücklich. Ich habe einen Mann, und sogar einen, den ich gern habe, und der mich respektiert. Ob er es durchhält, bloße Lust und wahre Liebe zu unterscheiden, weiß ich nicht. Aber es ist einfach schön, dass ihm der Unterschied überhaupt bewusst ist.

Übrigens – wenn sie das Grab nun zuschaufelten, dann heißt das, dass jemand unsere Hochzeitsnacht belauscht hat, sonst hätten sie gar nicht gewusst, wie es uns geht. Aber über dieses Lauschen an der Tür wundern Sie sich bitte nicht. In unserer Kultur sind wir da nicht so zimperlich. Über den Vollzug einer Ehe wacht immer jemand, weil das rechtlich von Bedeutung ist. Es ist auch ein ganz normaler Vorgang, was im Brautzimmer ge-schieht. Wussten Sie, dass unsere menschliche Zukunft, ich meine unsere Zukunft am Ende aller Zeiten, wenn Gott endgültig uns Menschen mit sich vereinen will, dass diese Zukunft ganz gern mit einem Brautgemach verglichen wird? Brautzimmer sind etwas Normales, etwas Schönes, etwas, das Gottes würdig ist.

Und noch etwas.°

Es wurde in diesen Tagen viel diskutiert bei uns über Dämonen und Ängste und Abhängigkeit und Tod. Und ob es da Zusammenhänge gibt. Aber was ich in dem Zusammenhang erzählen will: wir erhielten einige Zeit später Nachricht aus Ägypten – auch da leben Geschwister aus Israel und schreiben Briefe. Wir erfuhren also, dass in der Wüste Ägyptens neuerdings ein Dämon namens Aschmodai sein Unwesen treibt. Er ist gefesselt, aber sein Rumoren erschreckt noch manche Menschen dort. Da wusste ich: Mein Dämon war in jener ersten Nacht wirklich vertrieben worden. Es ist der Erzengel Rafael, der normalerweise für solche Dinge sorgt. Aber das Räucherbecken und das Gebet von Tobias war auch gut. Und angefangen hatte es mit dem guten Rat Asarjas. Und weitergegangen war es mit der Empfehlung Asarjas:

Tobias, halte um die Hand dieses Mädchens Sara an.

Als ich das erfuhr, wusste ich auch, warum Tobias das so unbedingt wollte und keinerlei Angst dabei hatte.

Ja genau, Asarja. Asarja war auch die Lösung für das nächste Problem. Denn da wirkte Tobias das erste Mal unsicher auf mich. Tobias hatte diesen Auftrag seines Vaters, nach Rages zu gehen, um sein Erbe zu holen, und es war eilig, weil sein Vater vorhatte bald zu sterben. Mein Vater Raguel wollte Tobias unbedingt dabehalten, er war so glücklich über seinen leibhaftigen Schwiegersohn. Und er wollte unbedingt das Hochzeitsfest feiern. Da war ja noch nichts vorbereitet, weil alles so schnell gegangen war. Da brauchte es schon noch einige Tage und Tobias' Mithilfe. Wenn Sie mich fragen, auch ich wollte Tobias unbedingt dabehalten.

Was geschah? Asarja ging einstweilen alleine auf die gefährliche Reise. Er bot sich selbst an. Tobias hatte keinerlei Bedenken. Weder, dass Geld unterschlagen werden könnte, noch dass Asarja etwas zustoßen würde. Tobias gab ihm ein Schriftstück mit. Es war eine durchgeschnittene Urkunde. Die andere Hälfte der Urkunde lag in Rages bei einem Gabael zusammen mit dem Geld.

Um es kurz zu machen – die Zeit, bis Asarja wieder kam, war kurz, verging wie im Flug, man meinte, Asarja müsse geflogen sein. Wirklich. So schnell hat noch nie jemand den Weg zurückgelegt. Asarja brachte Tobias sein Erbe und Gabael auch gleich mit. Denn Gabael war froh, wenn nicht seinen alten Freund Tobit wiederzusehen, dann doch dessen Sohn kennenzulernen.

Wir feierten fröhlich und in der Furcht Gottes vierzehn Tage lang unsere Hochzeit. Und da bei einer Hochzeit eigentlich immer möglichst viele mitfeiern sollen, möchte ich Sie sehr herzlich einladen mitzufeiern. In aller Vorsicht und Bescheidenheit. Eine gesegnete Mahlzeit!

– ฌ ฌ ฌ ฌ –

Tobias erzählt

Wir feierten fröhlich und in der Furcht Gottes vierzehn Tage lang unsere Hochzeit.

Und doch wusste ich, dass meine Eltern, Tobit und Hanna, die Tage zählen würden, und mein Vater kannte ja auch die Wege und wie lange man braucht. Zwei Wochen Hochzeit feiern, das wurde für mich anstrengend, denn das hieß: zwei Wochen machen sie sich daheim zusätzliche Sorgen. Und wie ich später erfuhr, war Hanna sicher, mir sei etwas zugestoßen, und sie aß nichts mehr und sang nachts ihre Klagelieder. Und hier in Ekbatana ließ mein neuer Schwiegervater mich nicht gehen. Ich habe ihm das mit meinen Eltern mehrmals erklären müssen. Schließlich hat er mich mit Sara gehen lassen und hat mir tatsächlich die Hälfte seines Vermögens mitgegeben. So stand es ja auch im Vertrag.

Und dann mussten sich Saras Eltern von ihrer Tochter trennen, das war für sie auch schwer. Aber sie sagten ihr, dass sie ihre neuen Schwiegereltern in Ehren halten sollte. Edna, ihre Mutter, sagte, sie wolle nur Gutes von Sara hören. Und mir hat sie Gottes Geleit gewünscht, und Segen. Und das hat auch bedeutet, dass sie gern Enkel sehen wollte. Und ich habe versprechen müssen, dass ich meiner Frau keinen Kummer machen werde.

So waren wir endlich unterwegs. Was habe ich Gott gedankt, und Gott gebeten, er möge Raguel und Edna segnen, sie waren einfach sehr gut zu mir. Mit meinem Hündchen war ich aufgebrochen, und mit einer Karawane kehrte ich nach Hause!

Dennoch war ich auf der Reise sehr ungeduldig, und noch einmal hat mir Asarja einen Rat gegeben, er hat mir dabei aus dem Herzen gesprochen, nämlich das letzte

Stück nach Ninive mit ihm und dem Hund allein voraus zu laufen. Das haben wir getan, und haben Sara mit der Karawane nachkommen lassen. Sie hat das, glaube ich, verstanden. Asarja wollte ihren Empfang vorbereiten.

Und die Fischgalle sollte ich mitnehmen, sagte er. Denn die Galle war noch in meiner Ledertasche.

Hanna muss mich an dem Hund aus der Ferne erkannt haben. Sie muss jeden Tag am Stadttor verbracht und Ausschau gehalten haben. Sie muss zu Tobit gelaufen sein um ihm Bescheid zu sagen, und trotzdem war sie bei uns, bevor wir in Ninive angekommen waren. Sie hing an meinem Hals und sagte: Ich habe dich wieder gesehen, mein Sohn, jetzt kann ich ruhig sterben. Wir brachen beide in Tränen aus. Gleichzeitig sah ich meinen Vater herauskommen, aber er fiel hin, weil er blind war. Asarja raunte mir zu, ich solle nun die Fischgalle auf seine Augen streichen. Das würde zwar sehr brennen, aber er würde wieder sehen können.

So machte ich es, ich beugte mich zu ihm und behandelte seine Augen. Es brannte ihn sehr, und er rieb sich die Augen. Und dabei lösten sich die weißen Flecken.

Und er sah mich an – er sah mich.

Und weinte auch und lobte Gott und pries ihn und konnte nicht damit aufhören. Ich hatte kaum die Gelegenheit, während wir ins Haus gingen, ihm die wunderbaren Dinge zu erzählen, die ich im Lande Medien erlebt hatte. Schließlich war ich jetzt verheiratet, und das war nicht das Einzige.

Als Tobit das gehört hatte, lief er mit mir wieder vor die Stadt hinaus, um Sara zu begrüßen. Er hat sie willkommen geheißen und ihre Eltern gesegnet. Und wir haben wieder gefeiert, eine Woche diesmal. Unser ganzer Stamm war dabei, oder sagen wir: alle diejenigen vom

Stamm Naftali, die in Ninive leben. Auch der Onkel Achikar wurde dazu geholt.

Und Asarja hat mitgefeiert.

Aha, Asarja. Von dem gibt es auch noch etwas zu erzählen. Erinnern Sie sich, was er bei meiner Abreise gesagt hatte, zu meinen Eltern? Dass ein Engel mich begleiten würde auf meiner Reise?

Also, Tobit wollte ihm den versprochenen Lohn auszahlen, er hatte ja seinen Auftrag vollstens erfüllt. Da bin ich dann dazwischen gegangen und habe gesagt:

Nicht den versprochenen Lohn, sondern er soll die Hälfte von allem haben, was ich heimgebracht habe. Das ist gerade gut genug.
Tobit war damit einverstanden.
Aber Asarja nicht. Er wollte, dass wir Gott preisen und loben, und den Menschen sagen, was wir erlebt haben.
Asarja wollte gar nichts haben. Er sagte: Besser barmherzig sein als Gold anhäufen. Da war er meinem Vater ganz ähnlich.
Was für ein Engel, dachte ich.

Und Asarja *ist* ein Engel. Also, wie sage ich das jetzt, damit Sie nicht nur meinen, wie man so sagt, er ist ein Engel, sondern dass er richtig der Engel Gottes ist, der mich begleitet hat!

Als wir beim Fest so erzählt haben, all unsere Erlebnisse, hat Asarja nicht aufgepasst, hat sich verraten. Er hat Sachen gewusst, die er nicht wissen konnte, weil niemand es ihm erzählt hat:

Wie mein Vater Tobit gebetet hat, dass er sterben will. Wie meine spätere Ehefrau Sara gebetet hat, dass sie sterben will. Das hat Asarja gewusst! Und dann musste er es uns verraten.

Er heißt nicht Asarja, sondern Rafael. Rafael, einer der sieben Engel, die unsere Bitten vor Gott bringen. Er hat die Gebete von Tobias und von Sara vor Gott gebracht. Und es habe ihn so berührt, sagte er, dass er dann selbst die Sache in die Hand genommen hat. Er kam als Asarja nach Ninive, und sagte dem Tobit lammfromm ins Gesicht, dass ein Engel mich zu Gabael begleitet. Wir wissen alle, dass Engel nie Sachen von sich aus in die Hand nehmen, sondern immer in Gottes Auftrag.

Deswegen wollte er keinen Lohn. Deswegen sollten wir nicht ihm danken, sondern Gott preisen.

Asarja ist Rafael. Diese Entdeckung bestürzte Tobit und mich. Wir haben uns gefürchtet und nicht mehr gewagt ihn anzuschauen.

Fürchtet euch nicht, hat er daraufhin gesagt. Daran erkennt man ja auch die Engel, an diesem Satz. Also haben wir aufgehört uns zu fürchten und wieder aufgeschaut zu ihm. Doch er war weg. Wir haben ihn nie wieder gesehen.

Den Asarja, der der Erzengel Rafael war.

*Daraufhin hat Tobit ein Lied gedichtet, davon möchte ich Ihnen einige Verse vorlesen.

Gepriesen sei Gott, der in Ewigkeit lebt,
sein Königtum sei gepriesen.
Er züchtigt und hat auch wieder Erbarmen;
er führt hinab in die Unterwelt – und führt auch wieder zum
Leben.
Niemand kann seiner Macht entfliehen.

Wenn ihr zu ihm umkehrt, von ganzem Herzen und ganzer Seele,
und euch an seine Wahrheit haltet,
dann kehrt er sich euch zu
und verbirgt sein Angesicht nicht mehr vor euch.

Wenn ihr dann seht, was er für euch tut,
bekennt euch laut und offen zu ihm!

Preist den Herrn der Gerechtigkeit,
rühmt den ewigen König!

Von weit her werden die Völker kommen,
um den Namen des Herrn, unseres Gottes, zu preisen.
Sie tragen Geschenke herbei,
Geschenke für den himmlischen König.
Alle Menschen jubeln dir zu.

Denn Jerusalem wird wieder aufgebaut aus Saphir und Smaragd;
seine Mauern macht man aus Edelstein,
seine Türme und Wälle aus reinem Gold;
Jerusalems Plätze werden ausgelegt mit Beryll und Rubinen und
mit Steinen aus Ofir.

Halleluja ruft man in all seinen Gassen und stimmt in den
Lobpreis ein:
Gepriesen sei Gott; er hat uns groß gemacht für alle Zeiten.°

*Ein Wort noch zu meinem Vater Tobit. Vom Sterben war keine Rede mehr, sondern vom Lob Gottes. Tobit wurde sehr alt. Er hat seine Enkel alle kennengelernt. Er hat auch bis zum Schluss den Armen Geld gegeben, war barmherzig und gerecht. Bevor er wirklich starb, hat er mich zur Seite genommen und gemeint, wir sollten nach dem Tod meiner Eltern nach Ekbatana gehen, Ninive sei kein sicheres Pflaster mehr, es würde zerstört werden. Da hatte er Recht. Nebukadnezar aus Babylon und Xerxes aus Persien haben Ninive in die Zange genommen und zerstört. Die Reste von der Stadt werden erst die Franzosen und Engländer 2½ Jahrtausende später wieder ausgegraben. Aber das war nur eine Nebenbemerkung meines Vaters. Noch viele gute Lehren hat er mir auf den Weg mitgegeben, Sie kennen ja nun ihn und seine Lehren.°

*Vielleicht haben Sie sich gefragt, warum Sie von meinem Vater Tobit bisher nur wenig oder nichts gewusst haben. Und warum die Geschichte in vielen Bibeln nicht drinsteht, es sei denn Sie haben eine Bibel mit apokryphen

Texten. Das liegt daran, dass unsere Geschichte erst viel später in die Bibel aufgenommen wurde als die meisten anderen. Wir haben nicht den gleichen Rang wie die anderen biblischen Bücher bekommen. Man muss zugeben, dass unsere Geschichte eher wie ein schöner Roman klingt. Und dass unser Buch nur in eher unzuverlässigen Handschriften überliefert worden ist.

Bin also ich, Tobias, wohl eher eine Romanfigur? Aber finden Sie nicht, dass in unseren Erlebnissen lauter Wahrheit ist? Stimmt es nicht, dass die Barmherzigkeit mehr vermag als das Geld? Stimmt es nicht, dass die Engel uns begleiten? Und dass man die Dämonen in die Wüste schicken muss? Dass wir in die Unterwelt geführt werden und wieder herauf ins Leben? Dass wir verzweifeln und doch allen Grund haben, Gott immer zu loben?

Das Buch Tobit, das es dann doch in etliche Bibeln hineingeschafft hat, weil es im Volk Israel und bei den Christen beliebt und hilfreich wurde, dieses Buch sagt, wie es mit uns ausgegangen ist. Als meine Eltern beide gestorben waren, haben wir sie – natürlich! – in Würde begraben. Dann sind wir mit den Kindern endgültig nach Ekbatana gegangen und haben mit meinen Schwiegereltern zusammen gelebt. Auch sie haben wir schließlich begraben. Tobias, heißt es hier, erbte ihren Besitz ebenso wie zuvor den Besitz seines Vaters Tobit. Und im Alter von hundertundsiebenundzwanzig Jahren starb er in Ekbatana in Medien.°

Das klingt alles ganz nach einem süßen Ausgang der Geschichte. Satt, angefüllt mit reichen Erlebnissen, sind wir geworden in Ninive und in Ekbatana. Gegen einen feinen Ausklang hat man da nichts einzuwenden.

Seien Sie auch beteiligt. Nochmals: Guten Appetit!

– ᴎ ᴎ ᴎ ᴎ –

Paulus

Begrüßung

Vorspeise

Paulus in Troas

Suppe (orientalisch)

Paulus in Ephesus

Hauptgericht (griechisch)

Lukas in Rom

Dessert

Begrüßung

M eine Damen und Herren,

vom Apostel Paulus aus Tarsus wissen wir weder, wann er geboren ist – er wird nur wenig jünger als Jesus gewesen sein –, noch sagt uns die Bibel, wo und wann er wirklich gestorben ist. Manche späteren Berichterstatter sagten, er sei im Jahre 65 nach Christus unter Kaiser Nero enthauptet worden, manche behaupten außerdem, dass er davor noch eine Missionsreise nach Spanien zu Wege bringen konnte.

Wir müssen auch offen lassen, wo seine Gebeine heute beigesetzt sind: ob es neben den Gebeinen des Petrus im Petersdom zu Rom ist, oder im Kloster San Paolo fuori le Mure, zu Deutsch „Sankt Paul vor den Stadtmauern".

Wir wollen zweimal Paulus selbst zu Wort kommen lassen, im dritten Durchgang dann aber seinen Biographen Lukas.

– ฿ ฿ ฿ ฿ –

Paulus erzählt in Troas

L iebe Geschwister,

der Geist Gottes ist mächtig, gelobt sei der Herr. Wer hätte gedacht, wohin er mich alles führt. Ich bin hier gerade in Troas. Die Alten sagen, hier habe Troja gelegen. Troja, wohin man eine schöne griechische Frau entführt hatte, und die Griechen sind gekommen, um die Trojaner zu bestrafen. Deswegen ist Troja jetzt nicht mehr da, wir haben nur Ruinen einiger untergegangener Städte. Aber wir haben eine Gegend namens Troas, und das neue Städtchen hier ist danach benannt.

Hierher kamen also vor tausend Jahren die Griechen aus dem Westen übers Meer, und mit dem trojanischen Pferd schmuggelten sie sich in die Stadt.

Ich dagegen bin vor wenigen Tagen, aus dem Osten gekommen, über Land, und ohne Pferd, und dazu noch ungewollt, ich wollte eigentlich nach Ephesus. Aber man kann sich nicht immer aussuchen, wie eine Reise sich ergibt, der Heilige Geist hat mich jetzt hier ankommen lassen. Und schon morgen wird *mich* die Reise weiter nach Westen führen. Übers Meer, wo die Griechen herkamen.

Ich habe heute Nacht geträumt. Ein Grieche war da und rief mich: komm zu uns, hilf uns! Und so füge ich mich dem Geist Gottes und werde dorthin aufbrechen. Es ist ein wunderbarer Geist, oft undurchschaubar, aber kraftvoll, schöpferisch, Leben schaffend, gelobt sei Jesus Christus.

Ich hatte ja gedacht, es sei schon total viel gewesen, als mir mein Damaskus widerfahren ist, das ist jetzt auch schon wieder über 15 Jahre her, und war nur der Anfang.

Dafür bin ich ja bekannt, sicher auch euch bekannt, dass ich dort vom Christus*verfolger zum Christus*nachfolger geworden bin. Ich war ja sehr überzeugt gewesen, die Christussekte auszurotten – so nannte ich sie damals. Ich wollte nicht auf meinen damaligen Lehrer hören, der hat nämlich dann Recht behalten. Gamaliel hieß mein verehrter Lehrer, ein großer Schriftgelehrter unter den Pharisäern. Gamaliel hatte gesagt, wenn die neue Christussekte von Gott ist, kann man sie nicht bekämpfen; wenn sie aber von Menschen ist, wird sich das von selbst erledigen. Mir ist inzwischen längst klar geworden, dass die Christusnachfolger *nicht* von Menschen sind, denn ich habe sie *nicht* bekämpfen können.

Für uns Pharisäer waren die Christusnachfolger schon auch irgendwie attraktiv, *zu* attraktiv: wir respektierten ihren Gotteseifer und ihre Gottesliebe, ihre hohe Moral, und ihre Überzeugung, dass die Toten auferstehen werden. Hätten sie nur nicht Jesus den Gottessohn genannt. Das war uns höchst lästerlich. Sie nannten ihn den Herrn – so nennt man ja doch Gott selbst. Wahrscheinlich weil die Christusnachfolger ähnlich hohe Ideale hatten wie wir Pharisäer, hatte ich sie für so gefährlich gehalten, für echte Konkurrenz.

Wir hatten auch erlebt, was geschieht, wenn man sie ausrotten will: sie werden mehr. Zuerst flohen sie. Aus Jerusalem in alle Himmelsrichtungen. Plötzlich waren sie im ganzen Land. Es gab neue Nester, wo sie sich vermehrten. Zum Beispiel in Syrien, wo ich mich alsbald zuständig fühlte für ihre Verfolgung.

Ich habe dann die Steinigung des Stephanus erlebt, und das hat mich noch einmal in meiner alten Meinung bestärkt. Denn diesen Diakon Stephanus und die anderen Diakone fanden wir doppelt gefährlich. Das waren griechische Juden. Die ersten Christusnachfolger wie Petrus und Jakob sind ja aramäische Juden, sie sind durch ihre Sprache auf Judäa und Galiläa beschränkt. Aber die griechischen Juden wie Stephanus konnten sich durch ihre Sprache schnell in der ganzen Welt ausbreiten.

Ich bin ja selbst einer. Ich spreche daheim aramäisch, und kann auf hebräisch die Bibel lesen. Aber auswärts spreche ich griechisch, wie man das in meiner Heimatstadt Tarsus eben tut. Wir in der Diaspora sind zahlenmäßig mehr Juden als die Glaubensgeschwister im Heiligen Land, und wir sind anpassungsfähig.

Wie alle anderen habe ich einen hebräischen Namen, Scha'ul, und einen griechischen, Paulus. Das klingt ähnlich, und die Griechen können es aussprechen. Bei Scha'ul bringen sie nur so was wie Saulus heraus. Mein jüdischer Vater war sogar so angepasst, dass er das römische Bürgerrecht erworben hat, das bringt Vorteile. Aber ich bin wirklich Jude, habe bei Gamaliel in Jerusalem das Schriftstudium gelernt, habe vorher das Zeltmacherhandwerk gelernt, weil man bei uns nur als gelernter Handwerker die Bibel studieren darf.

*Wozu man bei uns Zelte braucht, werdet ihr fragen, bei uns ist doch der Campingurlaub noch gar nicht erfunden, und Nomaden sind wir auch nicht! Aber denkt daran, dass gerade in den Städten dauernd Sonnen- und Regendächer gebraucht werden, auf dem Markt, in den Höfen der Privathäuser. Bei euch wäre ich wahrscheinlich ein Markisenmacher. Und das hat für mich den Riesenvorteil, ich brauche nicht viel Geld dabei haben auf meinen Reisen. Wo ich auch hinkomme, werde ich als Handwerker gebraucht und kann mir so mein Brot verdienen. Nicht auf Kosten anderer zu predigen, so wurde es mir schon beim Studium eingetrichtert: Gottes Wort ist kostenlos.°

Ich war also sehr engagiert für ein reines pharisäisches Judentum, und ich wollte der vermeintlichen Christussekte den Garaus machen. Das ist mir längst eine Peinlichkeit, die ich nicht mehr loswerde. Ich möchte auch nichts über meine Methoden sagen, ich fühle mich im Nach-

hinein wie eine Fehlgeburt. Nur so viel, dass die Christusnachfolger richtig Angst vor mir hatten. Ich war mit
einem Vollmachtschreiben aus Jerusalem in der Tasche
unterwegs nach Syrien.

Und dann erschien mir Christus. Erschien so heftig,
dass ich auf den Boden fiel. War es eine Stimme, war es ein
grelles Licht, war es ein Jemand? Wohl alles drei, denn ich
wurde richtig geblendet einerseits, und andererseits, als
ich fragte: Wer bist du?, da antwortete er: Ich bin Christus,
den du verfolgst.

Man hat mich dann nach Damaskus schaffen müssen.
Ich war geblendet bis zur Blindheit, und das war ja symp-
tomatisch für meinen inneren Zustand. Meine erste Ver-
blendung war es gewesen, Christus zu verfolgen. Ich hatte
ja nicht gedacht, dass es ihn lebendig gibt, hatte schon das
nicht sehen können.

Und plötzlich war er in meinem Leben, oder auch
anders herum: ich war in ihm. Plötzlich merkte ich: das
Bekenntnis der Christusnachfolger ist keine Augenwische-
rei. Dass er dem Petrus und den Zwölfen und dem Jakobus
und vielen mehr erschienen sei. Jetzt war er mir, der
Fehlgeburt, erschienen. Jetzt konnte er natürlich auch
kein Gotteslästerer gewesen sein, musste ja dann doch
Gottes Sohn sein, musste „Herr" genannt werden. Und
alles zusammen hat mich umgehauen.

Was sich *nicht* geändert hat damals, ist mein Eifer. Das
ist so eine Eigenschaft von mir. Ich war ab dann in die
andere Richtung eifrig, *für* Christus statt *gegen* ihn.

Was sich auch *nicht* geändert hat, ist, finde ich, meine
Religion. Manche haben gemeint, ich hätte mich in
Damaskus von einer Religion zur anderen bekehrt. Aber so
würde ich das nicht sagen. Es gab ja noch keine neue
Religion. Sondern ich war jetzt erst einmal einfach in
Christus, oder auch umgekehrt, *ich lebe, doch nun nicht ich,*

sondern Christus lebt in mir... ich lebe im Glauben an den Sohn Gottes, der mich geliebt hat und sich selbst für mich dahin-gegeben. Ihn erwartete ich, ihn erwarteten wir alle: nämlich dass er, gerade erst auferstanden, nun auch sehr bald das Reich Gottes fertig stellt. Der Messias stellt das Reich Gottes fertig. Das ist ja eben auch guter jüdischer Glaube. Und ich eile mehr und mehr, meinen Teil dazu beizutragen. Es ist meine Berufung.

Der Herr hat mir dann auch mehrfach weitergeholfen in meiner neuen Berufung. Erstens brachte er mich dort in Damaskus mit Hananias zusammen, und Hananias konnte mich über Christus belehren. Er hat mir vor allem das Augenlicht wieder gegeben, aus der Kraft des Geistes. Ich habe doppelt neu sehen gelernt: das Tageslicht, und Christus. Hananias hat mir auch geholfen, das Vertrauen der Christusnachfolger zu gewinnen, denn diese hatten verständlicher Weise große Angst vor mir, ihrem Verfolger.

Aber man sah ja dann auch, was ich für ein Häuflein Elend geworden war, ich war nicht mehr gefährlich. Im Gegenteil, ich war jetzt auf Seiten der Gefährdeten. Ich erzählte bloß, was ich erlebt hatte mit Christus. Und schon gingen meine ehemaligen Genossen daran, mich aus dem Weg zu räumen. Um es kurz zu machen: Ich musste versteckt werden, und um Damaskus zu verlassen, hat man mich nachts in einem Korb an einem Seil über die Stadtmauer herunter gelassen. Sehr dramatisch damals. Aber im Nachhinein betrachtet, noch eines meiner kleineren Abenteuer.

Ich bin dann nach Arabien gegangen. Dort war nicht nur mein Leben sicherer, ich wurde mir auch sicherer in meiner Entscheidung: Christus nachfolgen. Ich wurde mit meinem Herrn vertrauter. Ich habe eine innige Beziehung zu ihm. Denkt nicht, dass man einfach sein Damaskus erleben muss, und dann ist alles fertig. Ich habe meine Christusbeziehung in der Fremde Arabiens gelernt.

Ich bin dann schon auch zu den großen Aposteln gegangen, zu Petrus vor allem und zu Jakob, dem leiblichen Bruder Jesu. Ich habe mit ihnen geredet, mich mit ihnen verständigt, aber es ist mir wichtig, dass ich nicht nur Dinge nachsage und weitergebe, sondern dass das, was ich tue, aus meiner Beziehung zum Herrn erwächst. Diese Beziehung ist in jahrelanger Einsamkeit gewachsen.

Doch dann wurde Antiochia, die große nordsyrische Stadt, zu meiner Lebensmitte.

*Kennen Sie Antiochia, das die Orientalen Antakya nennen? Das ist da, wenn man von Süden her, aus Palästina und Syrien, heraufkommt, immer am Meer entlang, wo dann das Meer zu Ende ist. Und bevor man dann links abbiegt zum Beispiel Richtung Tarsus, wo ich daheim bin, oder wenn man will, weiter bis zu den Stränden, wo die Deutschen so gern Urlaub machen, aber Urlaub am Wasser finden wir hier bei uns nicht so toll. Aber man kann in Antiochia auch rechts abbiegen und am Rand der Wüste bis nach Persien wandern. Oder geradeaus, es gibt in Antiochia ziemlich viele Richtungen. Deswegen ist es eine richtige Hauptstadt geworden. Und kein Wunder, dass dort auch schnell eine Christengemeinde entstanden ist.

Christen – das ist ein ganz neues Wort. In Antiochia haben wir uns Christen genannt, das war einfach praktischer. Schade eigentlich. „Christusnachfolger" ist eine schönere Ausdrucksweise. Oder „Wir auf dem Weg, der Christus ist". Aber „Christen" ist praktischer.°

In Antiochia gab es einen ersten Gemeindeleiter namens Barnabas, der eigens aus Jerusalem geschickt wurde. Auch daran sieht man, was für ein wichtiges Zentrum Antiochia ist.

Ich selber war ursprünglich in Antiochia links abgebogen und in meine Heimatstadt Tarsus zurückgekehrt. Eines Tages stand aber unerwartet Barnabas vor der Tür meines tarsischen Elternhauses. Ich kannte ihn ja gar nicht, diesen Mann mit entschlossenem Blick, der mich auf aramäisch fragte:

Bist du Scha'ul?
Ich? Warum suchst du einen Scha'ul? Denn mir war unvergessen, dass man mich in Damaskus in dem Korb hatte retten müssen. Da wollte ich schon vorsichtig sein.
Darauf er: Wenn du Scha'ul triffst, sag ihm, er soll nach Antiochia kommen. Wir brauchen ihn dort, um die Gemeinde Christi zu bauen.
Ich, immer noch vorsichtig: Wer bist du überhaupt?
Er: Ich bin Barnabas. Ein Nachfolger unseres Herrn Jesus Christus.
Da war mir klar: so ein Bekenntnis hätten meine Feinde nicht ausgesprochen, also musste es ein Freund sein. Und, wie ich nun erfuhr, nicht nur ein Freund, sondern eben der Gemeindeleiter in Antiochia persönlich.

Kurz, ich ging mit und ließ mein Elternhaus zurück.

*Manche behaupten, ich hätte vor meinem Aufbruch noch eine Vision gehabt vom Himmel und vor allem von der Hölle, und ich hätte die Vision aufgeschrieben, und im Haus versteckt, und als jemand 300 Jahre später das Haus mal aufgeräumt hat, soll er den Text wiedergefunden haben, die so genannte Apokalypse des Paulus. Tut mir aber Leid, ist nicht von mir. Ich hatte auch gar keine Zeit, Visionen zu schreiben, ich bin gleich auf die Reise gegangen. Was da vielleicht in Tarsus gefunden wurde, muss ein anderer geschrieben haben.°

Und, das muss ich sagen, ich bin dann immer auf Reisen geblieben. Nicht sofort, aber es kam so: Kaum hatte ich mich eingelebt in meiner neuen Heimat Antiochia –

genau genommen: *wir haben hier keine bleibende Stadt, sondern die zukünftige suchen wir…*

Also, kaum hatte ich mich eingelebt, Gemeinschaft gefunden beim Brotbrechen, Beten und Singen, auch beim gemeinsamen Fasten, auch beim Spenden sammeln, wir brachten das Geld dann zu den Ärmsten in Jerusalem…

Kaum hatte ich mich also eingelebt, da kam bei einem unserer Fasten-Treffen wieder einmal der Heilige Geist über uns. Mit Simeon, Lucius, Menachem und Barnabas war ich damals zusammen.

Das ist ein Erlebnis, das ich euch wünschen möchte: leer, wie du geworden bist beim Fasten, und erfüllt, wie du geworden bist beim Beten, bist du plötzlich nicht mehr Herr über dich selbst, Bewegungen und Laute kommen plötzlich unkontrolliert aus dir heraus. Geist Gottes pur.

Und plötzlich stand das Wort im Raum: Lasst Barnabas und Scha'ul gehen, ihrer Aufgabe folgen. Um sicher zu sein, fasteten wir gleich weiter, und wurden wir uns dabei sicher. Es war nun klar: Barnabas sollte mich mitnehmen auf eine seiner Missionsreisen, meine erste. Als Helfer nahmen wir Johannes Markus mit, den Neffen von Barnabas.

Die Route ging mit dem Schiff nach Zypern. Von dort nach einiger Zeit nach Norden, wieder aufs Festland, da, wo die Deutschen gerne Urlaub machen, dort verließ uns aber Johannes Markus. Von dort in das andere Antiochia, nämlich in Pisidien an der galatischen Grenze. Dann nach Ikonion, Lystra, Derbe. Dann aber nicht weiter, sondern, wie uns der Geist führte, denselben Weg wieder zurück.

Denn überall, wo wir durchgekommen waren, gab es danach Christen. Überall hatten wegen unserer Erzählungen Menschen angefangen, an Jesus Christus zu glauben. Und zu diesen Menschen wollten wir noch einmal zurück. Damit sie merken: wir sind nicht bloß

Durchreisende, die eine Show abziehen, und sie wurden nie mehr gesehen. Sondern sie stehen zu ihrem Wort. Erst als wir alle noch einmal besucht hatten, kehrten wir in das syrische Antiochia zurück.

Was wir allein auf dieser Reise erlebt haben! Ich kann es nicht alles erzählen.

*Auf Zypern war dieser Zauberer Elymas, den wir besiegten. Er wurde dann genauso blind wie ich es geworden war. Elymas hatte einen sehr hohen Dienstherrn, nämlich Sergius, den römischen Gouverneur von Zypern. Sergius war sehr beeindruckt von der Kraft Gottes, und fing an, an ihn zu glauben. Deswegen werden durch die Jahrhunderte sehr viele den Namen Sergius tragen, nur komischerweise in Deutschland nicht. Serge heißt es auf Französisch, Sergej auf Russisch, und so weiter.°

Richtig dramatisch ist es in Lystra gewesen. Dort durften wir das Wunder erleben, dass ein lahmer Mann – von Geburt an lahmer Mann – das Laufen lernte, nachdem wir für ihn gebetet hatten. Ich war voller Glücksgefühle und Gotteslob für dieses Erlebnis, und dachte mir, jetzt werden alle, die es sehen, auch an Christus glauben.

Doch nein. Denn was geschah? Diese Menschen im kappadokischen Hinterland konnten sich keinen Christus vorstellen. Christus lag außerhalb ihres Erfahrungshorizonts. Sie meinten, wir seien die Götter Zeus und Hermes, geradewegs vom Olymp heruntergestiegen, auf Besuch bei den Menschen. Sie haben da diese Sage, dass schon voreinst Zeus und Hermes in Kappadozien bei einem alten braven Ehepaar unerkannt eingekehrt waren. Die beiden guten Gastgeber waren reich belohnt worden. Das könnt ihr bei Ovid nachlesen. Also stürzten die Leute von Lystra auf uns zu, wollten uns Göttergirlanden umhängen und gleich einen ganzen Stier als Opfer darbringen. Sie wollten auch belohnt werden. Das galt es zu verhindern. Wir haben mächtig dagegen angeredet, dass man uns zu Göttern machen wollte. Aber es hat die Leute nicht beruhigt. Im Nachhinein klar: sie empfanden es als Kritik an ihrem Götzendienst, da waren die natürlich empfindlich.

Und ich dachte damals in Lystra: Wie schlimm, man kann mit dem Richtigen genau das Falsche bewirken. Einer wird geheilt, und das führt die anderen zum Götzenglauben. Und ich dachte mir: Hoffentlich kommen wir aus dem Missverständnis wieder raus. Aber es kam noch schlimmer. Die Menschen, die um uns herum standen, wurden immer zahlreicher, und sie wurden unruhiger, und wurden auch böse. Böse, dass wir ihnen den Zeus und den Hermes ausreden wollen, dachte ich.

Aber dann sah ich, dass sich da auch Männer dazugesellt hatten, die ich aus den anderen Städten kannte. Sie hatten uns schon dort Gewalt antun wollen, waren uns bis hierher gefolgt. Ich begriff nun, dass es wirklich Feinde waren. Sie hatten uns vorgeworfen, den ganzen guten *jüdischen* Glauben durcheinander zu bringen. Das war durchaus nicht unsere Absicht gewesen, wir wollten nur Christus bezeugen. Aber die anderen empfanden das nicht so.

Sie waren uns also bis nach Lystra gefolgt. Und sie nutzten das Durcheinander aus. Und bevor ich es richtig verstand, flogen die Steine. Auf Barnabas und auf mich. Auf dem Marktplatz von Lystra. Wir wurden begraben von jüdischen und von heidnischen Steinen. Dann weiß ich nichts mehr.

Nur, dass ich wieder aufwachte, weil ein paar Treue, zu Christus Bekehrte, uns aufrüttelten. Ich weiß noch, wie ich mich umschaute und wie ich dachte: Wo ist der ganze Marktplatz von Lystra hin, und die vielen bösen Leute? Warum liege ich hier in Unkraut und Dreck?

Man hatte uns für tot gehalten und aus der Stadt geschleift, damit die Hunde uns fressen. Nur deswegen haben wir überlebt.

Man kann jetzt fragen, ob ich damals von meiner Mission noch überzeugt war. Wir hatten lauter Missverständnisse und Streit und Gewalt verursacht, und waren an den Rand des Todes gekommen. Aber wir hatten auch überlebt, und es waren doch Christusnachfolger übrig geblieben, ja es hat uns zusammengeschweißt. Ich glaube, so geht es einem, der Christus nachfolgt. Die Frage nach dem Sinn des Ganzen kam mir damals nicht in den Sinn.

Und es blieb auch nicht bei dieser ersten Reise. Nach einem Heimataufenthalt in Antiochia sagte ich Barnabas:

Machen wir doch die Reise noch einmal, sehen wir nach den kleinen Gemeinden, die sich gebildet haben, bestärken wir sie.
Gern, sagte Barnabas.
Aber, sagte ich: gehen wir diesmal ohne Johannes Markus. Er war auf der letzten Reise nicht zuverlässig. Ist einfach ausgestiegen.
Wie, nicht zuverlässig? Er hat damals eben seine eigene Entscheidung treffen müssen, meinte Barnabas.
Ich: Das sagst du doch nur, weil er dein Neffe ist!
Er: Wie, Neffe!

Tja, leider ist es dann eskaliert zwischen Barnabas und mir. Das Ende davon: es wurde nichts aus einer gemeinsamen Reise. Der Kompromiss: Barnabas ging *mit* seinem Neffen noch einmal nach Zypern, ich dagegen wählte mir Silas als neuen Begleiter. Ich stieg dadurch vom Begleiter zum Anführer auf. Und *wir* gingen über Land zu den bekannten Städten Derbe, Lystra, Ikonion und so weiter.

In Lystra, wo ich dem Tod näher gekommen war als je zuvor, ist dieses zweite Mal etwas sehr Gutes passiert.

Timotheus ist zu uns gestoßen, ein junger Mann. Seine Mutter, als Jüdin, hatte sich bei meinem ersten Besuch Christus angeschlossen, und das wollte Timotheus nun auch tun. Weil sein Vater aber Heide war, war Timotheus nicht beschnitten, und wir hielten es alle für gut, das nachzuholen, so beschnitt ich ihn, und dann war er wie ich und sie und Silas: christusgläubiger Jude. Seither sind wir also zu dritt unterwegs, und wollten dann auch in eine neue Gegend, in die Großstadt Ephesus, aber, wie ich schon sagte: Wir sind in Troas gelandet.

Überall, wo wir hinkamen, haben wir sowohl offene Ohren als auch Ablehnung gefunden. Wir haben Schläge eingesteckt, auch ein paarmal die neununddreißig Schläge aus dem Gesetz des Mose.

*Es würde mir dabei warm ums Herz, als Gesetzeskundiger, wenn es nur nicht so geschmerzt hätte. Wusstet ihr das? Es sind ja im Gesetz des Mose 40 Schläge vorgesehen, aber es kann ja passieren, dass man sich um einen Schlag verzählt, wenn man dann 41mal zuschlägt, wäre es eine schlimme Gesetzesübertretung. Schlimmer als wenn man nur 39mal schlägt. Lieber zu barmherzig als zu streng. So kann es bei uns Pharisäern zugehen.°

So, ich wollte ja von der Reise erzählen. Wir sind also in Troas. Aber wir bleiben nicht lange, wegen meines Traums, der mich nach Griechenland ruft, genauer gesagt nach Mazedonien. Der Heilige Geist ist erstaunlich. Er wird jetzt Asien und Europa verbinden, Juden und Griechen, wer weiß was noch alles. Eine Brücke über den Hellespont.

Wir stärken uns nun mit einem Abendessen, unserem letzten in Asien. Dann gehen wir morgen Früh zum Hafen. Ich wünsche uns allen „Gesegnete Mahlzeit"!

– ᕰ ᕰ ᕰ ᕰ –

Paulus erzählt in Ephesus

Liebe Geschwister,

viel Zeit ist vergangen, über fünf Jahre, seit wir uns zuletzt getroffen haben, und ich habe hier in Ephesus auch viel Zeit gehabt. Erstmals bin ich drei Jahre am Stück an einem Ort geblieben. Und ihr seht, es wurde tatsächlich noch etwas aus Ephesus, wir haben es doch noch in diese Stadt geschafft. Zurück in Asien also. Es gibt gute Freunde hier, zum Beispiel einige, die ich in Mazedonien kennen gelernt habe. Auch Timotheus und Silas sind natürlich da.

Der Makedone Gaius hat hier ein Haus, da lässt sich gut wohnen. Es gibt auch ein Gefängnis, da lässt sich auch wohnen, aber da will man nicht wirklich sein. Als ich dort drin war, habe ich zwar gewusst, wenn Gott mich hier sein lässt, wird es seinen Sinn haben, aber es zermürbt sehr.

Zermürbend sind auch die Konflikte, die ich hier dauernd austragen muss. Der eine Konflikt ist, dass dauernd irgendwelche Leute wieder einen Unterschied machen wollen zwischen Juden und Nichtjuden.

Ich habe euch das damals in Troas nicht erzählt, weil ich immer noch glaubte, die schmale Meerenge zwischen Asien und Griechenland wäre überwindbar. Aber spätestens hier in Ephesus hat mich alles wieder eingeholt.

Naja, es sind ja auch nicht irgendwelche, die so streng zwischen Juden und Nichtjuden unterscheiden wollen. Sondern ausgerechnet Jakob, der Bruder des Herrn Jesus selbst. Klar, als Aramäer ist er da vielleicht strenger. Wir Diasporajuden sind es ja gewohnt, dass Griechen sozusagen auf jüdisch zu Gott beten, ohne beschnitten zu sein und ohne die Speisegesetze befolgen zu müssen. Es ist schon ganz viel, dass sie nicht mehr zu den vielen Göttern beten, sondern zu dem einen Gott. Aber damit konnte Jakob vielleicht nicht so viel anfangen.

*Obwohl ja Jesus auch die Nichtjuden akzeptiert hat! Hat gesagt, Juden und Samariter werden ohne ihre beiden Tempel zum einen Vater beten! Hat Glauben bei einem römischen Hauptmann gefunden! Selbst Petrus, echter eingeborener Aramäer aus Galiläa, hat gemeint, die Heiden müssen nicht Juden werden, und Petrus behauptet ja, mit dem Heiden Cornelius zusammen Mahl gehalten zu haben. Aber Jakob, obwohl er Bruder Jesu ist, war ihm nicht als Schüler nachgefolgt. Er macht sich immer noch Gedanken, wie denn jüdische Christen mit nichtjüdischen Christen zusammenleben können...°

Ich selber, das wisst ihr, habe mich entschieden, *den Juden ein Jude und den Griechen ein Grieche* zu sein. Den Timotheus habe ich beschnitten, das hat dort gut gepasst; mit Griechen habe ich an einem Tisch gesessen, wenn es *so* gepasst hat. Christus ist mein Herr geworden, darauf kommt es an! *Es gibt nun nicht mehr Jude noch Grieche, sondern alle sind eins in Christus.*

Ja, stimmt schon, wir sind schon recht griechisch geworden hier am Ufer des Ägäischen Meeres. Zum Beispiel brechen wir das Brot nicht mehr einfach nur so in Jesu Namen, wir machen hier eine Zeremonie draus, fast ein bisschen mit einem heidnischen Touch, wir nennen es jetzt ein Sakrament. Das ist nicht *ganz* typisch jüdisch. Aber dann wieder, jedes Mal beim Brotbrechen, rufen wir auf aramäisch „maran ethá", Herr, komm bald. Und wir beten mit Jesus „Dein Reich komme..." Darauf wäre kein Grieche gekommen.

Der Streit mit Jakob war in Jerusalem ausgetragen worden. In Jerusalem gab es Gespräche und ein ganzes Apostelkonzil. Ich hatte geglaubt, wir hätten uns dort geeinigt. Wenn wir kein Blut und kein Götzenopferfleisch essen, dann können Juden und Nichtjuden ganz gut zusammen essen, dann muss man nicht beschnitten werden. Aber jetzt ist der Streit *wieder* ausgebrochen. Das war wegen einer zufälligen Entdeckung. Ich habe nämlich von hier, von Ephesus aus, Freunde in die Gegend meiner ersten Reisen geschickt. Genauer gesagt in die Gegend, die man auch Galatien nennt. Dort also, wo meine ersten Gemeinden so zart zu wachsen angefangen hatten. Und was finden die Freunde dort? Die Gemeinden wollen sich alle beschneiden lassen. Also Juden werden. Jemand hat es ihnen aufgeschwatzt. Es sieht mir ganz nach Jakobs Handschrift aus.

Ich habe jetzt einen Brief nach Galatien geschrieben. *O ihr dummen Galater*, habe ich geschrieben. Was meinen Sie – ob das gut war? Jetzt bete ich täglich, dass sie den Brief nicht schon zerrissen haben, sondern ihn doch aufheben und zu Ende lesen. Da war ich doch ein bisschen chauvimäßig.

*Unter uns gesagt, es gibt da aber wirklich Typen mit einer keltisch-galatischen Sprache und blonden Schnurrbärten, die sind schon ein bisschen hinter dem Berg. Sie sollen einst aus dem fernen Gallien und Welschland hergekommen sein. Ihre Namen hören alle mit –ix auf. Dugrigstnix, Nuriigrix, Glaubnernix, Hinderrix, und die meisten von ihnen heißen Derschnalldnix, Dutschexdnix, Maansdiiblix...

Wenn es hier irgendwo eine Chauvi-Kasse gibt, hier, gerne, ich zahle auch was ein.°

Ich habe den Galatern jedenfalls geschrieben, dass sie das nicht von mir haben, wenn sie so plötzlich scharf auf Speisegebote und Fastenkalender sind, und am Ende sogar darauf, beschnitten zu werden. Ehrlich gesagt, ich habe ihnen geschrieben, lasst euch doch gleich auch noch kastrieren. Da werd' ich einfach sarkastisch.

Und sachlich habe ich ihnen geschrieben: Werft eure Freiheit als Kinder Gottes nicht einfach weg! Oder wollt ihr euch sklavisch an die Gesetze halten? Wer mit ihnen aufgewachsen ist – der kann das vielleicht. Aber es war nicht mit Jakob ausgemacht. Ausgemacht war: Kein Blut essen und kein Götzenopferfleisch essen. Aber auch, dass es *keine* Beschneidung braucht und auch sonst nichts.

Ich glaube, ich weiß schon, warum plötzlich alle wieder denken, das Gesetz wäre *so* wichtig. Es gab da ein Gastmahl damals in Antiochia, da wurden griechische Christusnachfolger ausgeschlossen. Da musste alles jüdisch zugehen. Da war Petrus dabei, und Barnabas auch, und Jakob sowieso. Aber es tut mir leid, das war nicht ausgemacht gewesen. Petrus und Barnabas hatten Angst vor Jakob, deswegen haben sie nicht protestiert. Sie sind einfach umgefallen. Man wäscht nicht gern schmutzige Wäsche, aber ich musste das den Galatern schon schreiben. Nicht dass es am Ende heißt, *ich* sei es, der sich nicht an Abmachungen hält.

*Anmerkung: Ich habe an die Galater gar nichts selbst geschrieben. Ich habe diktiert, und ein gelernter Schreiber hat geschrieben. Meine Schrift ist arg krakelig, so wie halt meine Unterschrift, die ich dann doch selber drunter-gesetzt habe.°

Jedenfalls: Ihr merkt meinen Zorn. Und ich habe meine Galater sehr, sehr lieb. Deswegen macht mich dieser Konflikt also genauso mürbe wie das Gefängnis hier, und beides hätte ich nie überstanden ohne meine lieben Freunde hier in Ephesus.

So *viele* Konflikte.

Auch nach Korinth habe ich schreiben müssen. Ähnlicher Ablauf. Haben dort Gläubige gefunden, waren dann eineinhalb Jahre dort und haben einiges aufgebaut. Aber kaum habe ich die Stadt verlassen, höre ich durch Freunde:

die machen dort sturmfreie Bude, und ungeladene Gäste kommen zur Party. Das heißt, fremde Prediger. Und seither gibt es Parteien in Korinth, je nach dem Prediger, dem sie folgen wollen. Manche nennen sich jetzt apollonisch, manche petrinisch, und paulinische gibt es natürlich, und zum Glück nennen sich manche immer noch christlich. Ich habe also auch ihnen nochmal geschrieben, sie sollen sich erinnern, was ich ihnen damals gepredigt habe.

Halt, Korinth, das ging jetzt zu schnell.

Ich habe euch ja gar nicht erzählt, wie es mir seit Troas in Griechenland ergangen ist. Korinth war da erst der Endpunkt meiner Reise. Was da auf dem Weg alles geschehen war!

Wie ich mit dem Schiff nach Philippi kam, und kaum, dass ich in dieser neuen Welt war, wie ich gleich Lydia kennen gelernt habe. Nicht kennen gelernt, wie ihr jetzt vielleicht denkt, sondern eben kennen gelernt. Auch eine Frau, die längst zum Gott der Juden betete, ohne Jüdin zu sein, und die auf Christi Namen getauft werden wollte, wozu hätte ich sie extra zur Jüdin machen sollen? Taufe ist da sogar ganz gut, das geht für Männer *und* Frauen, Beschneidung nicht. Ihre ganze Familie wurde getauft. Ihr Haus wurde unsere Herberge, ein nicht ganz kleines Haus, weil sie Purpurhändlerin ist. Damit wurde ihr Haus zur Keimzelle einer Gemeinde.

Philippi ist auch die Stadt, wo ich mit Silas zum ersten Mal in einem Gefängnis saß. Dort geschah das Wunder – nicht dass es ein Erdbeben gab: das ist dort gar kein Wunder, kommt öfters vor wegen der Plattentektonik; und dass bei den Erdbeben dann die Häuser einstürzen, das ist auch kein Wunder, alles schwarz gebaut unter Umgehung sämtlicher Bauverordnungen – aber dass das Gefängnis einstürzte, genau in dem Moment als wir zwei gerade drin waren, das war das Wunder. Und auch, dass wir den Einsturz überlebten. So dass wir einfach durch die Ruinen hinaus hätten gehen können.

Hätten. So wie wir in Gottes Hand geborgen waren, hielten wir es gar nicht für notwendig, wegzulaufen. Vielmehr lobten wir Gott auf den Knien auf der Stelle. Das wiederum führte dazu, dass der Gefängniswärter nicht zu verzweifeln brauchte über einen Verlust von Häftlingen. Hatte ja nicht gewusst, dass wir geblieben sind. Entlaufene Gefangene waren ihm unverzeihlich, obwohl er ja nichts für das Erdbeben konnte, aber er wollte sich sogleich in sein Schwert stürzen. Aber wir griffen ein und sagten: Lass mal, lass mal, wir sind ja noch da, niemand ist entlaufen.

Er schaffte es, sich zu entspannen, und es entspann sich ein Gespräch über das Gerettetwerden. Ein schönes Thema und passend für *unser* Gefängnis und für *seinen* Suizidversuch und für die Sünden der *Menschen* und für den Tod überhaupt und das ewige Leben. Er wurde dann Christ. Und auch er wurde mit seiner Familie zusammen getauft.

*Übrigens, ich habe erfahren, dass es bei *euch* einen Konflikt gibt, ob man an Christus glauben muss, *bevor* man getauft wird. Also ein Konflikt über die Reihenfolge. Das ist für mich etwas unverständlich. Klar, Lydia und der Gefängniswärter glaubten *erst* und wurden *dann* getauft. Aber ihre Familien wurden *erst* getauft und lernten *dann* zu glauben... da macht ihr euch mehr Probleme als ich. Beides ist für mich normal.°

Warum wir überhaupt in Philippi in Haft gekommen waren? Na, da war so ein Wahrsagemädchen, eine Sklavin, das gibt es bei uns überall. Damit verdient so mancher Sklavinnenbesitzer sein Geld. Sie hat mit Hilfe eines bösen Geistes gewahrsagt, ... gewahrsagt... oder sagt man wahrgesagt?

Sie ist mir dauernd nachgelaufen, hat richtig genervt.
Ich natürlich, friedliebend, kein Aufsehen erregen, Ruhe
bewahren.
Er, der böse Geist in dem Mädchen, stöhnt: das ist Paulus,
Knecht des höchsten Gottes, der das Heil bringt!

Man könnte meinen, die beste Werbung für uns und
für Christus. Es war aber vielmehr stöhnend und störend.

Ich, ruhig bleiben.
Er, dauernd hinter uns her, tagelang, zwei Wochen.
Irgendwann ich, verschwinde, du böser Geist, fahre aus in
Jesu Namen!

Er fährt aus dem Mädchen aus. Das Mädchen kann nicht
mehr wahrsagen, mit ihr kann keiner mehr Geld
verdienen. Der Sklavinnenbesitzer ärgert sich. Was macht
er? Er klagt uns *nicht* an wegen Austreibung eines bösen
Geistes aus seinem Eigentum. Damit nimmt ihn kein
Gericht ernst. Also sagt er: hier sind zwei Juden, die
verursachen Aufruhr im Volk.

Jetzt war das dummerweise genau jenes Jahr, als die
Herren in Rom besonders judenfeindlich waren. Allen
voran Kaiser Claudius, der alle Juden aus Rom vertrieb. Sie
machten ja keinen Unterschied zwischen christlichen
Juden und ursprünglichen Juden. Das ist okay, ich meine,
wir kennen ja auch nicht wirklich den Unterschied
zwischen der liberal-demokratischen Partei Usbekistans
und der volksdemokratischen Partei Usbekistans. Also
nicht nur fühle ich mich als Jude, sondern von den
Griechen werde ich auch als einer angeschaut.

Wenn du jemanden loswerden wolltest in jenem Jahr,
hast du bloß sagen müssen, da machen zwei Juden
Aufruhr. Schon sind sie dran, ohne Prozess, zumal in
einem Provinzstädtchen wie Philippi. Warum wir also im
Gefängnis saßen? Weil wir Juden sind.

Daher gingen wir nach unserer Rettung baldmöglichst fort aus Philippi. Thessaloniki, dann Beröa... und immer wieder gab es Probleme. Diesmal wieder mit unseren jüdischen Geschwistern. Immer wieder mussten wir heimlich fliehen, uns manchmal trennen und woanders verabreden, Briefkontakt halten.

*Später hat man uns sogar nochmal vor einen echten römischen Statthalter geschleppt, namens Gallio, der war seit dem Jahr 50 nach Christi Geburt im Amt. Das hat man damals sogar auf einen Stein geschrieben. Und weil Steine haltbar sein können, könnt auch ihr seinen Namen auf diesem Stein selber nachlesen, da müsst ihr aber nach Korinth gehen. Also, als Gallio da war, war schon wieder vieles beruhigt. Als wir bei ihm wegen Aufruhr angeklagt waren, hat er gesagt: Was die Juden privat machen, geht mich nichts an, solange sie nicht gegen römisches Recht verstoßen.

Nur damit ihr seht, dass wir nicht *dauernd* rechtlos oder vogelfrei waren.°

*In Athen bin ich sogar ganz akademischen und stoischen Griechen begegnet, also den Philosophen. Die sind überhaupt nicht heißblütig. Die hören sich was an, dann denken sie drüber nach, dann nehmen sie dich ernst, oder nehmen dich auch nicht ernst. In meinem Fall haben die meisten spöttisch gelächelt über meine Rede auf dem Marktplatz von Athen. Obwohl ich versucht habe, einen ihrer Götteraltäre positiv anzusehen, und obwohl ich mit einem schönen griechischen Zitat des Philosophen Aratus punkten konnte. Sie haben mich aber einen Körnerpicker genannt. Nur, sie haben mir nichts getan. Immerhin, ein paar haben dann doch etwas von Christus wissen wollen.°

Diejenigen, die letzlich Christus nachfolgten, waren meistens nicht Heiden und nicht Juden, sondern die zwischendrin. Also solche Griechen, die sich schon vorher für den einen Gott der Juden interessiert hatten. Und immer weniger Sinn machte es für mich, sie vor ihrer Taufe zu Juden zu machen.

Zuletzt kam ich also nach Korinth. *Die* Stadt Griechenlands. Auf jener schmalen Landenge zwischen zwei Meeren wogt sie selbst wie ein Meer. Unvorstellbar groß.

Zehntausende Handwerker, Tausende römische Beamte.
Zig Handels- und Bankhäuser.
Abertausende Sklaven. Hunderte Götteraltäre. Tausende Prostituierte.
Zwei Handelshäfen. Ein römischer Provinzstatthalter. Null Moral.

Wir haben da ein Verb, das heißt „korinthern". Ungefähr so: Na, bist du auch schon korinthern gewesen? Nee? Na hör mal, ein bisschen korinthert doch jeder... Gemeint ist damit: Als Ehemann seine Frau wie ein Stück Besitz behandeln. Ehefrauen kurzfristig austauschen gegen junge Mädchen, manchmal auch gegen die eigene Stiefmutter. Oder auch gerne gegen einen jungen Burschen. Korinthische Katastrophe. Ihr werdet jetzt sagen: Paulus, das ist nur der Kulturschock für dich, sei doch ein bisschen tolerant.

Okay, es ist ein Kulturschock. So etwas gibt es bei uns Juden einfach nicht, es ist mir gefühlsmäßig ein Gräuel durch und durch. Okay, betrachten wir es nüchtern. Ich hatte ja selbst gesagt, lasst die Griechen Griechen sein, Hauptsache sie haben Christus zum Herrn. Man könnte sich jetzt überlegen, soll man all das Sexualverhalten den Griechen doch weiterhin lassen, es gehört zu ihrer Kultur, genau wie das Essen, das wir ja auch akzeptieren.

Wohlan, ich glaube es einfach nicht. Freiheit der Kinder Gottes, hatte ich den Galatern geschrieben. Dann auch Freiheit für die Mädchen und Burschen, macht sie frei von ihren penetranten Liebhabern, die sie benutzen statt zu lieben, und macht die Frauen frei von ihrem

Dasein als Gebrauchsgegenstand, und ihr Männer, macht euch selbst nicht zu einem Ding!

Du ganzer Mensch bist wertvoll. Für deine Seele *und* deinen Leib ist Christus gestorben, hat für dich bezahlt, siehst du nicht, wie wertvoll du bist, zu wertvoll, um deinen Leib oder den Leib deines Nächsten wegzuwerfen. Du bist vielleicht kein Jude, aber auch für dich gibt es einen Tempel. Und zwar so, wie Christus gesagt hat: mein Leib ist der Tempel, der in drei Tagen neu erbaut wird. Ja wenn ihr alle der Leib Christi geworden seid, dann seid auch ihr ein Tempel Gottes, ein heiliger und freier Ort. Dann lasst es doch bleiben, einen Leib dem andern zu versklaven, und ich meine damit nicht nur die käuflichen Sexsklaven, sondern alles, wo Sexualität als Machtmittel und wo dein Leib als Gebrauchsgegenstand benutzt wird.

So. Solche Sachen habe ich den Korinthern geschrieben, sinngemäß, wörtlich vorlesen kann ich es Euch gerade nicht, der Brief ist schon raus.

*Und ich werde irgendwem nochmal was schreiben müssen, wegen diesem, wenn ein Mann mit einem Mann gegen seine Natur... Ich habe da noch diese jungen Burschen von Korinth vor Augen, gefangen in den Augen und Armen wässriger Greise, keine Chance, ihre eigene natürliche altersgemäße Sexualität zu entdecken, das ist doch schlimm.

Schlimm, wenn sich jemand gegen seine Natur verbiegen muss. Da fällt mir ein, worüber ich übrigens noch nicht nachgedacht habe, das ist, ob es auch Männer geben könnte, die von ihrer *Natur aus* zu Männern hingezogen sind. Die sollen sich ja dann auch nicht dagegen verbiegen müssen. Naja, wie gesagt, über so etwas habe ich noch gar nicht nachgedacht, vielleicht schaffe ich es auch nicht mehr, mich in das Thema richtig einzuarbeiten. Jedenfalls: wie du auch veranlagt bist, mach mit deinem

Leib nicht Sachen, mit denen du dich abwertest und kaputt machst und schmutzig fühlst.°

Was mich verblüfft, das ist, dass manche mir deswegen Leibfeindlichkeit nachsagen. So etwas geht mir dann schon nach, die drehen mir das Wort genau im Munde um. Die haben irgendwann gehört, Paulus ist leibfeindlich, und keiner liest nach, was ich wirklich geschrieben habe. Dass ich im Gegenteil den Leib wertschätze.

Also nochmal, ich bin *für* den Leib, weil er wertvoll ist, ein Tempel des Heiligen Geistes. Und wenn ihr heiratet, dann gilt das Gleiche. Als Mann ehre deine Frau, als Frau ehre deinen Mann, genau deswegen. Betrachte deine Frau nicht als ein Ding, wie es anscheinend die heutigen Griechen gern tun.

Das traue ich mich sagen, obwohl ich jetzt vielleicht voll als der Frauenversteher dastehe. Aber von mir aus. Uns schließen sich viele Frauen an, die gemerkt haben, bei uns geht es ein bisschen anders zu. Und weil dann leicht manche Angst kriegen, der Paulus bringt jetzt die Frauen an die Macht, deswegen habe ich in den Brief an die Korinther nicht nur hineingeschrieben, Männer, ehrt eure Frauen, sondern erst mal, Frauen, ordnet euch schon auch den Männern unter. Aber das habe ich nicht geschrieben, damit die Männer eine nicht vorhandene Überlegenheit zementieren!

Sondern, Geschwister, ihr seht, wenn in unserer alten Welt die Waage so sehr zu Gunsten der Männer hängt, dann versuche ich nach Kräften, ein Gleichgewicht herzustellen. Das ist nur ein Anfang, jeder kann das ja dann noch besser machen, was ich bei den Korinthern angefangen habe. *In Christus ist nicht Frau noch Mann*, ach, das habe ich ja den Galatern geschrieben. Den Korinthern hätte das auch gut getan. Ja, ich lasse mir von mir aus eine Nähe zu den Frauen nachsagen.

Lydia in Philippi, die ihr großes Haus zur Verfügung gestellt hat. Phöbe, die ich nahe bei Korinth kennen gelernt habe, und die Vorsteherin ihrer Gemeinde geworden ist, und die dann als Missionarin meinen Brief nach Rom gebracht hat. Vertragt ihr überhaupt so starken Tobak? Eine Frau als Vorsteherin, da lachen uns viele Juden und viele Griechen und viele Kirchenleute aus. Aber doch, ich stehe dazu. Und unser Herr Jesus hatte auch schon erste Schritte in so eine Richtung gemacht.

Dann Priszilla in Rom, die in ihrem Haus eine Gemeinde hat. Priszillas Ehemann, der Aquila, auch sehr gut, auch aktiv, sehr unterstützend, aber seine Frau nenne ich da an erster Stelle. Die zwei sind auch berufliche Kollegen, Zeltmacher. Vor fünf Jahren mussten sie ihre Werkstatt in Rom verlassen, ich hab's schon gesagt, wegen Kaiser Claudius, als ich ja auch mit Silas in Haft war in Philippi.

Priszilla und Aquila begegnete ich in Korinth, wir haben dort zusammen gearbeitet (als Zeltmacher und als Mitarbeiter Christi), sie sind dann am Ende mit mir hierher nach Ephesus gegangen, einfach fantastisch.

*Manchmal beneide ich die beiden, so als Paar, wie man da die Gemeinde Christi bauen kann. Aber dann wiederum, nein, unverheiratet ist einfach *noch* besser. Wie soll ich denn in einer Zeit, wo alles sich ändert, Christus nachfolgen, wenn ich an eine Familie gebunden bin? Wenn der Herr und sein Reich bald kommt, wenn alles umstürzt, wie soll ich verantwortungsvoll eine Familie gründen? Unser Herr, der in einer ähnlichen Lage auch unverheiratet blieb. Silas, Timotheus – wie hätten sie als Verheiratete mit mir kommen können?

Aber passt gut auf, nur, wem es gegeben ist, soll unverheiratet und keusch leben, macht euch da nichts vor, die meisten sind eher für die Partnerschaft geschaffen. Und die Ehe ist für mich eine so besondere Beziehung zwischen zwei Menschen, dass ich sie gerne mit der Beziehung zwischen der Gemeinde und Christus vergleiche. Sie werden ein Leib sein, sagte Christus, und genauso ist die Gemeinde sein einer Leib. Jedenfalls, verheiratet oder nicht, lasst euch nicht mit unzüchtigem Zeug ablenken von eurer Mission für Christus.

Oh, wieso rede ich dauernd über solche Sachen? *Vielleicht*, weil ich unverheiratet bin und mir die Sexualität immer ein wenig fremd blieb und mich gerade deswegen aufregt. Und da waren die Korinther mit ihrem Korinthern schon eine besondere Herausforderung für mich.

Ach ja, *hauptsächlich* rede ich von solchen Sachen, weil es in Korinth dazu tausend Meinungen gibt, kein Wunder, gerade in dieser Stadt. So, dass man aufpassen muss, dass es die Gemeinde nicht zerreißt. Bei den Themen Liebe, Ehe, Sexualität gibt es dort strenge Puritaner, die alles verbieten, und genauso freie Libertiner, die sagen: Alles ist erlaubt – und gemeinerweise benutzen sie da meine eigenen Worte. Paulus, *du* erlaubst doch alles! Also habe ich ihnen in den Brief geschrieben, ja, alles ist erlaubt, aber nicht alles ist nützlich, alles ist erlaubt, aber nicht alles ist aufbauend für einen Leib, für eine Gemeinde, oder für unseren Körper.°

Ach ja, Priszilla und Aquila. Wir drei waren erfolgreich in Korinth, kamen zu dritt hierher nach Ephesus, aber blieben alle drei nur kurz. Ich bin bald zurück nach Antiochien und nach Jerusalem, dort über die Missionslage berichten. Derweil sind die beiden wieder nach Rom gegangen. Dort haben wir ja jetzt den neuen Kaiser Nero. Mal sehen, ob der verträglicher sein wird als Claudius. Hoffentlich sehe ich die beiden nur wieder!

Und ich bin auf meine dritte Reise gegangen, diesmal direkt auf dem Landweg hierher nach Ephesus. Jetzt bin ich also bald drei Jahre hier, und die Zeit brauchte ich auch! Bloß mal kurz weg gewesen, und muss mir die Haare raufen über die Galater, die Korinther, und übrigens auch die Epheser.

Es war erst letzte Woche. Ähnlicher Konflikt wie in Philippi. Ein Silberschmied Demetrios, der meint, wir würden sein Geschäft kaputtmachen mit unserer Mission, und deswegen müsste man alle Juden rausschmeißen. Nur dass der Demetrios nicht mit Wahrsagemädchen handelt, sondern mit kleinen Figuren der so genannten Göttin Diana von Ephesus. Der Wald-, Jagd- und Fruchtbarkeitsgöttin.

Die ist hier ein totaler Wirtschaftsfaktor. Ich hatte euch gar nicht erzählt, dass Ephesus noch größer ist als Korinth. Dies hier ist die Hauptstadt der Provinz Asien. Viele Touristen deswegen, ja und auch Tempeltourismus. Der Dianatempel eines der sieben Weltwunder, höre und staune, eins der sieben Wunder der ganzen Welt!

Aber auch Sozialfaktor. Die haben hier lauter Religionsvereine. So richtig mit Vereinskapital und Vereinszweck, Kassenwart, Schriftführer. Die Vereinssatzung meist in Stein gemeißelt, hält viel länger als der Verein selber. Könnt ihr euch immer noch ansehen im Museum von Ephesus. Und eben viele Dianavereine dabei. Ohne Diana würde es also wenig Touristen und wenig Vereinsleben geben. Da ist es natürlich schlecht für sie, wenn wir sagen, es gibt gar keine Göttin Diana.

*Übrigens, sagen manche griechischen Christen: wenn es die Göttin nicht gibt, dann können wir ja das Fleisch essen, das für sie geopfert wurde. Das ist kein Götzendienst, das ist gar nichts. Und dieses Fleisch ist schön billig, weil staatlich subventioniert und vereinsmäßig unters Volk verteilt. Naja, im Grunde könnte man das ja wirklich essen. Aber sagen wir mal, es passt irgendwie doch nicht dazu, dass ich ein Teil des Leibes Christi bin. Fleisch essen, das der Diana geweiht war, als ob es sie gäbe... Ah nee, das bringt außerdem zu viel Aufregung, zu viel schlechtes Gewissen für manche von uns.°

Aber erzählen wollte ich von der Meute des Demetrios. Vereinsmäßig organisiert, war es nicht schwer, sie zusammenzutrommeln, vor allem, wenn sie meinten, dass ihre Göttin Diana beleidigt und ihr Amulettgeschäft in Gefahr ist.

Nun ja, den Gaius, also meinen Gastgeber, und den Aristeas haben sie jetzt in die große Theaterarena geschleppt, und angeklagt. Und dazu noch den Alexander, das ist ein Jude, der gar nicht an Christus glaubt, da machen auch die Epheser keinen Unterschied. Da haben dann die drei in der Theaterarena gestanden, in dem nagelneuen Theater, das der Kaiser Nero gebaut hat. Vielleicht könnt ihr euch das mal ansehen, wenn ihr nach Ephesus kommt: riesengroß, da passen 25.000 Leute rein. Und in der Arena mussten sich die drei Ärmsten zwei Stunden lang das Gebrüll der Volksmenge anhören, und die Volksmenge hat immer nur sechs Wörter gebrüllt: „Groß ist die Diana von Ephesus". Zwei Stunden lang. So lautet ihr einziges Argument.

*Während Gaius und Aristeas bedrohlich skandierte Wortsalven aushalten müssen, kann ich noch was zu dieser Göttin Diana sagen, mit ihrem Pfeil und Bogen, und ihrem Hirsch. Da gäbe es jetzt natürlich viele Jagd- und Liebesgeschichten von dieser Göttin.

Vor allem aber feiern sie in ihrem Tempel jedes Jahr das Mysterium ihres Geburtstags. Mysterien, das sind so Einweihungszeremonien. So wird man Mitglied in einem richtigen Mysterienverein. Und gleichzeitig wird man auch dieser Göttin geweiht. Wie kann man das nennen – man identifiziert sich mit der Göttin der Natur. Sie spendet Leben und nimmt auch Leben, und im Mysterium kann man an ihrem Leben teilhaben. Zum Beispiel, wenn sie den Geburtstag der Diana feiern, dann erleben sie durch die Mysterienfeier auch selber eine Geburt in ein neues Leben hinein.

So ungefähr kann man es sich vorstellen. Es gibt bei denen sehr viel Geheimkram, den nur die Eingeweihten wissen. Mysterium ist heutzutage geradezu ein Synonym für „Geheimnis" geworden, heißt aber Einweihung.

Jetzt waren wir Christen in Ephesus in einem Dilemma. Wir wollen ja nicht die Götter und Göttinnen. Aber wenn du einem Griechen den Glauben an Christus beibringen willst, wenn der begreifen soll, dass das etwas Heiliges ist, dann musst du ihm schier ein Mysterium geben. Und mit etwas Stolz kann ich schon sagen, es ist uns ein guter Mittelweg gelungen.

Wir haben jetzt das Mysterium der Taufe entwickelt. Erst einmal haben wir sichergestellt, dass es mehr ist als die Taufe des Johannes (so als Abwaschen der Sünde, als Umkehr zu Gott). Wir taufen grundsätzlich nur noch im Namen des dreieinigen Gottes (so wie es im Missionsbefehl des Herrn ja auch heißt). Damit es theologisch korrekt ist.

Und dann! Meine bescheidene Idee: wir haben die Taufe jetzt auch, wie in den Mysterien, als Teilhabe an der Gottheit formuliert:

Wisst ihr nicht, dass alle, die wir auf Christus Jesus getauft sind, die sind in seinen Tod getauft? So sind wir ja mit ihm begraben durch die Taufe in den Tod, damit, wie Christus auferweckt ist von den Toten durch die Herrlichkeit des Vaters, auch wir in einem neuen Leben wandeln. Denn wenn wir mit ihm verbunden und ihm gleich geworden sind in seinem Tod, so werden wir ihm auch in der Auferstehung gleich sein.

Auf diese Formulierung sind wir hier schon stolz, und ich muss sagen, das ist eine richtige Brücke zwischen Juden und Griechen. Jüdischer Monotheismus durch griechisches Mysterium ausgedrückt. Und vor allem mit unserem lebendigen Herrn. Ihr wisst, der Herr ist für mich wichtig, die Religion ein bisschen zweitrangig.

Jetzt kann es noch sein, dass ihr meint, was ist das für altes Zeug, Mysterien haben wir in Deutschland nicht mehr. Habt ihr aber doch, wenn ich euch sagen darf, dass Mysterium auf Latein Sakrament heißt. Habt ihr immer noch, oder?

Bilder unseres Herrn lassen wir zum Beispiel ganz weg. Die griechischen Götterbilder sind ja sehr eindrücklich, aber in Wahrheit auch verwirrend. Das Bild der Diana von Ephesus ist so groß wie ihr Name, und an dieser Statue hängen obenrum ringsum, wo Frauen normalerweise zwei Brüste haben, ganz viele solche..., naja, man weiß gar nicht, ob das vielleicht ganz viele Brüste darstellen soll, es sieht eher wie eine einzige große Weintraube aus.

Vielleicht ist es auch deswegen, dass die Leute skandieren „groß ist die Diana von Ephesus".°

Was für ein Theater im Theater von Ephesus.

*Wie viel Zeit bleibt uns noch... Ah ja, zwei Stunden sind es noch nicht, was könnte ich einstweilen sonst noch erzählen...

Ach, die Griechen sind so vielfältig. Die einen freuen sich über den Tempelkult, mit Götterbild, Flötenspielern und Tänzerinnen, die wiederum mit ihren fließenden Gewändern, und mit diesen kleinen Bimmelchen am Fußknöchel.

Die anderen Griechen sind genau das Gegenteil, völlig vergeistigt, alles geschieht bei ihnen durch den Geist. Solche hatten wir in Korinth gekriegt. Sind erst durch mich Christen geworden, und haben dann behauptet, ich Paulus, wäre gar kein richtiger Apostel. Weil ich vielleicht Christus kenne, aber nicht den Geist hätte, den Heiligen Geist, der viele wunderbare Dinge tut.

Jetzt, was erzähle ich denn dauernd, habe ich euch doch schon erzählt, wie Gottes Geist dauernd an mir dran ist! Und ich kann euch sagen, ich habe nicht nur in fremden Sprachen des Geistes geredet, sondern wurde im Geist schon einmal in den dritten Himmel hinaufgeführt. Ich kann prophezeien, ich habe die Gabe des Lehrens...

Aber es ärgert mich, dass man plötzlich beweisen soll, dass man den Geist hat. Seine spektakulären Gaben sind ja nicht das Wichtigste, jeder hat andere Gaben, und doch sind wir ein Leib. Oder noch etwas, was ich auf meinen Reisen gelernt habe: Man muss nicht Stärke beweisen als Nachfolger Christi. Allzu schnell meinen wir sonst, die Kraft käme von uns selbst, und schon vergessen wir Christus. *Lass dir an meiner Gnade genügen,* sagte er zu mir, *denn meine Kraft ist in den Schwachen mächtig.*

Und noch etwas fällt mir ein: Was bleibt denn ganz am Schluss übrig: meine charismatischen Fähigkeiten? Nein, am Schluss bin ich einfach in Gott, da sind Fähigkeiten bedeutungslos. Ja, das ist es: Die Liebe bleibt übrig. Glauben brauchen wir, Hoffnung brauchen wir, und die Liebe ist doch das Höchste. Ohne die Liebe wäre alles, was ich sage und tue, nur wie diese kleinen Bimmeln, wie sie die Tänzerinnen im Dianatempel an den Fußknöcheln tragen.

Ist mal kurz sehr sexy, dann aber auch schon wieder vorbei. Die Liebe aber bleibt.°

So, schauen wir mal auf die Uhr... zwei Stunden dauern lang. Die drei Armen, Gaius und Aristeas und Alexander, müssen sich das immer noch anhören, „Groß ist die Diana von Ephesus". Ah, sieh da, jetzt geschieht etwas.

Sieh da, der der römische Statthalter kommt ins Theater. Er beruhigt alle, alle gehen nach Hause, und die Unsrigen auch. Sie haben wieder einmal Gottes Beistand kennen gelernt, in Form von römischem Recht diesmal. Gott sei Dank einerseits, andererseits hatte ich mir die Rettung fast spektakulärer vorgestellt.

Ich selbst war ja nun nicht dort mit dabei. Meine Freunde hatten mich abgehalten, hinzugehen. Ich wäre zwar gerne, um ihnen beizustehen. War vielleicht aber gut so. Nicht das Gefängnis von Ephesus nochmal riskieren.

Und deshalb, das wollte ich euch sagen, ist wohl auch meine Zeit in Ephesus vorbei. Wir werden wirklich wieder aufbrechen. Sowieso ist wieder eine Reise nach Griechenland fällig, warum wohl: Konflikte bearbeiten in Korinth.

Und dann heim ins Heilige Land, und dann, wenn Gott es mir schenkt, doch endlich nach Rom, vielleicht auch einmal nach Spanien ans andere Ende der römischen Welt, das ist aber Zukunftsmusik. Erst konkret nach Korinth. Ich werde ihnen nochmals einschärfen, dass am Ende nicht die herausragenden geistlichen Stärken übrig bleiben, sondern Glaube, Hoffnung und Liebe, und dass die Liebe die größte unter ihnen ist.

Und dann hoffe ich auch, dass sie zu Taten der Liebe schreiten und dass sie mir Spenden für die Bedürftigen in Jerusalem mitgeben, wie es schon die Geschwister in Ephesus tun und die in Philippi noch tun wollen. Ich hoffe, dass diese Spende nicht nur wegen der Liebe zustande kommt, sondern auch als Brücke zwischen Griechen und Juden. Ja, das wird schon gut gehen.

Also, liebe Geschwister, auf nach Korinth, und ich freue mich ganz nebenbei schon auf das gute Essen, das die Griechen dort zubereiten. Ihr seid sicher gern dabei!

–ᘉᘉᘉᘉ–

Lukas erzählt in Rom

L iebe Mitchristen,

Ihr habt bis jetzt Paulus erzählen hören, aber das Übrige will *ich* euch erzählen, denn wir wollen den Paulus jetzt auch einmal sehr loben, und das können wir ihn ja nicht selber tun lassen. Er würde natürlich alles Lob von sich weisen, er würde sagen: *wir rühmen nun nicht uns selbst, sondern wir rühmen uns, dass wir Christus haben*, und da hat er ja auch Recht.

Aber ich will schon auch ein bisschen eine Heldengeschichte erzählen, und will mit euch schon auch staunen über die Entschlossenheit und Enthaltsamkeit dieses Mannes, seine Zähigkeit und Zärtlichkeit, und staunen über den Christusglauben und die Christusliebe, die ihn dazu getrieben haben, die Heimat hinter sich zu lassen und keine Gefahr zu scheuen, und dass er es so am Ende bis nach Rom geschafft hat, wo wir uns nun auch befinden.

Ah ja, wer ich denn bin. Mein Name ist Lukas. Ich bin Grieche, ich habe Paulus kurz getroffen, als er das erste Mal in Troas war, war dann aber weiter meinen medizinischen und geschichtlichen Interessen gefolgt.

Erst als er von seinem letzten Besuch in Korinth zurückkam, bin ich dann wieder zu ihm gestoßen. Das wisst ihr ja, dass er noch einmal nach Korinth aufgebrochen ist? Drei Monate war er nochmal in Griechenland, und es ist gut ausgegangen. Das sieht man schon daran, dass sie dort seine Briefe aufgehoben haben und in Ehren gehalten.

*Eure Forscher sind sich ja uneins, ob ich Paulus je gekannt habe, ob die Apostelgeschichte von mir ist, und ob ich überhaupt Lukas heiße, und ob es mich überhaupt gibt. Aber da lassen wir sie mal weiter forschen, wie es nun wirklich ist.

Sie sind ja auch uneins, welche Briefe des Paulus wirklich von Paulus selbst sind. Ihr müsst wissen, dass es tatsächlich vorkommt in unserer antiken Welt, dass das Buch eines berühmten Menschen gar nicht von dem berühmten Menschen, sondern von seinen Schülern geschrieben wurde. Das ist dann schon okay, weil es ja jeder weiß, dass die Schüler das Buch geschrieben haben. Schaut, der Paulus hat euch vorhin viel erzählt, aber ihr habt genau gewusst, dass es gar nicht der Paulus war. Aber niemand von euch hat seine Erzählung für einen Betrugsversuch gehalten, weil ihr ja alle gewusst habt, wer das ist, und ihr könnt auch ungefähr auseinanderhalten, was wirklich von Paulus ist und was von diesem Menschen. Und doch wird man über das, was er erzählt hat, drüberschreiben „Bericht des Paulus", weil alle wissen wie es gemeint ist.

Das Dumme ist nur, dass man irgendwann nicht mehr weiß, welchen Brief Paulus selbst diktiert hat. Zum Beispiel die Briefe an Timotheus, die sind jetzt im Moment noch gar nicht geschrieben, weil Timotheus ja noch mit Paulus zusammen ist, wieso hätte Paulus ihm einen Brief schreiben sollen. Und wenn sie dann mal geschrieben sind – ja, ich kann euch auch nicht vorhersagen, von wem dann.

Und noch etwas kann passieren. Paulus hat ja vier oder fünf Briefe nach Korinth geschickt, aber die haben die Korinther teilweise gekürzt und aneinandergehängt, so dass es jetzt nur zwei Briefe sind. Das merkt man, wenn man sie genau liest. Das Dumme: woher weiß man jetzt, ob auch da so ein paar Zeilen eines Paulusschülers hineingerutscht sind.

Zum Beispiel die Stelle, wo es heißt, dass das Weib in der Gemeinde schweigen soll, weil sonst alles durcheinander geht in der Gemeinde. Ihr werdet mir zustimmen, das passt ja nicht ganz zu dem Frauenversteher, wie wir ihn vorhin gehört haben. Ich glaube jedenfalls, dieses Stück war nicht von ihm. Höchstens, dass in Korinth wirklich zwei oder drei Frauen waren, die Paulus zurückpfeifen musste. Aber woher soll ich es wissen, ich war ja in Korinth nicht dabei.

Ich kenne ja auch die Paulusbriefe nicht, weil ich nie da war, wo er hingeschrieben hat. Ich werde die Briefe deswegen auch in der Apostelgeschichte nicht zitieren.°

Also, er kam dann wieder nach Asien, und von da an war ich wie gesagt dabei, habe Paulus nach Jerusalem begleitet. Und habe Notizen gemacht. Und dann bin ich mit ihm hierher nach Rom gekommen.

Und weil ich nicht weiß, was hier weiter passieren wird, denn im Moment tut sich nicht wirklich etwas im Prozess des Paulus, schreibe ich eben alles auf, was bisher geschah, denn mein Freund Theophilus wartet schon begierig, alles zu erfahren.

Prozess? Ja, ihr habt richtig gehört, hier in Rom hat Paulus hat einen richtigen Prozess am Hals, der ist schon zweieinhalb Jahre alt. Ein Prozess auf Leben und Tod.

Das hat eben in Jerusalem angefangen. Es war total verzwickt. Er hat im Tempel gepredigt, wurde von Feinden erkannt, dann gab es einen Aufruhr, und er wurde von den Römern, nun ja, halb festgenommen, halb beschützt. Haftgrundlage unklar. Sagen wir wieder Mal: Vorwurf der Anstiftung zum Aufruhr.

Er kam dann nach Cäsarea zum römischen Statthalter Felix, in dessen Gefängnis. Fast hätten sie kurzen Prozess gemacht. Daher hat er auf dem römischen Bürgerrecht bestanden, hat an den Kaiser appelliert. Das hatte den Vorteil, er bekam keinen kurzen Prozess, aber es hatte den Nachteil, er bekam einen langen Prozess. Bürokratie als Foltermittel. Der Statthalter Felix hat ihn quasi absichtlich im Kerker vergessen. Dort sind zwei Jahre eine harte Zeit. Erst als es einen neuen Statthalter gab, Festus, ging es wieder voran.

Die ganzen Verhandlungen erzähle ich euch ein andermal, der Platz reicht hier nicht. Am Ende konnte sich Paulus im Grunde rausreden, mit Festus ging das. Nützte aber nichts mehr, denn wer als römischer Bürger einmal an den Kaiser appelliert, Kaiser Nero in diesem Fall, der kriegt dann auch seinen Kaiser. Also die Reise nach Rom.

*Nicht nur die ganze Prozesssache war verzwickt, sondern schon davor war verzwickt, dass Paulus in Jerusalem Jakob wiedergetroffen hatte. Seinen hass-geliebten Glaubensbruder. Jakob war inzwischen zum Gemeindeleiter Jerusalems aufgestiegen. Dort ist die judenchristliche Fraktion stark.

Du glaubst es nicht, Paulus hat sich tatsächlich überreden lassen zu einem jüdischen Ritual. Das hat Jakob so eingefädelt. Hat gesagt: Mach das, Paulus, damit du von der Jerusalemer Gemeinde akzeptiert wirst. Man hätte ja meinen können, dass die Spendenübergabe in Jerusalem auch gut ankommt, das war ja sein großes Projekt gewesen, aber keine Rede mehr davon.

Ein paar unserer Glaubensbrüder hatten einen Fasten-schwur getan. Das ist normal, wir alle fasten manchmal. Aber so rituell, mit kahl rasiertem Haupt, das hätte Paulus in Korinth oder in Ephesus sicher unter den Tisch fallen lassen. Nun stellt euch vor, in Jerusalem hat er gesagt, ja ich mache mit. Und ich spendiere für alle den Friseur. So stand er dann als gut akzeptierter Jude da – und hat sich damit irgendwie ja dem Jakob untergeordnet. Das hat mich schon gewundert.

Allerdings kam es nie zu dem Ritual. Die Haare sind dran geblieben. Denn Paulus hat dann seine Rede im

Tempel gehalten, ist wie gesagt erkannt worden, dann der Aufruhr, die Festnahme, die zweijährige Haft.°

*Während der zwei Jahre hatte ich Zeit, viel im Heiligen Land zu recherchieren. Ich wollte zum Beispiel das mit dem alten Konflikt zwischen Paulus und Jakob und auch Petrus herausfinden. Ich habe mit dem Jakob ein Interview gemacht, und er bestand darauf: Wir waren uns immer einig, Judenchristen dürfen mit unbeschnittenen Heidenchristen zusammen essen, nur sollen sie kein Blut essen und kein Götzenopferfleisch, und sie sollen keine Unzucht treiben.

Aber habt ihr vorhin bei *Paulus* was von Einigkeit gehört? Zum Beispiel, wenn Paulus dauernd sagt: Vor Gott wird man nur aus Glauben gerecht, nicht aus Werken, warum schreibt dann Jakob einen Brief, in dem steht, vor Gott wird man nur durch Werke gerecht, aber nicht durch Glauben? Ich sage euch, wirklich gesagt hat mir keiner etwas so genau.

Petrus war schon nach Rom gegangen, ihn konnte ich nicht mehr fragen.

Inzwischen glaube ich persönlich eher, das war nicht so sehr ein Konflikt zwischen Paulus und Jakob, die beiden hätten sich bei einem Gläschen Wein vielleicht gut verstanden, sondern die beiden haben versucht, eine sehr große Menge ganz unterschiedlicher Menschen zusammenzuhalten. Wahrscheinlich waren im Osten, in Jerusalem, viele eher traditionell eingestellt, und im Westen, Korinth zum Beispiel, viele, die zwar mit Christus leben, sonst aber weiterleben wollten wie bisher. Klar, dass Paulus *und* Jakob unter dem Druck beider Seiten standen, Klar, dass Paulus von den Ossis als Wessi betrachtet wurde, und Jakob von den Wessis als Ossi.

Vielleicht haltet ihr mich, Lukas, für einen Harmonisierer, aber ich bleibe dabei, Paulus und Jakob waren gar nicht so weit auseinander, wie die Wutausbrüche des Paulus es manchmal erscheinen lassen.

Also *ich* verstehe Paulus jetzt so, dass er nicht gegen das jüdische Gesetz ist, und da verstehen ihn wohl viele hier falsch. Sondern er ist nur dagegen, dass ein Nichtjude erst Jude werden muss, um an Christus zu glauben. Wenn er lehrt, von Werken wird man nicht gerecht, dann meint er wohl vor allem das. Weil Christus ein Christus für die Juden *und* für die Heiden ist. Christus ist für die Welt, nicht für den eigenen Clan, hat Paulus gemerkt.

Das ist sicher der Grund, dass Paulus nicht weiter irgendwo im Ägäischen Meer dümpeln will, sondern nach Rom und dann nach Spanien: Weil von Christus die ganze Welt betroffen ist! Ist schon seltsam, wenn Christus die Völker *zusammen*bringen will, dass sie sich dann erst mal auseinander streiten. Aus zwei Völkern wird nicht eins, sondern werden fast schon drei. Ihr könnt mir ja dann bei der Nachspeise erzählen, ob ihr da schon weitergekommen seid mit der Völkervereinigung, oder ob ihr noch mit Völkerdritteln oder –vierteln beschäftigt seid.

Aber wiederum, ohne diese Reibereien keine Argumentation, ohne Argumentation kein geschärfter Glaube, ohne geschärften Glauben keine Theologie, und kein Christentum.

Und ohne den Aufruhr in Jerusalem keine Festnahme, ohne Festnahme keinen Prozess, ohne Prozess keine Romreise, ohne Romreise Paulus vielleicht ein unbedeutender Theologe. Und wer weiß, ob dann das Christentum geworden wäre, wie es letztlich werden wird. Vielleicht hätten wir dann viele Jakobusbriefe und nur einen Paulusbrief, vielleicht würden langfristig die Judenchristen die Stärkeren sein.

Jetzt aber werden sich die Heidenchristen durchsetzen, ja sie werden das Judenchristentum sogar in dreihundert Jahren auslöschen, und zwar leider gewaltsam.

Das war ganz sicher nicht der Plan des Paulus.°

So. Jetzt wird es gefährlich. Mehrere Fragen sind jetzt wichtig:
Wird Paulus je ans Ziel seiner Romreise gelangen?
Wird er von Piraten überfallen werden?
Wird ihn die Mannschaft über Bord werfen als Futter für einen Wal?
Wird das Schiff an einem Riff zerschellen?

Denn, ohne dass wir es bisher erwähnt hätten: Paulus war schon manches Mal ins Wasser gefallen auf Schiffsreisen, einmal sogar eine Nacht und einen Tag lang im Meer getrieben, bevor er ans Ufer gespült wurde. Das Gute ist diesmal: weil er beim Kaiser heil ankommen musste, gab man ihm eine ganze Kohorte römischer Soldaten mit, und man charterte eins der üblichen Küstenschifffahrtsschiffe. Also so, dass man möglichst in Sichtweite der Küste schippert. Das ist nicht gerade der nächste Weg, nicht gerade, eher ungerade, langwierig, und trotzdem keine Garantie fürs Überleben, aber doch mit der Chance, lebendig ans Ufer gespült zu werden.

Ich selbst jedenfalls fühlte mich so besser, denn ich und ein paar andere hatten auch das Glück, mit Paulus zu reisen, oder manchmal dachte ich dann auch, das Pech.

Wir segelten und ruderten nach Norden, bogen auf der Höhe von Antiochia nach links ab, endlich nach Westen.

*Und dann stellte sich der Wagemut des Kapitäns heraus. Er wollte doch ein wenig abkürzen und fuhr auf Myra zu übers offene Meer. Das ist gut, wenn man den Deutschen beim Baden nicht zuschauen will, offene See aber, wie gesagt, nicht ungefährlich. Dennoch legten wir wohlbehalten in Myra an. Wir bestaunten die tempelartigen Felsgräber über der Stadt und sahen auch Berge aus leeren, ausgekochten Purpurschneckenschalen. Die Purpurhersteller ließen ihre Schalen einfach auf dem Marktplatz liegen, und wir mutmaßten, dass, so wie hier nie jemand aufräumt, die Abfallhaufen sicher in zweitausend Jahren auch noch in Myra herumliegen werden.°

Myra war die Endstation unseres Charterschiffs. Wir mussten umsteigen. Der Hauptmann der römischen Kohorte, er hieß übrigens Julius und war dem Paulus durchaus zugetan, der Hauptmann musste also ein neues Schiff suchen. Er fand eines, das aus Alexandria kam, also aus Ägypten, und weiter nach Italien wollte. Es war sehr groß, viel Laderaum, und ich zählte 276 Reisende einschließlich der Besatzung. Los ging es.

Viele Tage lang machten wir nur wenig Fahrt, gelangten nur mit großer Mühe bis zu dem Landvorsprung, wo man Asien endgültig verlässt. Dort wollten wir Vorräte auffüllen, doch schon wurde der Wind so heftig, dass wir nicht mehr anlegen konnten. Man will ja da dann fast an die griechischen Meeresgötter glauben, die da ein Spiel mit einem treiben. Aber gut, wir segelten jetzt direkt zur Insel Kreta. Dort an Salmone vorbei und auf der windstilleren Seite der Insel entlang. Dann ging es wieder ganz, ganz zäh, bis zu einem Ort namens Kali Limenes, was nichts anderes als Guthafen bedeutet.

Das war doppelt gut. Denn es war schon Herbst, und es ist gar nicht gut im Winter zur See zu fahren. Guthafen also genau richtig nach Gottes Willen – also doch keine mutwilligen Meeresgötter.

Dafür mutwillige Seeleute und dann auch ein wagemutiger Hauptmann Julius. Paulus warnt vergebens vor dem Weiterfahren. Alle sagen, Guthafen, im Sommer, ja da ist gut sein, aber im Winter, das ist ja wirklich nichts, da stirbst du an Langeweile. Fahren wir doch weiter nach

Phönix, das ist mal ein richtiger Hafen zum Überwintern. Ja, das machen wir.

Fragt mich nicht, wo dieses Phönix genau sein soll. Bis heute finde ich es auf keiner Landkarte. Vor allem sind wir nie da angekommen.

Es kam ein leichter Südwind auf – Südwind, da sind Seeleute froh, die von Kreta nach Italien wollen. So haben wir uns schön schnell entfernt von Guthafen. Doch es dauerte nicht lange, da brach von den Bergen der Insel her ein orkanartiger Sturm über uns herein, und das war jetzt der gefürchtete Nordost. Unser Schiff wurde mitgerissen, und alle Versuche, es zu drehen und gegen den Wind zu segeln, waren vergeblich. Wir mussten das Schiff dem Sturm preisgeben und uns treiben lassen.

Da wurden wir nun umhergeworfen, und keiner sagte „still", wie Jesus es getan hatte.

Dann war da eine ganz kleine Insel, wo wir zwar nicht anlegen konnten, aber sie gab uns wenigstens ein wenig Schutz vor dem Wind. Nur so viel, dass es gelang – wenn auch nur mit größter Mühe –, das Beiboot unter Kontrolle zu bringen und an Deck zu holen. Einer der Matrosen sagte mir den Namen des Inselchens: Kauda. Winzig, und südlich von Kreta.

Auch andere Schutzvorkehrungen wurden getroffen: Die Seeleute spannten Taue um den Schiffsrumpf.

Wieso denn das jetzt, frage ich meinen Matrosen.
Damit das Schiff nicht auseinanderbricht, sagt er.
Ich erschrecke zutiefst! Denn das zeigt mir, auf was für einen Kahn wir geraten sind. Dann sehe ich, wie ein großer Treibanker ausgeworfen wird.
Ich wieder: Warum das?
Er: Dann driften wir nicht ganz so schnell nach Süden auf unserer Westfahrt. Weil die Große Syrte ist ein Gewässer mit tückischen Sandbänken.

Nochmal erschrecke ich. Denn die Große Syrte ist ja ganz weit weg, in Nordafrika. Das heißt, der Matrose rechnete damit, dass der Nordostwind uns total fortblasen würde.

Der Sturm brauste und brauste. Als Passagier sitzt du hilflos da, bist beschäftigt, dich festzuhalten, übergibst dich manchmal, und hast Angst. Als Soldat dasselbe. Als Matrose bist du ein bisschen abgelenkt.

Die Seeleute suchten sich eine neue Beschäftigung, sie warfen Ballast von Bord. Sie versicherten uns, wir dürften völlig versichert sein, das geschehe alles genau für unsere Sicherheit. Jedem war klar, dass sie das Gegenteil meinten.

Ballast hat man ja nicht zum Spaß dabei. Was da über Bord geworfen wurde, das waren Getreidesäcke, Linsenamphoren, Schilfmatten, Papyrusrollen, Krokodilleder, was eben so ein Schiff aus Ägypten nach Italien bringt. So verging ein endloser Tag. Und am nächsten Tag suchten sie wieder etwas zum Hinauswerfen. Hatten sie Angst vor ihren Geschäftskunden? Jedenfalls ließen sie das restliche Getreide an Bord und warfen jetzt Ausrüstung weg. Taue, Hämmer und Nägel, Ersatzruder, Ersatzbalken. Davon trennt sich kein Seemann freiwillig.

Es geschah nun einige Tage nichts, außer dass der Sturm tobte. Sonne und Sterne konnte man nicht orten, Orientierung war unmöglich.

Man denkt erst, das wird vielleicht unser Ende sein, dann denkt man, das kann recht gut unser Ende sein, dann denkt man, das wird gewiss unser Ende sein, dann denkt man, es soll nur recht schnell zu Ende gehen. Erst dachte ich, nur ich Angsthase denke solche Gedanken, aber dann verstand ich irgendwann, dass auch der letzte Matrose seine Hoffnung verloren hatte. Sie aßen alle nichts mehr.

Dann stand Paulus auf und lehnte sich an die Bordwand, da, wo die Matrosen saßen. Ich dachte, vielleicht sagt er ihnen, sie sollen was essen, sie brauchen ihre

Kräfte. Würde er das sagen, dann könnte man sich ja einbilden, dass es noch Hoffnung gibt.

Oder vielleicht würde er vom ewigen Leben sprechen.

Aber er beschimpfte sie.

Ich habe es euch doch gesagt, dass wir nicht losfahren sollen, wir hätten gleich überwintern sollen, nach Gottes Willen! Diese Gefahr und all der Schaden hätte uns erspart bleiben können!

Ich war enttäuscht, ich hatte erwartet, so ein Paulus kann vielleicht würdevoll sterben, oder noch besser voll Gottvertrauen, und kann seinen Zorn und seine unnötige Rechthaberei zurückhalten. Aber Paulus sprach weiter.

Lasst euren Mut nicht sinken! Das Schiff werden wir verlieren. Aber keiner von euch wird sterben. Pause. Dann: In der Nacht kam ein Engel, der mir das sagte. Er sagte: Paulus, du wirst vor den Kaiser treten, das will Gott so, und um deinetwillen werden auch die anderen gerettet. Eine Insel wird eure Rettung sein.

Schließlich kam die vierzehnte Nacht, in der wir auf dem Adriatischen Meer dahintrieben. Dass es das Adriatische war, konnten wir natürlich erst hinterher feststellen, wir wussten ja *gar* nicht, wo wir waren. Gegen Mitternacht meinten die Seeleute plötzlich, Anzeichen dafür zu entdecken, dass wir uns einer Küste näherten. Das finde ich trotz allem immer spannend, wie Seeleute selbst nachts so etwas spüren. Dass die Wellen anders sind? Der Wind? Die Luft? Der Ruf einer Möwe?

Sie warfen das Senkblei ins Wasser, es ging nur 20 Faden tief und stieß dann auf Grund. Gleich danach dieselbe Übung, da waren es nur 15 Faden. Ich fragte meinen Matrosen, wieso fünfzehn Faden, ihr habt ja nur einen einzigen langen Faden, den ihr ins Wasser werft.

Er erklärte es tatsächlich geduldig: Das konntest du im Dunkeln nicht sehen. Das Stück vom Faden, das im Wasser war und das sie wieder hochgezogen haben, konnten sie so oft über meine ausgebreiteten Hände aufwickeln. 15mal gewickelt, da sagt man 15 Faden.

Darauf ich: Aber bei der Tiefe kann man dennoch ertrinken!
Er: Ja genau! Der Boden steigt schnell an, das weist auf Riffe hin, da kann man zerschellen, und danach ertrinken.

Man merkte aber, dass insgesamt die *gute* Botschaft langsam in den Herzen ankam: es gab hier eine reale Chance auf eine Rettungsinsel, die Angst wich vorsichtig aus den Gliedern, alles wurde sehr geschäftig in der Dunkelheit.

Dass die Seeleute *zu* geschäftig wurden, das fiel nur Paulus auf, der wieder einmal der Besonnenste war. Er sagte dem Hauptmann: sie lassen das Beiboot hinaus. Dort passt genau eine Schiffsmannschaft hinein. Du weißt, was das heißt. Sie machen sich aus dem Staub, weil sie damit rechnen, dass das Schiff zwischen den Riffen hier nicht zu retten ist. Aber ohne Mannschaft haben *wir* keine Chance.

Diesmal hörten die Soldaten auf Paulus, sie kappten die Taue des Beibootes und ließen es davontreiben, so sehr die Seeleute auch zeterten. Manchmal ist es gut, von Soldaten bewacht zu werden.

Wieder wendete sich Paulus an die Schiffsmannschaft. Ich stellte mich diesmal auf eine Strafpredigt ein, aber wieder war es anders. Er sagte, dass wir schon vierzehn Tage im Sturm waren, schwach, und selbst wenn wir jetzt vor der Rettung standen, sollten wir nicht vergessen, dass wir und besonders die Seeleute jetzt jede Kraftreserve brauchen würden, um durchzukommen. Kurz, *diesmal* wollte er, dass alle essen.

Und, noch im Dunkeln, nahm er ein Brot, dankte, brach es. Ein heiliger Moment, dachte ich, fast wie bei der Mysteriumsfeier des Abendmahls. Und es machte allen wirklich Mut, beruhigte uns, alle aßen ein paar Brocken.

Dann aber schüttete man die gesamte restliche Ladung ins Wasser, das Schiff musste möglichst leicht werden.

Es wurde Tag. Wir sahen eine felsige Küste. Eine echte, wahrhaftige Küste. Ein unglaublicher Augenblick für uns.

Die Seeleute kannten sich hier nicht aus, man musste die Küste entlang fahren. Endlich fand sich eine Bucht mit einem flachen Strand. Ohne Hafen konnte hier so ein großes Schiff nicht heil landen. Sie wollten versuchen, das Schiff vor dem Strand auf Grund zu setzen.

Sie kappten die Ankertaue, so dass die Anker im Meer zurückblieben. Sie setzten das Vorsegel vor den Wind und hielten auf den Strand zu.

Dabei geriet das Schiff auf eine Sandbank und lief tatsächlich auf Grund. Sie konnten nichts dagegen tun. Der Bug bohrte sich so tief ein, dass er unbeweglich fest-saß. Und das Heck war der Wucht der Wellen ausgesetzt und brach nach und nach auseinander.

Eine völlig unerwartete Gefahr tat sich dann auf: Die Soldaten, gerade noch kreidebleich, kamen nun mit gezückten Schwertern entschlossen auf uns zu. Einer rief: Es darf keiner an Land schwimmen und entkommen! Ich kapierte nur langsam: Sie wollten Paulus töten. Und uns!

Soldaten sind auf See ja völlig hilflos und nutzlos. Es war, als ob sie endlich wieder zu etwas gut sein wollten. Mit dem Töten kannten sie sich aus, das war *ihre* Aufgabe. Aber sie hatten zum Glück die Rechnung ohne ihren Hauptmann gemacht. *Seine* Aufgabe war es, Paulus zum Kaiser zu bringen.

Und mit seinem Vorschlag war dann allen geholfen. Er befahl allen an Bord, die schwimmen konnten, voraus zu schwimmen, und dazu gehörten auch ein paar Soldaten. Sie konnten dann aufpassen, dass wir Nichtschwimmer nicht entkamen. Wir Nichtschwimmer sollten uns auf Planken retten. Das ging dann tumultartig zu. Immer, wenn wieder ein Stück Boot wegbrach, stürzten sich Menschen darauf, andere rissen selbst Planken aus. Das ist ein blödes Gefühl. Du sägst praktisch den Ast ab, auf dem du sitzt, um auf diesem Ast dann davonzufliegen.

Alle konnten sich retten.

Wir fanden Insulaner. Sie sprachen kein Griechisch. Aber freundlich waren sie, und dann kann man sich schon verständigen. Zum Beispiel zeigt man auf sich selbst und sagt „Lukas", dann auf einen Insulaner, der sagt dann zum Beispiel „Franz" – eine seltsame Sprache sprachen sie da, wirklich –, dann zeigt man auf das Land, und der Insulaner sagt „Melite". Das Land hieß also Melite.

[*]Welche Insel jetzt wirklich Melite ist, gebe ich euch als Rätsel auf. Denn sowohl die Bewohner von Malta, als auch die von Mljet, als auch die von Kefallinia werden euch sagen, der Paulus ist bei *uns* gestrandet. Ist ja auch gut fürs Prestige.

Ein paar Tips zum Raten: Wenn ihr mehr für die offizielle Version seid, dann waren wir auf Malta. Wenn ihr für bedeutsam haltet, dass wir in der Adria waren, nun, Malta liegt nicht in der Adria. Wenn ihr gern nach dem Klang geht, dann klingt Mljet fast wie Melite.

Wenn ihr das mit den Schlangenbissen fur wichtig haltet, dann könnten wir auf Kefallinia gewesen sein.

Schlangenbisse. Das verhält sich so: Wir waren von den freundlichen fremdsprachigen Insulanern zu einem schönen Lagerfeuer geladen worden, sehr angenehm in der Kälte des Winters und in salzig-nasser Kleidung. Auch

Paulus gefiel das, und er wollte auch einmal Reisig ins Feuer werfen. Hatte aber nicht gemerkt, dass da eine kalte starre Schlange im Reisig war. Die dann in Paulus' Händen weich geworden ist. Und ihn gebissen hat.

Große Aufregung – die Insulaner schrien und gestikulierten, flache Hand am Hals, und warteten, bis Paulus tot umfällt. Er blieb aber stehen. Dann kamen sie auf eine Reaktion, die wir schon kennen: Stirbt er nicht an Schlangenbiss, müssen wir ihn wie einen Gott behandeln. Dabei hatte ja Jesus seinen Jüngern angekündigt, dass sie *durch* Gott Schlangenbisse überleben werden.

Bald wurden die Kefallinier zu orthodoxen Christen, und machen dasselbe wie Paulus jetzt auch: nehmen einmal im Jahr bei einem Schlangenfest Schlangen in die Hand, ohne daran zu sterben. Sind aber so schlau, ungiftige Schlangen zu nehmen. Anders manche sehr fromme Christen in Amerika, die nehmen giftige. Und sterben dran.

Nicht alle, Gott sei Dank.°

Wo auch immer nun die Insel Melite ist, wir fanden da im Landesinneren ein Landgut, eine schöne römische Villa, und in der Villa fanden wir einen römischen Beamten namens Publius. Das hatten uns die Insulaner ja nicht sagen können, weil wir sie ja nicht fragen konnten. Wir hatten das Glück, dort Gäste zu sein, zunächst natürlich weil unser Hauptmann römischer Soldat ist.

Hier geschah noch einmal ein Wunder. Paulus konnte mit seinen Gebeten dazu helfen, dass der Vater des Publius von einem gefährlichen Fieber geheilt wurde. Das war dann der Grund, dass wir den ganzen Winter auch noch *gern* gesehene Gäste waren. Und Publius gab uns sogar alles, was wir für die Weiterreise brauchten.

Wir fanden ein Schiff, das hier überwinterte. Es war ebenfalls aus Alexandria. Und im Frühling segelten wir weiter, umfuhren den italienischen Stiefel, und betraten italienisches Festland im Städtchen Puteoli. Wir fanden hier Christen, die uns aufnahmen, und auch unsere Soldaten aufnahmen. Diese dürften sich über die Gastfreundschaft sehr gewundert haben.

Und dann kamen wir nach Rom.

Die Christen dort hatten von unserer Ankunft gehört und kamen uns aus Rom entgegen und begleiteten uns. Als wir unweit der römischen Stadtmauern zu den Drei Tavernen gelangten – ein recht beliebtes Ausflugsziel für römische Ausflügler – war unsere Gruppe so angewachsen, dass die Soldaten deutlich in die Minderzahl gerieten.

Ich beobachtete Paulus und sah, wie er Gott im Stillen dankte und aussah, wie einer, der neuen Mut fasst. Und das hat mich nachdenklich gemacht. Denn es bedeutete, dass er schon auch seine Ängste durchstanden hatte auf der langen Reise.

Wir betraten diese Hauptstadt des römischen Reichs, welches fast die ganze bekannte Welt umfasst. Wir lernten die römische Justiz kennen, und zwar positiv: Paulus durfte in eine eigene Wohnung ziehen, wenn auch unter ständiger Bewachung. Meine Stimmung steht noch ganz unter dem Eindruck unserer wunderbaren Rettung. Es ist einfach gut, da zu sein, am Ziel zu sein!

Doch ich kann euch sagen, alles sieht so aus, als ob das Leben uns schnell wieder einholen wird. Nicht nur der Prozess steht ja bevor, auch wenn er sich hinziehen wird. Kaiser Nero, so hört man, sei ein ganz unberechenbarer Typ.

Aber auch unsere christlichen Geschwister in Rom. Paulus hat ja, bevor er sich auf die Reise machte, einen Brief an sie geschrieben, und das wird ihm sicher helfen, auf Akzeptanz zu stoßen. Aber auch hier gibt es Judenchristen und Heidenchristen, leicht wird das nicht werden.

Doch ich hatte ja gesagt, dass das eine andere Geschichte ist.

Die Drei Tavernen vor der Stadtmauer haben es mir angetan. Die Nachspeise dort ist so fein, das wollen wir euch nicht vorenthalten.

Also wiederum: *buon apetito*, feiert noch ein bisschen, und vor allem: vergesst nicht meinen guten Paulus, und was er euch alles sagen wollte.

– ෆ ෆ ෆ ෆ –

Maria

Vorspeise

Maria vor Pfingsten

Erster Gang

Maria nach Pfingsten

Zweiter Gang

Johannes

Dessert

Requisit: ein Stück Pergament

Maria, vor Pfingsten

Mein Kind, warum hast du uns verlassen!
Mein Kind, was haben sie mit dir gemacht!

Mein erstgeborenes Kind! An ein Kreuz haben sie dich genagelt. Wie weh es tut. Was für eine Mutter wäre ich, wenn es nicht so wäre.

Wir hätten es verhindern müssen. Warum hast du sie provozieren müssen, in Jerusalem!
Ich hätte eindringlicher auf dich einreden müssen.
Anders erziehen. Jesus, warum hast du dich mir entzogen?
Ich hätte an deiner Stelle sein müssen.

Jetzt sitze ich, die Mutter, hier in einem Haus in der Stadt, wo ich gar nicht hingehöre. Und warte. Ich warte im Haus eines gewissen Johannes, im ersten Stock. Er hat mich bei sich aufgenommen. Ich warte auf ich weiß nicht was, während die anderen auf Jesus warten. Denn, das ist die Nachricht, die sie verbreiten: Er lebt.

Das sagen *sie.* Ich war nicht dabei.
Ein Engel, sagen sie, der sagte: Er lebt, er ist nicht hier!
Menschen, die mir sagen: Er selbst, dein toter Sohn, ist uns lebendig erschienen. Der Herr! Sagen sie tatsächlich.

Ich hielt es für verrückt, aber sie bestehen darauf. Sie sind fröhlich. Sie warten darauf, dass sie ihn sogar noch einmal sehen. Also mache ich mir Hoffnungen. Der Schimmer eines Tages, inmitten einer finsteren Nacht. Ich muss Ihnen sagen, liebe Gäste, dieser Tag braucht noch Zeit, bis er da ist. Selbst wenn Jesus leben sollte – was er durchgemacht hat, lähmt mich und belastet mich.

Für mich ist das hier eher eine Familienzusammen- kunft, wie es uns Juden die Trauer gebietet. Meine ande- ren Kinder sind alle mit da. Jakob, Joses, Rahel, Simon,

Judit, Judas. Aber auch Freunde von Jesus, und Freundinnen. Nein – Schüler nennen sie sich, Schülerinnen. Ich war erst skeptisch, aber nun sind sie mir sympathisch. Ich lerne sie ja jetzt erst wirklich kennen. Petrus, der Fischer aus Kafarnaum. Levi, der Zöllner, der seine Zollbude verlassen hat. Maria aus Magdala, die ihr Leben um 180 Grad neu ausgerichtet hat. Jakob und Johannes, die Söhne des Zabdai, zwei etwas sehr ehrgeizige junge Männer. Und noch ein dritter Jakob ist da mit *seiner* Mutter Maria. Das ist eine Beamtenfrau. Von ihrem Geld leben wir zur Zeit, denn vom Warten allein kann man nicht leben. Dann ist da Bartimäus, der mir voller Dankbarkeit sagt, mein Sohn habe ihm das Augenlicht geschenkt. Und Salome, die auch sagt, sie hätte Jesus lebend gesehen. Genauso wie Petrus, und wie mein Sohn Jakob, und andere. Aber auch Thomas, der seine Zweifel hat. Wie ich. So sind wir eine schöne Familie, wie ich sie vorher nicht kannte.

Und wir warten auf den Herrn.

Das bringt mich in eine ungewohnte Lage. Soll ich Herr zu ihm sagen, falls ich ihn doch treffe, meinen eigenen Sohn? Wenn seine Schüler ihn Lehrer nennen – Rabbi –, das ist zwischen ihnen und ihm. Aber „Herr".

Wie hatte der Engel gesagt? Damals, als ich einfach ein Mädchen aus Nazareth war und von Jesus nichts wusste. Sei gegrüßt, Maria, der Herr ist mit dir. So hatte er gesagt. Das fällt mir jetzt ein, wenn sie von ihrem Herrn reden.

Und jetzt? Angenommen, mein Sohn wird auch vor mir lebendig erscheinen – würde ich dann Herr zu ihm sagen?

Zu mir sagen sie hier: Mutter. Ich weiß dann gar nicht, wie sie das meinen: Mutter des Herrn? Oder Mutter der Gemeinschaft? *So* kommt es mir manchmal vor. Hier bei Johannes im Haus spiele ich unerwartet eine Ersatz-

Mutterrolle. Egal. Ich mag es, wie ich hier aufgenommen werde.

Meine Gedanken gehen aber oft zurück statt vorwärts. Ich denke über Erziehung nach. Ob ich den Tod meines Kindes hätte verhindern können. Das fragt sich jede Mutter. Die Erziehung meines Ältesten war schön, und spannend, dann auch frustrierend. Wahrscheinlich würde jede Mutter das sagen. Im Nachhinein sage ich manchmal: schau, wie es damals war, da hast du schon sehen können, was aus ihm wird. Damals haben wir es allerdings noch nicht gesehen. Obwohl es schon immer Stimmen gab, die von ihm Besonderes gesagt haben.

Wundern Sie sich nicht, da war zuerst dieser Engel. Glauben Sie mir: dass Gottes Engel erscheint, ist bei uns Orientalen keine Seltenheit, das gehört dazu. Sei gegrüßt, Maria, du wirst jetzt demnächst schwanger werden, sagte er, das war überraschend, aber doch nicht so ungewöhnlich. Dein Kind wird Kind Gottes genannt werden, sagte er. Nun, *das* klingt ungewöhnlich. Oder doch nicht? Irgendwie so, wie eine Mutter es eben manchmal empfindet. Kind Gottes. Wie das letztlich gemeint ist – ich warte noch auf die Erklärung. All die Jahre habe ich alles in meinem Herzen bewegt, so gut es ging. Die letzte Erklärung fehlt momentan.

Die letzte Weissagung aus einer ganzen Reihe von Weissagungen erhielten wir, als wir das erste Mal mit Jesus in Jerusalem waren. Da hinzugehen, hat sich angeboten. Geboren war Jesus weiter im Süden, in Betlehem. Aber acht Tage später, auf der Heimreise zurück nach Nazareth, da kamen wir sowieso durch Jerusalem durch. Nicht ganz leicht mit einem acht Tage alten Baby. Wir gingen mit ihm in den Tempel. Wir kennen da Leute, immerhin habe ich Verwandtschaft unter den Tempelpriestern. Wir trafen da den sehr alten Simon und die noch ältere Hanna, zwei Leute, die im Leben nicht mehr viel anderes machten als beten. Simon nahm unser Kind auf den Arm und fing an zu reden. Er schaute fast ein wenig durch uns durch. Er redete direkt zu Gott, der alte Mann.

Gott, sagte Simon, du hast mir einmal gesagt, dass ich die Rettung für die Völker noch sehen werde. Viele Jahre warte ich nun schon. Und jetzt – jetzt kann ich in Frieden sterben. Denn du hast meine Augen die Rettung sehen lassen. Hier ist ein Licht, das alle Länder erleuchtet. Und Israel wird berühmt, weil hier alles angefangen hat.

Und genauso war Hanna, eine echte Prophetin. Sie hatte auch eine Prophezeiung in ihrer Jugend gehabt, und hatte lange auf eine Bestätigung gewartet, und sagte, als sie Jesus sah, dass sie es jetzt endlich wüsste: Die Erlösung und die Rettung ist da.

Das war ja alles schwer zu verstehen. Denn *nirgends* war eine Rettung zu sehen. Hier war nur ein kleines Baby. Also speicherte ich es vorläufig einfach ab. Und dann sagte aber Simon noch etwas. Er sagte, dass dieses Kind Menschen zu Fall bringen wird, und andere Menschen aufrichten wird. Und er sagte, dass Menschen ihm Widerstand leisten werden. Bis das am Ende wie ein Schwert eindringen wird in meine, Marias, Seele. Und da hat Simon recht gehabt. In meine Seele ist ein ganz furchtbares Schwert gedrungen. Ich weine um mein Kind. Und ob Jesus die Rettung für die Völker wird in all der Unterdrückung und Not, die da ist – darauf muss man noch warten.

In Momenten des Zweifels frage ich mich sogar, ob wir Jesus überhaupt in den Tempel hätten bringen sollen. Klar, es ist so üblich. Wir gehen nicht ganz selten nach Jerusalem. Manchmal kommt es mir so vor, als hätte das Unglück im Tempel angefangen. Zwölf Jahre später hatten wir nämlich den ersten richtigen Schrecken um unser Kind – im Tempel.

Das war so: Wir gingen zum Erntefest hinauf nach Jerusalem. Jesus mit seinen zwölf Jahren durfte das erste Mal auf eigenen Füßen mitkommen. Er war ganz stolz, wir, die Eltern auch, seine kleineren Geschwister mussten bei den Großeltern bleiben, bei Anna und Joachim. Wir gingen in den Tempel, wie es uns das Gesetz eben sagt. Danach zu den Verwandten zum Übernachten. Ein paar Tage später sind wir wieder aufgebrochen. Zu dritt, das weiß ich noch ganz genau. Natürlich nicht nur wir drei: viele andere Pilger waren auch da, auch auf dem Heimweg. Und dann, als wir zum Tor hinausgehen, schaue ich mich um, und wir sind nur noch zu zweit.

Josef, Jesus fehlt!
Beruhige dich. Er ist irgendwo zwischen den Leuten.
Er ist *nicht* zwischen den Leuten! Josef, wir müssen umkehren!
Langsam, da muss man Ruhe bewahren. Bleib du stehen, ich gehe voraus. Entweder er ist voraus gelaufen, dann hole ich ihn ein. Oder er ist langsamer geworden, dann wird er zu dir stoßen.

Kurz: Jesus war *nicht* zwischen den Leuten. Was macht man? Man kehrt zwischen den Leuten zurück, gegen den Strom. Bis zum Haus der Verwandten. Zum Markt, wo Kinder gern sind. Nirgends unser Kind. Da wird man panisch, wenn das Kind in einer Großstadt verloren geht. Haben Sie das schon einmal erlebt?

Obwohl Josef nicht recht gehabt hatte – seine Methode war doch richtig: die Ruhe bewahren.

Überleg mal, Maria, wo waren wir noch überall?
Nirgends sonst, Josef, wir sind vom Haus direkt zum Stadttor gelaufen.
Und gestern vielleicht?
Gestern war er doch da!
Aber ob er gestern irgendwo war, wohin er heute nochmal wollte.

Nichts, wir sind vom Tempel direkt zum Haus zurückgegangen.
Der Tempel, Maria, das ist es. Der Tempel.

Jesus *saß* im Tempel. Da fanden wir ihn. Seelenruhig.
Mitten unter den gelehrten Männern. Er hatte sie gestern
gesehen, hierher war er heute wiedergekommen. Hier
fand er, was seine Seele suchte. Ein Zuhause für ihn.
Diskussionen über Gottes Gesetz. So etwas konnte ihm
Nazareth nicht bieten. Obwohl ja im Haus eines Zimmermanns noch am ehesten Diskussionen zu kriegen sind. Wir
haben so eine Redewendung im Dorf: Ist irgendwo ein
Zimmermann? Damit meint man, dass eine besonders
knifflige religiöse Frage vorliegt, wo man einen Fachmann
braucht. Und wenn der Rabbi nicht zu erreichen ist, dann
sagt man: Ist wenigstes irgendwo ein Zimmermann? Vielleicht weil das wenigstens einer ist, der logisch denken
kann von Berufs wegen. Der *Sohn* eines Zimmermanns
fühlt sich im Tempel unter Schriftgelehrten vielleicht
besonders wohl.

Nicht, dass ich das damals sehen konnte. Damals habe
ich ihn nur geschimpft. Konnte ihn nicht verstehen, als er
sagte: Ich muss doch im Haus meines Vaters sein. Konnte
nicht anerkennen, dass die Männer ihn sehr lobten für
sein Verständnis schwieriger Fragen. Ich habe den ganzen
Heimweg dazu gebraucht, ihm zu erklären, wie viel Angst
ich um ihn hatte. Und dass sogar Josef, sein Vater, sehr
besorgt war. Dass für Jesus andere Dinge wichtig waren,
sah ich erst später. Dass ihm längst ein anderer Vater
wichtig war.

Ob ich also damals alles kaputt gemacht habe? Oder ob
es vielleicht normal ist, dass die Loslösung eines Sohnes
von der Mutter heftig zugeht? Jedenfalls war das damals
irgendwie der Anfang. Der Tempel, das Symbol der Einheit
unsres Volks, führte zur Trennung: Jesus löste sich von
nun an von seiner Familie. *Und* löste sich ein wenig von

dem, was im Tempel geglaubt wird. Das ging nicht mit einem Mal, das ging langsam. Jesus war immer öfter fort von zuhause. In den anderen Dörfern, dann am See von Genezareth. Da war er viel. Bis hin zu den griechischen Städten. Jesus wurde einer der vielen Aussteiger, die wir im Land haben.

Ich muss Ihnen etwas über die Aussteiger sagen.

Wenn viele Menschen in winzigen Dörfern leben und von wenigen Feldern leben, steigen viele aus. Viele unfreiwillig, nicht wenige auch freiwillig. Es wird ein Trend. Was tun diese Menschen? Viele gehen zum Betteln, so wie Bartimäus. Noch mehr suchen sich eine Tagelöhnerstelle, so wie der verlorene Sohn. Sehr viele gehen zu diesem Zweck in die Hafenstädte, bis nach Phönizien hinauf.

Manche gehen stattdessen in die Wüste. So hatte es unser Cousin Johannes gemacht, der dann Täufer wurde und Prophet. Jesus ging ihn da draußen besuchen. In der Wüste sind sogar Kommunen entstanden, die in Qumran zum Beispiel. Ich wüsste allerdings nicht, dass Jesus dort auch war. Manche gehen in die Wüste und sagen, dort sei das Reich Gottes. Jesus, der selbst dort gewesen war, sagte: Geht *des*wegen nicht hin, es ist nicht dort.

Nicht allzu viele gehen natürlich in die Wüste. Viele leben einfach auf den Landstraßen. Es gibt Wanderphilosophen und Wanderasketen und Wanderprediger. Griechische und jüdische. Andere leben dagegen als Straßenräuber. Man kann auf einer Reise schon unter die Räuber fallen. Manche machen es noch anders und gehen in den Widerstand hinaus. Sie werden Guerillas, wir sagen dazu Zeloten. Jesus hatte einen Schüler, der ursprünglich Zelot gewesen war. Oder sie werden *halb* Räuber, *halb* Freiheitskämpfer, das sind die Robin Hoods der Antike. Bar Abbas zum Beispiel. Wirklich ein Räuber, aber so beliebt bei der Bevölkerung, dass sie neulich seine Freilassung forderten, als er festgenommen wurde.

Denn solche Leute stehlen das Geld der Reichen, und geben es den Armen. Oder sie behalten das Geld, aber sie verhindern wenigstens, dass die Römer es kriegen.

Wenn du einen Aussteiger als Sohn hast, ist das eine zwiespältige Sache. Einerseits ein Trend, ein Lebensstil mit einer Fülle neuer Möglichkeiten. Andererseits, auf den Landstraßen kann einer wirklich gewaltig abstürzen. Zum Beispiel machst du dir Feinde. Oder du machst den Menschen große Hoffnungen, du musst sie aber enttäuschen, dann sind es wieder Feinde. Ich bin zwar eine einfache Frau vom Land, aber wir kriegen diese Zusammenhänge ja mit. Man ist ja nicht blind. Manche gehen auf Wanderschaft, weil sie arm sind. Manche gehen, weil sie reich sind aber unzufrieden. Manche suchen den Sinn, manche das Reich Gottes. Bestimmt jeder Fünfte in unserer Bevölkerung ist unbeheimatet – damit Sie sich ungefähr eine Vorstellung machen.

Wir haben auch mitgekriegt, was Jesus unterwegs machte. Aus dem verständigen Kind war ein Wanderprediger geworden. Einmal kam er heim nach Nazareth und legte in unserer Synagoge die Bibel aus. Von vorneherein waren die Meinungen geteilt. Manche fanden es toll, dass er das macht und wie er das macht. Manche sagten: He, das ist doch der Sohn von Josef und Maria. Ein Zimmermann. Wie soll der predigen können? Manche lehnten ihn rundheraus ab. Und wir? Wie fanden wir das, so als Familie? *Wir* wollten ihn da rausholen aus seinem Trip. Es war uns unheimlich. Nicht, dass wir den ganzen Spott auch noch abkriegen.

Übrigens, den Spott konnten wir sowieso nicht verhindern. Dein Sohn macht Ungewöhnliches, und ein ganzes Dorf hat ein Gesprächsthema. Dein Sohn macht sich aus dem Staub, aber du darfst dir die Kommentare anhören.

Aber mehr noch. Wir hatten Angst, dass Jesus in die Bredouille kommen würde. Meine jüngeren Söhne gingen also hin in die Synagoge, sie hörten sich seine Predigt an. Sie wurden Zeugen einer sehr progressiven Bibelauslegung. Und sie wurden Zeugen, wie Jesus dafür fast umgebracht wurde. Wenn Sie jetzt verstehen, warum wir uns Sorgen machten.

Jakob hat es abends erzählt. Er fand die hoffnungsvollen Gedanken seines Bruders zu einem Jesajatext schon gut. Aber als Jesus dann sagte, dass ein Prophet in seiner Heimat eh nichts gilt, und als er dann noch sagte, die alten Propheten seien auch lieber zu den Ausländern geschickt worden anstatt zu Israel, da sei viel Wut aufgekommen. Ausländer, das sind ja die Römer und Blutsauger und Heiden. Die hat Jesus mit seiner Auslegung recht aufgewertet, oder anders herum, er hat unser Volk vielleicht doch etwas abgewertet dadurch. Sie haben Jesus gepackt und zum Abhang draußen vor dem Dorf geschleppt und wollten ihn hinunterwerfen. Dann geschah etwas, was Jakob doch wieder beeindruckt hat. Jesus ist so einer, der sagen kann: Still, und dann wird es still. Bevor es also zum Äußersten kam, geschah so etwas. Jesus ist einfach durch diese wütende Volksmenge durchgelaufen, wie Mose durchs rote Meer, und hat den Sand aus den Sandalen geschüttelt, und wurde in Nazareth nicht mehr gesehen.

Das war schon ein Schock für uns. Wir haben gesehen, wie gefährlich es ist, Hoffnungen zu wecken. Wenn man die Erwartungen anders bedient als erwartet. Wenn das schon im Heimatdorf so ist, wie dann erst auf der Landstraße. Ein bisschen ist unser Land doch ein Pulverfass.

*Ich komme noch einmal auf den Anfang zurück. Ich habe ja schon angedeutet, dass Jesus in Betlehem geboren wurde, obwohl wir eine Familie aus Nazareth sind. Wissen Sie auch warum? Wegen der Geldgier der Römer. Es heißt immer so schön, dass Josef und ich nach Betlehem mussten, damit wir gezählt werden. Aber in Wahrheit haben sie ja unseren Besitz gezählt. Geschätzt wurden wir eben. Damit sie dann wussten, wie viel Geld sie aus uns pressen können. Josefs Familie hat noch etwas Landbesitz in Betlehem, er stammt von dort. Deswegen waren wir also dort. Die Geburt unseres Kindes in Betlehem ist ein Symbol für die Geldgier und die Unterdrückung der Römer. Nach unserem Gerechtigkeitssinn dürfte man für ein Stück Land gar keine Steuern zahlen, denn das Land gehört letztlich immer Gott. Sie verstehen jetzt, warum es bei uns im Land immer brodelt, warum es Guerillas gibt. Und mittendrin wurde Jesus geboren, in der Stadt des Königs David, als Nachkomme des König David, der unabhängig von allen Ausländern regiert hatte. Und er wurde als die Rettung Israels bezeichnet von Menschen wie Simon und Hanna. Ja, und vor allem:°

Wie wir erfuhren, predigte Jesus dieses: Schaut, da bin ich, schaut meine Taten an, schaut, hiermit ist das Reich Gottes quasi schon angebrochen. Das sagte er manchmal, sinngemäß. Wenn das keine Erwartungen auslöst. Wenn das keine Enttäuschungen gibt. Wenn dann auch noch Jesus sagt, man soll dem römischen Kaiser geben, was dem Kaiser gehört, sprich Steuern. Wenn dann noch Jesus die Steuereintreiber nicht sabotiert, sondern sie besuchen geht. Wenn Jesus Frieden dadurch sucht, dass er *nicht* die Besatzer bekämpft. Wenn er Ausländer mit einbezieht in den Frieden. Wie sollen solche Predigten nicht gefährlich sein.

Wir blieben zurück, wir, die ganze Familie Josef, und es klangen uns die Ohren. Denn Jesus hatte noch etwas gesagt. Ein Prophet gilt nirgends so wenig wie in seiner Heimat, sagte er,

und nirgends so wenig wie in seiner eigenen Familie.

Das schmerzt sie, die Familie.

Und so haben wir noch ein Mal den Versuch gestartet, an ihn heranzukommen. Jesus ist in Kafarnaum, hieß es. Josef wollte nicht hin, er war schon damals nicht mehr fit, und jemand musste ja daheim nach dem Rechten sehen. Aber wir anderen sind alle hingegangen. Jakob, Joses, Rahel, Simon, Judith, Judas, die Brüder und Schwestern Jesu. Und ich, Maria, seine Mutter. Wir wollten es wissen.

Und ich bekam es schwarz auf weiß: Es gibt Fälle, wo man als Mutter nicht mehr gefragt ist.

Das ging so: Wir standen endlich bei dem Haus, das uns genannt worden war. Durchaus ein ansehnliches Haus, gar nicht ärmlich. Tja, da konnte man nicht mal bis zur Tür hinkommen. Denn dicht an dicht drängten sich die Leute.

Was ist da drin los? fragte Judas.
Jesus predigt, war die Antwort.
Wie kann man zu ihm hinkommen?
Gar nicht. Der das sagte, machte ein unwirsches Gesicht.
Wir sind seine Familie, versuchte es Jakob.

Da dann doch eine etwas freundlichere Miene.
Ihr seid seine Familie?
Zwei, drei andere schauten auch her.

Also, wir versuchen etwas, sagte der erste. Wir machen es mit Flüsterpost. Denn hinein kommt man wirklich nicht.
Er gab unsere Nachricht für Jesus weiter:
Deine Mutter und deine Geschwister sind da.
Und dann warteten wir.
Und dann kam die Flüsterpost zurück. Unserem Ansprechpartner war sichtlich peinlich, was er uns zu melden hatte.
Jesus sagt: Wer *sind* denn meine Mutter und meine Geschwister? Alle ihr hier seid das. Alle, die den Willen des himmlischen Vaters tun.
Und gibt es eine Nachricht an *uns*? fragte ich vorsichtig.
Das war schon alles, sagte er.

Da war es, das Schwert in meiner Seele.

Jesus, warum entziehst du dich?

Gott, warum geschieht das? Herr, was habe ich falsch gemacht?

Ich versuchte, mir nichts anmerken zu lassen. Meine Kinder genauso.

Was war passiert? Müssen *Söhne* so einen Weg gehen? Muss *Jesus* es?

Was hat man dann davon, ein göttlichen Sohn zu haben? Dass man nicht an ihn heran kommt.

Und es gab nur eine Sache, die noch Schlimmer kam. Dass sie ihn an ein Kreuz nagelten.

Jetzt wartet also meine verletzte Seele. Aber sie wartet zusammen mit liebevollen Menschen hier im ersten Stock, auf ich weiß nicht was. Und etwas geschieht dann doch. Ich bekomme hier langsam etwas von meinem Sohn zurück. Die Menschen erzählen mir von ihm. Vieles, das ich nicht gewusst hatte. Und ich darf von ihm erzählen. Man sagt mir, was für ein großartiger Mensch Jesus war. Und dass man die Frau beglückwünschen kann, die ihn geboren und gestillt und die ihn erzogen hat. Sie sagen: Maria, dein Sohn durfte bei dir der sein, der er ist. Und wenn es das war, dass er fortging. Du hast zugelassen, dass er Gottes Kind ist.

Habe ich das? frage ich mich. Wie immer du es willst, Gott. So soll es sein.

Und noch etwas haben sie mir erzählt. Etwas von seinen Predigten. Jesus war anscheinend der Meinung, dass im Reich Gottes nur Platz ist für Menschen, die werden wie die Kinder. Nicht wie Guerillas, oder wie Schriftgelehrte, oder Asketen, oder Machthaber. Werdet wie die Kinder. Lernt etwas von den Kindern. Diesen Satz meines Sohnes in seiner ganzen Konsequenz habe ich zwar noch nicht erfasst. Aber eines sagt das mir, der Mutter:

Jesus muss eine gute Erinnerung an seine Kindheit gehabt haben.

Das macht mich glücklich, mein Gott. Und danke, mein Kind, dass du das mit den Kindern gesagt hast.

Und danke auch Gott, für die Mahlzeit, für die jetzt Zeit sein soll.

– ₪₪₪₪ –

Maria, nach Pfingsten

G ott ist groß! Singt mein Herz.
Gott macht mich heil! Jubelt es in mir.

Denn ich kleine Magd wurde seines Blickes gewürdigt.
Die Glückliche! Wird man von mir sagen:
Auch dann noch, wenn ich längst nicht mehr bin.

Großartig wirkt er – auch für mich.
Wo sein Name erklingt, ist Heil,
und alle, die sich vor Gott ängstigen,
werden im Gegenteil Barmherzigkeit erleben – alle.

Gewaltige Gotteskraft ist in dem, was wir erleben:
Hochfliegende Gedanken werden zerstreut.
Machtverliebte werden vom Sessel gestürzt,
und wer unten lag, wird darauf gesetzt.
Brotlosen öffnet sich eine Fülle von Möglichkeiten,
Reiche werden fortgeschickt mit leeren Taschen.

Gott kümmert sich um Israel,
sein Herz schlägt für Abraham
und für alle, die aus ihm hervor gingen und gehen.
So sagte er den Altvorderen, und er vergisst es nicht.

Welch verwandelnde Gotteskraft.
Früher unbedeutendes Nazareth (was kann aus Galiläa
Gutes kommen) –
jetzt Jerusalem, die hoch gebaute Stadt, Zierde Israels,
Licht für die Völker.
Früher Landarbeit – jetzt Stadtluft.
Früher Hausfrau – jetzt gefragte Person.
Früher ich, Maria, kleine Magd –
jetzt aber ich, von allen die Mutter des Herrn genannt.

So klingt mein persönliches Pfingsten. Eine große
Verwandlung durch die Kraft Gottes.

Es gibt auch ein Symbol für mein persönliches Pfingsten. Das ist der brennende Dornbusch. Unser Vorvater Mose hatte beim Schafehüten diesen Busch gefunden, der brannte wie mit Feuerflammen. Und der dabei doch nicht verbrannte. Denn es war kein physikalisches Feuer, sondern darin war Gott, der zu Mose sprach. So bin ich auch. Wie ein Gestrüpp manchmal nur, trocken, dornig, manchmal mit einer Blüte. Doch in diesem unscheinbaren Geschöpf brennt Gottes Kraft, und Gottes Liebe. Ohne mich zu verzehren. Ein göttliches Kind trug ich in meinem Mutterleib, und doch blieb ich ganz ich, ja, die meiste Zeit wusste ich es nicht einmal. Mutter des Herrn bin ich mit einem Mal, obwohl ich ja doch immer noch Maria bin, kleine Magd.

Mein persönliches Pfingsten ist nicht so mit einem Termin verbunden wie bei den anderen hier. Mein Pfingsten steht mir jetzt vor Augen, aber es war schon da, als ich schwanger wurde. Es wird immer wieder zu spüren sein.

Das Pfingsten der anderen hier war ein Termin. Pfingsten bedeutet ja fünfzig. Der 50. Tag seit Jesu Auferstehung. Auch ein Tag mit Feuerflammen, mit brennender Kraft und Liebe Gottes in den Schülern und Schülerinnen Jesu. Ohne dass sie davon verzehrt wurden.

Ja, das heißt, inzwischen sagen wir nicht mehr Schüler und Schülerinnen. Sondern Gemeinde. In der Gemeinde Jesu ist jetzt brennende Kraft und Liebe Gottes. Gottes Sohn lebt jetzt in der Gemeinde. Erst erschien er Einzelnen nach seinem Tod. Durch Pfingsten lebt er jetzt in der ganzen Gemeinde.

Zuallererst, vor gut drei Jahrzehnten, lebte Gottes Sohn in mir, einer schwangeren jungen Frau. Ich habe das mit der Gemeinde gemeinsam. Nur dass mein persönliches Pfingsten etwas ganz Individuelles ist. Gottes Sohn lebte in der Höhle meines Mutterbauches.

Später lebte Gottes Sohn in der Höhle meiner Familie, bei uns daheim. Und das ist ja etwas sehr, sehr Wertvolles. Da will ich es mir nicht nehmen lassen, Ihnen ein paar Dinge aus der Familienhöhle zu erzählen.

Familienhöhle? Na klar doch, in Nazareth sind viele Häuser einfach Höhlen. Die Gegend ist bergig, das Dorf liegt am Hang, da sind Höhlen. Nicht einfach offene Löcher natürlich. Vorne macht man eine Tür hin.

Beim Leben in Höhlen spielt Licht eine große Rolle, also auch in der Kindheit Jesu. Er spielte gern mit dem Licht. Das ist die Sorge aller Eltern. Jesus war ein Junge, der die praktischen Dinge genau beobachtet hat. Er hat zum Beispiel die Auswirkungen von Licht beobachtet. Er hat abends die Öllampe genommen und hat experimentiert, wie das Licht den Raum ausfüllt, wo die Schatten sind und so. Dann hat er den Scheffel genommen. Scheffel, das ist ein flacher runder Korb, ganz fein geflochten, damit nichts durchrieselt. Man kann zum Beispiel Mehl hineintun, und nichts fällt hinaus. Jesus hat den Scheffel über die Lampe gestülpt. Es war augenblicklich dunkel. Das war jetzt ein Problem. Entweder die Öllampe geht aus, oder aber der Scheffel fängt Feuer. Schnell hinrennen und es wieder aufdecken, auch gefährlich, vielleicht wäre ich angestoßen, vielleicht wäre das Licht umgefallen. Öl-unglück, Feuergefahr. Also stattdessen suchte ich Worte.

Jesus! Was machst du!
Er: Ich mache: nachsehen, was geschieht. Und zwar: der Raum wird dunkel.
Ich: Deck es sofort auf!
Er: Warum?
Ich: Das macht man nicht! Niemand stellt sein Licht unter den Scheffel!

Er deckte es wieder auf, und es wurde wieder hell. Und er sagte, so nachdenklich zu sich selbst: Niemand stellt sein Licht unter den Scheffel. Sonst wird es dunkel ringsum. *Ich* könnte noch ergänzen: Oder der Scheffel wird angekokelt. Oder das gute Olivenöl läuft auf den Boden.

*Sehr interessiert war Jesus auch, als der Weinschlauch geplatzt war. Auch so etwas Physikalisches. Oder Chemisches, oder beides. Durch Druck reißt der Behälter, und verspritzt sich der Wein selbst. Die Wände, die Sachen, die Leute – alles bei uns war voller Wein, roch, sah aus, klebte wie Wein. Josef hatte den Wein besorgt, deswegen half er jetzt auch schuldbewusst beim Putzen, und die Kinder mussten auch mithelfen. Ein Weinschlauch, das ist quasi ein Bocksbeutel. Eine Ziegenhaut, zusammengenäht, zum Einfüllen von Flüssigkeiten. Für Wein besonders geeignet, da die Haut doch etwas elastisch ist.

Jesus wollte wissen, warum ein Weinschlauch platzt.

Weil der Wein gärt, wenn er jung ist, sagte Josef.
Er wächst sozusagen noch. Er braucht mehr Platz.
Und Platzen, fragte Jesus, kommt von mehr Platz brauchen?
Gut beobachtet, sagte der Vater.
Und warum platzt dann nicht jeder Schlauch, wenn Wein drin ist?
Das war der Moment, wo es peinlich war für Josef, und warum er schuldbewusst die Wände wusch.
Ich erklärte es: Weil man für neuen Wein keine alten Weinschläuche nimmt.
War das hier ein alter Schlauch?
Ja, alt, brüchig, nicht mehr ausdehnbar. Dein Vater wollte sich das Geld sparen für einen neuen.
Also, wenn ich mal neuen Wein besorge, tu ich ihn in neue Schläuche.
Welch weises Wort aus Jesu Mund.°

Genauso wie den Gegenständen hat Jesus auch den Menschen auf den Grund gehen können.

324

Das wurde mir klar, als ich einmal eine Münze wiedergefunden habe. Meine Kinder erzählen sich bis heute von dem Tag. Seitdem ist Suchen nichts Lästiges mehr für sie, sondern sie suchen gern nach etwas Verlorenem.

Das war also, als ich mir eines Tages eingestehen musste, ich finde sie nicht mehr. Es war schon viel Geld. So viel wie einige Tage arbeiten. Ich habe mich dann entschlossen, es systematisch zu machen. Es muss für die Kinder sehr beeindruckend gewesen sein: wie die Mutter *alle* Kleidungsstücke sortiert, in die Truhe schaut, und die Truhe zur Seite schiebt, und in das Stroh der Krippe schaut, und das Stroh auf dem Boden, und am Ende das ganze Stroh austauscht. Und da lag sie dann, meine Münze, am Boden. Ich habe getanzt vor Freude, und habe die Nachbarinnen eingeladen, und die ganze Freude hat sich auch auf meine Kinder übertragen. Seither ist Suchen etwas Schönes bei uns. Wegen der Freude, die am Schluss übrig bleibt.

Und Jesus hat gesagt: So wichtig war also die Münze für dich, Mama! Deswegen hast du so lange gesucht, bis du sie gefunden hast. So ist er, mein Sohn, kein Detail ist ihm unwichtig, und keine Regung der Seele entgeht ihm.

Es macht ja einen Unterschied, ob in einem Menschen eine Seele klar und heiter ist, oder getrübt durch etwas. Er bemerkte auch solche Dinge. Und er verglich die Reinheit einer Seele mit der Reinheit äußerlicher Dinge. Aber bevor Sie das verstehen, muss ich Ihnen erklären, wie man eine Wohnhöhle sauber hält.

Erstens. Wir Hausfrauen von Nazareth haben keinen Putzfimmel. Wir verbringen stattdessen den Tag mit Mahlen von Mehl, weil das von Hand macht. Es fängt früh morgens an. Wir backen damit das täglich Fladenbrot.

Zweitens. Es gibt nur einen Bereich in einer Höhle, den man einigermaßen sauber halten kann. Das ist auf dem

Podest, wenn man hineingeht vorne rechts. Das Podest bauen wir kniehoch aus Steinen. Darauf legen wir uns schlafen und dort bewahren wir unsere Kleider auf. Unten auf dem Höhlenboden vorne ist der Backofen, hinten auf dem Boden ist die Ziege. Eine Ziege, die zweimal am Tag durchläuft, sieben Kinder, die oft am Tag durchlaufen. Sauber ist es bei uns nicht im Sinne von abgeleckten Fußböden. Stroh ist auch schon ganz gut, wenn man es gelegentlich austauscht.

Drittens. Wasser würde auf unserem Lehmfußboden nur ein Schlammbad veranstalten. Abgesehen davon, dass wir jedes Tröpfchen Wasser am Dorfbrunnen holen müssen. Schauen Sie sich den Brunnen mal an in Nazareth, der ist da immer noch, sie können ihn nicht verfehlen, es gibt nur einen. Eine eingefasste Quelle ist da.

Also: regelmäßig Fußboden wischen, Geschirr spülen, fließend Wasser für die Hände, das geht hier in der Stadt, wo man Steinböden und Wasserkanäle hat. Nicht in Nazareth. Reinheit ist für uns Juden wichtig, aber wir auf dem Land haben gern gesagt: ein reines Herz ist wichtiger als eine reine Stube und reine Hände. So, das war meine Einleitung dazu, wie Jesus der Seele auf den Grund ging.

Jesus sagte: Wenn die Höhle einfach nur sauber ist, macht sich das vielleicht gut, aber es kann dennoch leicht ein böser Geist darin wohnen, weil ja sonst nichts drin ist. Es muss schon auch Leben und Liebe darin sein. So ist es auch mit der Seele. Wenn du sie bloß sauber hältst, und sonst nichts Gutes drin ist, machst du nur bösen Geistern Lust, einzuziehen. Oder er sagte: Ich kann meine Hände schön sauber waschen, aber immer noch trübe Gedanken in mir haben. Trübe Gedanken sind das Hauptproblem. So sagte er. Andere haben dann gesagt: das Kind ist zu bequem, zum Brunnen zu gehen, die Hände zu waschen.

Wir werden vielleicht als arm angeschaut, mit unserer Höhle als Wohnung. Auch wenn die meisten Leute in

Nazareth in Höhlen leben. Wenn sich eine Nachbarin ein richtiges Haus leisten kann, sagen viele: Die Glückliche! Aber von was wird man eigentlich glücklich?

Zum Beispiel meine Cousine Elisabeth, die ist mit einem Priester verheiratet, mit Zacharias. Da sagen manche auch: Die Glückliche! Denn sie gehört zu einer Klientel. Klientel, das ist ein Beziehungsgeflecht von Menschen, das dich ein Stück weit absichert. Elisabeths Mann, Zacharias der Levit, hat eine feste Anstellung im Tempel. Aber da sieht man schon, es ist nicht ganz klar, wodurch ein Mensch wirklich glücklich wird. Elisabeth hatte bis in ein recht hohes Alter keine Kinder. Als sie dann doch noch ihren Johannes bekam, sah sie das erste Mal richtig glücklich aus.

Und so ist es auch mit der Wohnung. Mir war es egal, in was für einer Wohnung meine Kinder geboren wurden.

*Es wird ja übrigens, wie ich höre, diskutiert, in was für einem Raum Jesus geboren wurde. In einem Stall? In einer Höhle? Oder doch in einer Wohnung? Sie haben gemerkt: Alle drei Dinge sind richtig. Es ist alles dasselbe. Höhle, Wohnung und Stall in einem. Wir legen immer unsere Babys in eine Futterkrippe. Auf dem Podest ist es zu hart, und vor allem nachdem da mehrere Menschen liegen, will man ja auch nicht, dass das Kind von jemandem erdrückt wird. Man muss bei der Krippe nur aufpassen, dass nicht die Ziege an dem Baby knabbert.°

Jesus hat auch die sozialen Unterschiede gesehen. Er hat als Kind schon gewusst, dass es auch reichere Menschen gibt. Aber weil er glücklich war in seiner armen Familie, sagte er später: Glücklich ist, wer arm ist.

Was manche als Last empfinden, konnte Jesus als simple Tatsache ansehen. Wie bei der Sache mit dem Joch.

Das war so. Irgendwann muss man als Zimmermannssohn ja auch mal schwerer hinlangen. Wir haben vorne, wo die Gasse an unserer Höhle vorbeiführt, noch einen Anbau. Das ist die Werkstatt. Da sind die Kinder mit aufgewachsen. Sie hatten auch kleinere Botendienste zu übernehmen. Und irgendwann musste also der Älteste das erste Mal etwas Größeres von einem Kunden holen. Unsere Kunden sind Bauern, und bei ihnen geht immer mal ein Holzgerät kaputt. Das richten sie meistens selbst wieder her. Nur wenn es etwas komplizierter ist, fragt man den Zimmermann. Bei einem Pflug zum Beispiel, oder einer Türangel, oder einem Joch. Sie denken bei Zimmermann vielleicht vor allem an Dachkonstruktionen. Aber Dächer baut man nicht oft in Dörfern, die hauptsächlich aus Höhlen bestehen.

Jesus wurde also losgeschickt; er sollte von einem Kunden ein Joch abholen. Das ist nichts Besonderes, sagen Sie. Aber für Eltern ist es das doch, beim ersten Mal. Ein Joch wird immerhin über einen Ochsen drüber gelegt, das ist schon ein großes Stück Holz für einen Buben.

Jesus kam heim. Er hatte das Joch auf seinen Nacken gelegt, als wäre er ein Ochse. Wie der Prophet Jeremia, dachte ich damals ein wenig stolz. Heute ist das für mich keine schöne Erinnerung. Ich sehe ihn vor mir, wie er einen ganzen Kreuzbalken trägt, den ganzen Weg von Jerusalem nach Golgatha. Das sieht fast so ähnlich aus.

Ich, damals: Kind, so ein großes Joch, ist das nicht zu schwer? Ganz die besorgte Mutter.
Also Mama, dieses Joch ist sanft, und meine Last ist leicht.

Was in diesen Worten liegt. Ein Jugendlicher kennt keinen Schmerz, wenn man sich um ihn Sorgen machen will. Das habe ich ihm angesehen. Hätte ich ihn gelobt, hätte er genauso reagiert: Aber Mama, das ist doch leicht. Aber ich glaube, da war noch mehr. Er war so ganz in der Mitte unter diesem Holz, oder er hat es so ganz als Tatsache angenommen, oder er war so klar, so ganz anwesend – ich weiß nicht wie ich es sagen soll. Vielleicht jedenfalls, dass es ihm wirklich nicht schwer war. Das Joch, meine ich. Beim Kreuz war es anders, denn da hat Jesus auch noch den Spott und den Zorn und die Blindheit der Menschen mittragen müssen. Und die Angst.

*Ich könnte noch viel von meinem Ältesten erzählen. Es tut mir gut.

Wie er Tiere gehütet hat, das muss bei uns jeder Junge einmal machen, wie schon Mose, wie schon David. Wie er dann abends philosophiert hat, wann ein Hirte ein guter Hirte ist.

Oder wie er sich geärgert hat, dass er beim Pflügen nicht den Großen helfen durfte. Denn da kann man viel falsch machen. Dann hat er ihnen zugeschaut und hat es selbst gemerkt: sobald jemand sich beim Pflügen umschaut, ob die Furche gerade geworden ist, ist sie auch gleich krumm geworden. Wer sich umschaut, ist nicht sehr hilfreich, sagte er.

Oder wie er mir beim Backen mit Sauerteig zugeschaut hat. Wie er darüber nachgedacht hat, dass ein Sauerteig alles andere durchsetzt, und dass es deshalb wichtig ist, dass man einen guten Sauerteig benutzt und dass ein schlechter das ganze Brot verderben kann.

Oder wie wir nachts schon beim Einschlafen waren, auf unserem Podest aufgereiht, Josef hinten, ich vorne, die Kinder alle zwischendrin. Und dann hat noch jemand vorne an die Tür geklopft, und Josef hat gerufen: Wer ist da draußen? Spinnst du? ich liege hier zwischen den Kindern, willst du, dass ich aufstehe und alles wieder durcheinander bringe? Und Jesus hat gesagt: Das ist ein gutes Beispiel für einen Menschen, dem etwas wirklich wichtig ist. Der klopft sogar nachts bei einer Familie an die Tür.°

Es tut mir gut, von meinem Kind zu erzählen. Obwohl man von jedem einzelnen Kind in Nazareth wahrscheinlich Ähnliches erzählen könnte, weil seine Kindheit ähnlich war.

Und wenn ich hier in Jerusalem davon erzähle, den Männern, den Frauen, dann sagen sie: das ist er, das ist ganz genau Jesus. Genau so hörten sich seine Predigten vom Reich Gottes an. So wird das Reich Gottes kommen, das wusste er.

Heute denke ich: Ich hätte doch einmal mit ihm auf Wanderschaft gehen sollen. Um zu sehen, wie er mit unseren Familienhöhlengeschichten das Reich Gottes erklärt. Ich will Ihnen jetzt nicht sagen, dass alle seine Gedanken aus unserer Familie kommen, nicht dass Sie das denken. Aber das ist schon unsere Welt, was er gepredigt hat.

Deswegen erzähle ich Ihnen nun noch die Acker-geschichte. Die Gemeinde hat mir gesagt, er habe das Reich Gottes besonders oft mit Samen verglichen.

Es war, als Josef und die Jungen von unserem Acker heimkamen. Wie war's? fragte ich.

Und Josef erzählte, wie Jesus ihm beim Säen des Weizens zuschaute. Ganz genau, wieder einmal. Wie man die Hand bewegt, dass die Saat möglichst gleichmäßig über die Erde gestreut wird. Hat fast jeden einzelnen Samen beobachtet, wie er in die Erde fällt. Manchmal fällt eine Samenkorn auf den – wie soll ich das sagen. Da, wo man in den Acker hineingeht, wird ja die Erde fest getreten, weil man immer wieder darüber gehen muss. Jetzt habe ich kein Wort für den Weg, der da sozusagen entsteht. Es ist ja kein richtiger Weg. Wenn jedenfalls auf diese Stelle die Samen gefallen sind, hat Jesus skeptisch geschaut. Aber nichts gesagt. Das hat Josef erzählt. Aber das war noch nicht die Geschichte.

Die nächsten Tage war Jesus immer draußen und hat nachgesehen.

Gleich am ersten Tag kam er heim und sagte: Ich wusste es! da, beim Weg, da ist kein einziger Same mehr, da konnten die Samen nicht in die Erde fallen, die Vögel finden sie gleich und essen alles auf. Lass uns etwas tun!

Josef sagte: Lass. Das müssen wir nicht, du wirst sehen. Denk dran: Der Vater im Himmel will ja auch die Vögel ernährt kriegen.

Wenig später kam Jesus und meldete, dass die meisten Samen aufgegangen waren.

Zwei Tage später fügte er hinzu, dass manche Halme sofort vertrockneten. Er hatte die Sache untersucht und gesehen: Wo die Erde nicht tief ist, wo zum Beispiel ein Stein darunter liegt, wo es schnell trocken wird, da trocknet auch ein Halm schnell.

Ich schaute ihn an und sagte: Du machst dir Sorgen um die Samenkörner, nicht wahr?

Ein wenig verstehe auch ich von der menschlichen Seele. Und er machte: Hm. Und dachte nach über seine Sorgen.

Als das Getreide schon recht hoch stand, merkte er, dass viel Unkraut mitgewachsen war. Unkraut nimmt dem Weizen Platz weg. Er wollte wirklich aktiv werden und jedes Unkraut auszupfen.

Josef beruhigte ihn wieder: Lass. Das müssen wir nicht, du wirst sehen. Man reißt mit jedem Unkraut leicht auch wieder eine gute Ähre aus.

Als es in jenem Jahr zur Ernte ging, hatte ich das Gefühl, Jesus zählt die Körner an jeder einzelnen Ähre. Und immer wieder schaute er zum Himmel hinauf und lachte. Er war voller Glück, wie viel Körner eine normale Ernte ergibt. Wie viel im Vergleich zu dem, das man ausgesät hat, und wie viel erst recht im Vergleich zu dem bisschen, das verloren gegangen ist.

Seine Seele hatte verstanden, dass man *diese* Sorgen nicht haben muss.

Da verstehe ich, dass er als Prediger solche Vergleiche für das Reich Gottes benutzt hat.

Andere würden sagen, unsere Ernte war mickrig. Denn wir haben nur ein Feld, mit 39 Morgen. Das reichte so gerade für uns. Für die Zukunft ist das aber schon schwierig, bei fünf Söhnen. Ich wüsste im Moment nicht, wer es erben soll, und was aus den anderen Söhnen wird. Auch wenn es jetzt nur noch vier sind. Bei Jakob habe ich aber auch nicht das Gefühl, dass er es will. Wahrscheinlich Judas. Aber wenn Jesus mich jetzt reden hören würde, würde er wahrscheinlich sagen: Du machst dir Sorgen, nicht wahr? Aber schau die Vögel an. Sie bewirtschaften gar nichts, und der Vater im Himmel kriegt sie doch ernährt.

Also nicht dass Sie meinen, wir waren keine fröhlichen Leute. Mit einfachen Mitteln geht vieles, sogar feiern kann man. Wenn es einen Anlass gab, haben wir Gäste eingeladen. Kann schon sein, dass nicht jeder sich in unser kleines Haus bequemen wollte. Wir haben auch Zurückweisungen erlebt. Das haben auch die Kinder gespürt. Was macht man dann? Sich schämen? Sich ärgern? Na, man macht halt einen Witz draus.

Da war dieser Nachbar, der hatte immer eine Ausrede. Jedes Mal. Er wurde zum Beispiel zwei Tage vorher eingeladen; er sagte: ja, ich komme sehr gerne. Wenn dann das Fest losging, wurde Jakob geschickt, ihn abzuholen; Jakob kam wieder heim, alleine. Simon fragte, und, wo bleibt er? Judas wartete die Antwort gar nicht ab, rief dazwischen: Dem ist gerade wieder eingefallen, dass er heute seine Hochzeit hat. Die Kinder haben gelacht, nicht geschimpft, Recht hatten sie.

Wissen Sie, da gibt es ja Ausleger, die unsere Geschichten gewissenhaft untersuchen. Die halten die Heirat des Nachbarn für einen ernsthaften und gewichtigen Grund. Er hat geheiratet, da kann er wirklich nicht kommen, sagen sie mit ernster Miene. Ist ja richtig, aber –

halloho! Es ist ein Witz! Man weiß doch schon ein bisschen vorher, ob man heiratet.

Humor hilft einem durchs Leben. Wollte ich einmal die Kinder baden, da gehen wir Juden immer in die Mikwe, das ist so ein kleines Badehaus. Männer und Frauen getrennt, die kleinen Kinder zusammen mit den Müttern. Zieht euch aus, sage ich, hinein ins Wasser mit euch. Sie mögen das kalte Wasser zwar nicht. Aber einer nach dem anderen kommt dran, ob sie wollen oder nicht. Nur meinen Ältesten muss ich zweimal ermahnen: Jesus, *ins* Wasser, hör sofort auf, oben *drauf* zu gehen!

Na, das sind halt so Jesus-Witze. Die erfindet man sich, wenn man ein göttliches Kind hat.

Noch einen hätte ich. Der kam mir erst zu Ohren.
Macht der Töpfer von Nazareth aus Ton kleine Tauben. So als Spielzeug eben. Lässt sie über Nacht trocknen, bevor er sie brennt. Kommt am nächsten Tag wieder, will sie in den Brennofen schlichten.
Aber sie sind alle weg.
Ruft er seine Frau: hast du die Tontauben gesehen?
Sie: Ja, die Nachbarskinder haben damit gespielt.
Er: Sie werden sie ja nicht geklaut haben!
Sie: Nein, das waren die Kinder von Maria und Josef, die sind gut erzogen.
Er: Scheiße, o nein!
Sie: Warum?
Er: Na, dann war der Jesus auch dabei. Wenn der mit Tontauben spielt, mit seinem lebensspendenden Odem – der passt einmal nicht auf, und, ach wie soll ich sagen. Das Einzige, was dann noch bei denen aus Ton ist, sind ihre gurrenden Töne. Die hörst du dann von allen Dächern. Na, nächstes Mal sollte ich vielleicht Schnecken formen.

Ich habe mir sagen lassen, dass jemand die Geschichte in ein Buch über die Kindertage Jesu hineingeschrieben hat. Manche werden das womöglich eines Tages für eine ganz wichtige Geschichte halten über das göttliche Kind. Ich halte es eher für einen netten Witz. Die Leute denken bei heiligen Büchern immer, da stehen nur ernste Sachen drin. Sie vergessen, dass man auch über heilige Sachen einmal lachen kann.

Dass ich ein göttliches Kind habe, ist wiederum kein Witz. Sonst würden diese Witze gar nicht funktionieren.

Vielleicht kennen Sie auch solche Witze. Da wäre jetzt Zeit dafür beim Essen. Wir sollten uns wieder einmal stärken. Gesegnete Mahlzeit!

– ᖰ ᖰ ᖰ ᖰ –

Johannes erzählt

Am Himmel sah ich ein wahrhaft himmlisches Bild:
Es erschien eine Frau. Sie trug die Sonne als ihr Kleid.
Ihre Füße standen auf dem Mond. Und auf ihrem
Haupt saß eine Krone aus zwölf Sternen.
Die Frau war schwanger, und die Geburt ihres Kindes stand
unmittelbar bevor. Die Wehen setzten ein. Sie schrie auf, und sie
krümmte sich vor Schmerzen.

Ein weiteres, ein furchterregendes Bild wurde am Himmel
sichtbar:
Da war ein riesiger, feuerroter Drache. Er hatte sieben Köpfe,
darauf teils ein Horn, teils zwei, insgesamt waren es zehn Hörner.
Auf jedem der sieben Köpfe saß die Krone eines Königs.
Dieser Drache schwang seinen Schwanz wild am Himmel umher.
Dadurch fegte er ein Drittel der Sterne vom Himmel, und sie
wurden auf die Erde geschleudert.

Dann stellte sich der Drache vor die Frau hin. Er wollte ihr Kind.
Er wollte es, sobald es geboren war, verschlingen.
Das Kind wurde geboren. Doch es wurde sogleich, durch die
Macht des Himmels, fortgerissen, hinauf getragen vor Gottes
Thron. Es war ein Junge. Genau der Junge, von dem Gott sagt:
Du bist mein Sohn, heute habe ich dich gezeugt.
Und die Frau floh vor dem Drachen in die Wüste. Dort hatte Gott
einen Ort für sie vorbereitet mit Vorräten für dreieinhalb Jahre.
Sie machte sich auf den Weg dorthin.

Meine Damen und Herren,

was ich Ihnen hier vorlese, dieses Stück Pergament hier, das habe ich mir zur Lektüre ausgeliehen. Es ist eine Vision von Johannes dem Seher. Ich finde diese Vision sehr spannend. Ich finde sie aber auch schwer zu verstehen. Ich würde mir einen Engel wünschen, der sie mir erklären kann. Wer könnte diese Frau sein? Ihr Junge, das ist mit Gewissheit unser Herr Jesus Christus. Du bist mein Sohn, sagt Gott zu ihm.

Der Drache mit seinen Königskronen wollte ihn töten. Christus sollte, so heißt es in seiner irdischen Biographie, von dem König Herodes getötet werden. Wurde aber gerettet. Wie in der Vision auch. Dann, in der Vision, wird der Junge inthronisiert. Das ist Christus, aufgefahren in den Himmel, sitzend zur Rechten Gottes.

Aber wenn der Junge Christus ist, dann ist die Frau mit dem Sonnenkleid Maria, die Mutter des Herrn. Ich stelle mir sie vor, wunderschön, von der Sonne bekleidet. Licht geht von ihr aus, funkelnde Sterne auf ihrem Kopf, und sie steht auf dem Mond. Eine richtige Himmelskönigin. Das müsste man sich noch überlegen, warum das so ist, und warum die zwölf Sterne über ihr. Und der Drache, wer ist das? Ich würde gerne weiter lesen. Wenn Sie erlauben?

Am Himmel sah ich schlimmere Bilder. Ein Krieg. Unzählige Engel erschienen. An ihrer Spitze Michael, der Engelsfürst mit dem Schwert und der Waage. Sie griffen den Drachen an. Auf dessen Seite dessen Heer von Engeln, die sich zur Wehr setzten.

Der Drache unterlag, und von da an war für ihn und seine Engel kein Platz mehr im Himmel.
Der große Drache, jene Schlange der Urzeit, die auch Teufel oder Satan genannt wird, der Verführer der ganzen Menschheit – der wurde auf die Erde hinunter geworfen. Und seine Engel mit ihm.

Aha, meine Damen und Herren!

Da haben wir es! Der Drache ist der Teufel. Klar. Drache, Reptil, die Schlange, die schon im Paradies die Menschen versucht hat. Bilder für den Teufel. Er ist vom Himmel gestürzt. Ich lese weiter.

Eine mächtige Stimme ertönte nun im Himmel:
Der Sieg ist errungen!
Die Rettung ist da!
Von jetzt an ist nur der König, den Gott als König eingesetzt hat:
Christus.
Aber Satan, der unsere Brüder und Schwestern anklagte,
ist aus dem Himmel hinausgeworfen worden.
Er klagt sie nicht mehr an, denn Christus starb für sie,
und sie selbst hielten treu zu ihm, selbst unter Todesgefahr.

Doch der Drache mit den sieben Kronen von Königen auf den
sieben Köpfen befand sich nun auf der Erde. Er wand sich umher,
voll großer Wut. Er wollte jetzt wenigstens die Frau haben. Die
Frau war auf der Flucht vor ihm in der Wüste. Doch er spürte sie
auf. Und er kam ihr bedrohlich nahe.
Da kam ihr der Himmel zu Hilfe. Er schenkte der Frau Flügel. Sie
flog nun und erreichte den Zufluchtsort. Hier war sie sicher vor
der Verfolgung des Drachens, und sie fand Vorräte für
dreieinhalb Jahre. Der Drache konnte nicht zu ihr.
Da öffnete er seinen Rachen, und hervor schoss ein mächtiger
Wasserstrom. Die Frau drohte davon fortgerissen zu werden.
Die Erde kam diesmal zu Hilfe. Die Löcher der Tiefe taten sich auf
und schluckten alle Wassermassen.
Der Drache geriet außer sich vor Wut. Und er erklärte allen
weiteren Nachkommen der Frau den Krieg. Also allen, die Gottes
Gebote befolgen, allen, die sich zur Botschaft von Jesus bekennen.
Sie alle hatten unter dem Drachen zu leiden.

Meine Damen und Herren,

Wieder würde ich mir einen Engel wünschen, der es mir erklärt. Denn was ich vorhin gesagt habe: das ist Maria, die Mutter Christi. Das passt jetzt nicht mehr. Hier ist nun die Rede von ihren Nachkommen, welche die Gebote Gottes halten und sich zu Christus bekennen. Und die deswegen verfolgt werden. Ja, das ist doch niemand anderes als die ganze christliche Gemeinde. Dann ist aber diese Frau, diese Himmelskönigin, eher die Mutter der Gemeinde.

Mutter Kirche. Die von weltlichen Kaisern bedroht wird, denn das bedeuten die sieben Kronen des Drachen. Die Kaiser sind die Werkzeuge des Teufels. Ich muss sagen, diese Vision trifft sehr zu. Auch auf den jetzigen Kaiser. Er regiert zwar in Rom, aber es betrifft uns auch hier in Ephesus, wo ich...

Ich habe mich ja noch nicht vorgestellt, meine Damen und Herren, wer ich bin und woher ich bin.

Ich heiße Johannes, mit Nachnamen Evangelista. So heiße ich, weil ich ein Evangelium von Jesus schreiben will. Ich recherchiere gerade noch ein wenig, ich versuche, mehr über die Mutter Jesu zu erfahren. Deswegen bin ich nach Ephesus hergekommen. Woher ich komme – wo meine Heimatgemeinde ist – möchte ich Ihnen momentan nicht sagen. Das ist zur Zeit nicht ungefährlich. Denken Sie an die Verfolgung der Mutter Kirche. Der Kaiser heißt Domitian. Wir befinden uns im Jahre 95 nach Christi Geburt. Er macht es uns Christen nicht leicht.

An meinem ersten Tag hier in Ephesus habe ich mich erst einmal umgeschaut in der Stadt. Der große Dianatempel. Die große Therme. Das große Stadion. Das große Gefängnis. Paulus und viele Christen nach ihm saßen schon hier. Und, ganz neu: die große Statue des Kaisers Domitian. Ich wurde sogar Zeuge, wie zwei Familien dem Kaiser Domitian ihr Opfer gebracht haben. Dem steinernen Kaiser. Wie einem Gott. Das, was wir Christen nicht tun. Wozu man uns aber zwingen will, unter Androhung höchster Strafen. Der Grund, weshalb ich mich etwas bedeckt halte.

Das sind also die Attraktionen der Stadt. Götter und Gefängnisse. Es ist eine echte Metropole, diese Hauptstadt von ganz Kleinasien.

Ich habe mich überall auch nach Fischsymbolen umgesehen. Sie wissen vielleicht, unser geheimes Erkennungszeichen als Christen. Denn wie gesagt, zurzeit fragt man einfach nicht öffentlich Passanten: Wo ist die nächste christliche Gemeinde? In einer Gasse habe ich an der Wand einer Werkstatt das Zeichen gefunden. Dort habe ich ein Empfehlungsschreiben vorgezeigt. Man hat mir eine Herberge genannt, wo man Christen treffen kann. Wo dieser Treffpunkt ist, möchte ich Ihnen auch nicht sagen. Die Herberge wird von einer jungen Schwester betrieben. Bei ihr wohne ich nun. Es ist die Basisstation für meine Maria-Forschungen.

Die junge Wirtin habe ich gleich am nächsten Tag nach dem Haus der Maria gefragt. Die Schwester wirkte überrascht.

Ein Haus der Maria in Ephesus? fragte sie.
Ja, so meine Antwort – es muss ja eines geben.
Sie kannte aber keins. Welche Maria meinst du jetzt? wollte sie wissen.
Na, die Mutter des Herrn. Ich erklärte ihr noch einmal: ich suche die Spuren der Maria.
Spuren von der Mutter des Herrn? Sie ist ja sicher schon lange gestorben! wandte sie ein.
Da gab ich ihr recht: das muss weit über 30 Jahre her sein.
Da war ich noch nicht mal geboren, rechnete sie.
Aber ich bestand darauf: Trotzdem musst du von Marias Haus gehört haben!
Die hatte kein Haus hier. Die junge Frau glaubte mir sichtlich nicht.
Bist du dir sicher? fragte ich.
Es wäre mir ja neu, erwiderte sie, dass Maria überhaupt je in der Stadt war.
Aber sie war doch mit Johannes zusammen! Ich war aufgeregt. Ich weiß es von ihm selbst! Ich kenne Johannes! Ich habe ihn zwar seit Jahrzehnten nicht gesehen, aber neulich hörte ich, Johannes wohnt in Ephesus! Da habe ich

mir klargemacht: dann muss Maria auch einmal hier gewesen sein! Und irgendwo hier gewohnt haben. Johannes hatte nämlich versprochen, dass sie immer bei ihm wohnen darf.

Die junge Frau rollte mit den Augen.
Johannes, sagte sie, das nützt mir gar nichts. Es gibt so viele mit diesem Namen. Johann, Hans, Hansi...
Ich sagt ihr, dass ich den Alten Johannes meine.
Den Alten Johannes? Sie horchte auf. Das ist freilich etwas anderes. Der Alte Johannes ist sehr bekannt. Aber er ist zurzeit nicht in der Stadt.
Ist er nicht? Ich war enttäuscht. Und hoffte gleich wieder. Dann war er wirklich hier!
Ja, schon. Und du, Johannes Evangelista, kennst den Alten Johannes?
Nun ja, ich dachte mir zumindest, dass es der Johannes sein muss, den ich kenne.
Sie lachte: wo doch so viele Johannes heißen. Sogar du selbst!
Ja, aber mein Johannes, den ich kenne, ist sehr berühmt und muss jetzt sehr alt sein.

Ich warf alles in die Waagschale, was ich wusste. Es war der Lieblingsjünger von Jesus! Bei der Kreuzigung war er – außer den Frauen – der einzige, der nicht davonlief. Er ist mein oberster Zeuge für mein Evangelium, das ich gerade schreibe. Er hat mir bezeugt, dass Christus gekreuzigt wurde, weil er selbst mit Mutter Maria dabei stand, als der Herr starb. Und hat mir bezeugt, dass Jesus ihm zuletzt den Auftrag gab, nun wie ein Sohn für Maria zu sorgen, wie für die eigene Mutter.

Jesus sagte, sterbend:
Maria, dieser Johannes ist jetzt dein Sohn.
Johannes, diese Maria ist jetzt deine Mutter.
Und Johannes der Lieblingsjünger versprach ihr, sie solle nun immer bei ihm wohnen.

Meine junge Herbergswirtin bewunderte mich dafür, dass ich einen Menschen kenne, der den Tod des Herrn miterlebt hat. Aber sie fragte mich auch mit feiner Ironie:

Und deswegen denkst du, dass Maria hier in Ephesus ein Haus hatte. Nur weil ein Johannes sie bei sich wohnen ließ – und weil du gehört hast, dass ein Johannes in Ephesus wohnt.

Ja, so musste ich zugeben, das dachte ich. Und musste der jungen Christin recht geben. Johannes Lieblingsjünger ist nicht unbedingt der Alte Johannes von Ephesus.

*Jetzt habe ich auch eine Frage, sagte die Schwester: Wenn du einen Johannes kanntest, der der Lieblingsjünger des Herrn war. Ist das dann der Sohn des Zabdai, den man den Donnerer nennt?

Diese Frage machte alles komplizierter. Noch ein Johannes. Wer gut mitzählt in dieser ganzen Geschichte, wird auf sechs verschiedene Männer namens Johannes kommen. Der Schwester sagte ich: Nein, der war das nicht, Johannes Donnerer war einer von den anderen zwölf Jüngern, er hat längst das Martyrium erlitten.

Und wer war dann dein Johannes Lieblingsjünger? wollte sie wissen. Ich erklärte ihr, dass mein Johannes eher so eine späte Beziehung zu Jesus hatte, er war erst beim letzten Abendmahl richtig dabei. Aus der Zeit davor hatte mir Johannes nicht wirklich viel erzählen können.°

Meine Damen und Herren,

so verlief das Gespräch mit meiner Wirtin. Ich muss leider sagen: Ich habe kein Haus der Maria gefunden, allen Gerüchten zum Trotz. Die vielen Christen, die nach mir noch nach Ephesus kommen werden, bis hin zum Papst persönlich, und so manche Moslems sogar, alle, um Marias Haus zu besuchen, die wissen da mehr als ich. Das ist keine wirkliche heiße Spur zur Mutter des Herrn.

Stattdessen habe ich ja jetzt eine andere Spur. In dieser Herberge bekam ich durch meine Kontakte das Pergament in die Hand, das ich Ihnen vorlas. Mit den Bildern von der himmlischen Frau und dem herabgestürzten Drachen. Womöglich weiß Johannes der Seher mehr über Maria.

Interessant, nicht? Ich hätte nie gedacht, dass ich mal einem Seher so fast beim Arbeiten zusehen kann. Richtig zugesehen habe ich ja auch nicht. Dieser Johannes wohnt als Verbannter auf einer Insel dieser Region hier. Patmos. Man müsste, wollte man ihn aufsuchen, nicht nur unten am Hafen ein Boot mieten, und eine mehrstündige Überfahrt riskieren, sondern man müsste auch durch die Kontrollen durch.

Sie merken, dafür bin ich zu vorsichtig. Aber auch so habe ich Folgendes über Seher gelernt. Sie haben die Aufgabe, Visionen zu sehen und auf Papier zu bringen. Die meiste Zeit sammeln sie. Sie sammeln Geschichten, Bibelverse, Mythen, persönliche Eindrücke, Predigten – alles, was man kriegen kann – in ihren Schubladen und in ihrem Unterbewusstsein. Sie nehmen sich Zeit für Gebet und Meditation. Und wenn die Zeit da ist, und wenn Gottes Geist es will, dann erwachen in ihnen neue Bilder. Bilder, die an alte Bilder erinnern und doch neu sind. Und die schreiben sie auf.

Ich bin schon beeindruckt von dieser Himmelsvision Johannes des Sehers. Sie ist in dieser Atmosphäre der Unterdrückung entstanden, unter Kaiser Domitian. Das merkt man ihr an. Und sie drückt dennoch diese große Sicherheit aus. Wenn wir auch Not erleiden – in wirklicher Gefahr ist Mutter Kirche nicht. Die Zeit der Not ist begrenzt. Ich denke mir: der eine oder andere kann sich gut unter dem Mantel so einer Mutter Kirche verstecken. Also unter dem Mantel der Mutter Maria ...

Schön und gut. Jetzt... wissen Sie, je mehr ich darüber nachdenke, frage ich mich, welche Spur überhaupt eine

Spur ist. Ich sitze in meiner Herberge, und brüte nach über die Mutter des Herrn. Ich habe in meiner Tasche noch eine wichtige Schriftrolle, nämlich vom Evangelisten Matthäus. Ich bin ja nicht der einzige Evangelist. Da muss man schon ein wenig in das hineinschauen, was andere geschrieben haben. Matthäus schreibt Sachen über Maria, die ich für missverständlich halte. Ich bin mir jetzt schon ziemlich sicher, dass ich, Johannes, das weglassen werde.

Das mit der Jungfrau, die ein Kind kriegt. Da weiß ich nicht so recht. Nicht nur, weil das ja fast ein bisschen Marias Privatsphäre ist. Sondern weil das Wort auch missverständlich ist. Jungfrau. Klar, Matthäus will damit sagen, dass Jesus ein göttliches Kind war. Das einen himmlischen Vater hat. Das will ich auch selbst in mein Buch schreiben. Und ich kann auch verstehen, dass Matthäus diesen Jesajavers so wunderschön gefunden hat, den man alle Weihnachten in der Gemeinde hören kann:

Seht, die junge Frau wird schwanger werden und einen Sohn zur Welt bringen.
Und der Name, den man ihm geben wird, heißt Immanuel, Gott-mit-uns.

Das ist das höchste Wunder, das man sich denken kann. Also, das Gott-mit-uns.

Jetzt aufgepasst: Jesaja schrieb: junge Frau.

Jetzt: er schrieb das auf Hebräisch. Jemand hat es später ins Griechische übersetzt, und dieser jemand hat gemeint, junge Frau – das meint sicher Jungfrau. Hat also auf Griechisch Jungfrau hingeschrieben. Jetzt spricht natürlich Matthäus griechisch, jetzt hat er den Jesaja auf Griechisch gelesen, und hat gefunden: Jungfrau Maria. Und hat gefunden: das ist ein super Symbol. Maria die Mutter, der Heilige Geist der Vater. Jungfrau super Symbol. Aber da ist Matthäus der einzige Evangelist, der es so schreibt.

Wollen Sie meine Meinung dazu hören? Es ist ein schönes Symbol, ja, aber ich lasse es weg. Sonst denken manche Leute, dass Jungfrau biologisch gemeint ist. Sonst denken manche Leute am Ende, dass Sexualität etwas Schlechtes ist für den Sohn Gottes. Ich hoffe sehr, dass solche Missverständnisse nicht aufkommen. Es sind genug Missverständnisse im Umlauf. Phantasien kommen auf. Wir haben Gerüchte in unserer Gegend, dass Maria mit einem römischen Zenturio was gehabt hätte. Also, sie sehen, ein Gerücht, das auf einem Missverständnis beruht. Das Thema lasse ich weg.

Wissen Sie was, ich lasse überhaupt alles aus den Kindertagen Jesu weg. Es wäre zwar eine schöne Einleitung, wenn ich von der Geburt Jesu etwas schreibe, aber es gibt auch eine andere schöne Einleitung. Ich nehme eines von unseren neuen Liedern:

Am Anfang war das Wort,
das Wort war bei Gott,
und Gott war das Wort,
und das Wort wurde Fleisch.

Dann weiß jeder: Das ist Poesie, mit einer tiefen Bedeutung, und wir hoffen, dass es weniger Missverständnisse erzeugt. Ach aber, dann kommt Maria nicht vor. Was nehme ich dann?

Das mit der Himmelskönigin von Johannes dem Seher, wie die ihr Kind kriegt? Die Mutter aller Verfolgten? Nein, ich schreibe ja ein Evangelium, keine Visionen. Oder schreibe ich, dass Maria im Haus des Johannes Lieblingsjünger die Hausmutter gewesen ist? Die Mutter der Hausgemeinde? Vielleicht nicht hier in Ephesus, aber dann in Syrien oder Palästina? Aber da habe ich ja auch nichts Konkretes.

Und wissen Sie was? Meine ganzen Nachforschungen überhaupt, ich lasse das sein. Irgendwann muss Schluss sein, ich fange jetzt an zu schreiben.

Es gibt noch eine gute Geschichte, die ich in der Hinterhand habe, weil sie bei uns in meiner Heimat weitererzählt wird, und die nehme ich jetzt. Vor allem, weil sie etwas über eine ganz normale Mutter sagt, die allerdings ein göttliches Kind hat. Ich stelle mir vor, dass die Beziehung dieser beiden nicht ganz leicht sein dürfte.

Also: Das Hochzeitsfest von Kana.

Das nehme ich ganz weit vorne, gleich Kapitel zwei. Es war so:

Wir befinden uns in Galiläa, wo alles anfing. Hier gibt es die Ortschaft Kana, nicht zu weit von Nazareth aus. In Kana fand eine Hochzeit statt, eine große, mit sehr vielen Gästen. Maria nahm daran teil, und Jesus und seine Geschwister und manche Schüler waren ebenfalls da.

Während des Festes ging der Wein aus. Wenn unter den Gästen eine Hausfrau ist, die merkt so etwas vielleicht als Erste. Sie sieht das, wenn im Hintergrund jemand hektisch hereinkommt. Sie errät, wer das ist, der dort jetzt mit den Kellnern tuschelt. Es muss sozusagen der Eventmanager sein. Einen Krug dreht er kopfüber, man sieht: Da ist nichts drin. An so einer Bewegung, halb hinter den Kulissen, merkt eine Hausfrau, was los ist.

Maria sagt zu ihrem Sohn: Sie haben keinen Wein mehr!

Jesu Antwort darauf: Ist das deine Sache, gute Frau, mir zu sagen, was ich zu tun habe? Meine Zeit ist noch nicht da.

Wir kennen solche Momente, wo zwischen dieser Mutter und diesem Sohn hier die Kommunikation nicht ganz glücklich verläuft. Was tun? Maria könnte perplex schweigen. Oder sie könnte sich Vorwürfe machen: ich mische mich zu viel ein. Oder Resignation: wer bin ich denn noch für ihn? Sie kann ihm jetzt jedenfalls nicht mit Erörterungen kommen: Jesus, ich habe gar nicht gesagt, dass du etwas tun sollst – habe ich wirklich nicht! Was du da gehört hast, ist was anderes, als was ich gesagt habe. Hörst du Aufträge, wo niemand einen gegeben hat? Ich habe nur gesagt: Sie haben keinen Wein mehr... Aber alles das würde klingen wie eine Gardinenpredigt. Doch nicht bei einer Hochzeit! Nein, so hat sie es auch nicht gemacht, und daher wird es auch nie so erzählt.

Nein – Maria weiß einen Weg. Ihr ist klar: Was Jesus entscheidet, das ist nicht ihre Sache. Aber sie weiß auch, was sie selbst will. Sie will, dass Jesus der ist, der er ist. Und wenn er Gottes Sohn ist. Die Leute sollen da drauf kommen. Sie stößt das an. Jetzt.

Maria stupste zwei Kellner an, und zeigte ihnen Jesus, und flüsterte: Tut, was immer er euch sagt!
In der Nähe standen sechs riesige steinerne Wasserkrüge. In jeden gingen rund hundert Liter hinein. Man nimmt sie für die Waschungen des jüdischen Gesetzes.
Jesus sagte den Kellnern: Füllt diese Krüge mit Wasser!
Jesus hat bestimmt keine Waschungen im Sinn. Wir wissen, dass er die Reinheit eines Menschen anders definiert. Jetzt hat er anderes vor. Das wird man gleich sehen.
Die Kellner füllten die Krüge bis zum Rand mit Wasser.
Dann sagte er: Bringt jetzt eine Kostprobe dem Event-Manager.

So machten sie es, obwohl es ihnen seltsam vorkam, dass man Wasser vorkostet. Und der Mann kostete. Und was er da trank, war Wein. Der Mann hatte nichts mitbekommen. So wusste er nicht, wie ungewöhnlich dieser Wein zu Stande kam. Er winkte nur den Bräutigam zu sich und sagte zu ihm:

Dieser Wein ist unglaublich. So ein Bouquet mit Lilien vom Felde. Sanft, leicht trägt er sich auf der Zunge, und im Abgang dieser erdige Ton von Narde. Jeder andere bietet seinen Gästen zuerst den guten Wein an. Und wenn sie dann reichlich getrunken haben, dann den weniger guten, das fällt nicht auf. Du aber hast den besseren Wein bis zum Schluss zurückbehalten!

Und so wie der Event-Manager, staunte dann auch der Bräutigam. Dabei staunten sie beide über Nebensächliches. Nur wenige wussten, was wirklich geschehen war.

Meine Damen und Herren,

So ungefähr schreibe ich es. Diese Begebenheit in Kana in Galiläa ist ein erster Ausdruck für die Macht Jesu. Es ging nicht um etwas so genanntes Sinnvolles, sondern um etwas Fröhliches. Seine Herrlichkeit wurde bei einem Fest sichtbar, und seine Jünger glaubten an ihn. Maria freute sich. Das Hochzeitsfest mit einem Bräutigam von Kana wurde zu einem Hochzeitsfest mit ihrem Sohn, zu einem Fest mit dem Herrn der Welt. Maria hatte vor dreißig Jahren Jesus zur Welt gebracht, und jetzt hat sie noch einmal ein bisschen Jesus in die Welt gebracht. Das soll sie wissen, falls sie manchmal das Gefühl haben sollte, ihr Sohn macht doch nur, was er will.

Danach ging sie mit Jesus, mit seinen Geschwistern und seinen Jüngern nach Kafarnaum hinunter. Und dort blieben sie einige Tage.

So bin ich zufrieden. Das ist doch ein guter Abschluss für meine Recherchen.

Ach, Maria. Manchmal hatte ich das Gefühl, dass mir die Luft dabei ausgeht. Könntest du nicht einmal... ich meine: Dass du dann vielleicht deinem Sohn auch so einen kleinen Wink geben könntest? So: Jesus, schau, dem Johannes, dem ist die Luft ausgegangen. Und dann wird dich Jesus zwar vielleicht fragen, ob es deine Aufgabe ist, zu sagen, was er tun soll? Und so weiter, und am Ende wird er mir vielleicht doch helfen. Das wäre schon schön. Aber ich weiß schon, was du mir antworten wirst, Maria. Du wirst mir sagen: Was *er* euch sagt, das tu.

Und für mich war es das dann auch. Ich habe in Ephesus meine Aufgabe erfüllt, habe hier nichts mehr zu suchen. Ich breche auf. Vielleicht wollen Sie mitkommen zu anderen Abenteuern.

– ℵ ℵ ℵ ℵ –

Nachbemerkung zur Mariaerzählung

Streng historisch gesehen, könnte man von Maria an Realem womöglich nichts erzählen als drei Dinge: Sie war Jesu Mutter; sie kam gelegentlich nicht an ihn heran; und sie muss in der Urgemeinde eine Rolle gespielt haben. Sonst gibt die Bibel nichts an irdischen Fakten her. Alles andere sind Glaubensaussagen der ersten Christen und Evangelisten. Man kann also mit einem der Evangelisten eine Theologie Marias erzählen. Aber mit welchem? Es wird hier eine Erzählung versucht, die sich an Lukas anlehnt, dann auch Johannes, aber auch mit einem Blick hinter die Kulissen. So etwas ist subjektiv und willkürlich. Dennoch sind die Grundgedanken begründbar:

1) Wir wissen natürlich nichts über das Aufwachsen Jesu im Elternhaus. Doch alles, was er an Lebenserfahrung aus Haus und Hof in seine Predigt einbrachte, sind augenscheinlich praktische Beobachtungen. Die kann er überall gemacht haben, aber begonnen hat es ja doch bei den Eltern. Ich kann, historisch gesehen, durchaus die falschen Beispiele in Marias Familienhöhle verlegt haben; das Prinzip ist aber nicht falsch. Die Perikope vom Kind Jesus im Tempel scheint mir das auszudrücken: dass eine jüdische, gemäßigt tempel-religiöse Erziehung der Eltern der Ausgangspunkt von Jesu Glauben und Predigt war. Ausgangspunkt im doppelten Sinne von „Grundlage", wie auch „zurückgelassener Ort". Dies gilt für die Beziehung Jesu zum Tempelkult im religiösen wie zu seinen Eltern im familiären Sinn. Somit hat aber Jesus bzw. seine Predigt seiner Mutter ganz sicher etwas zu verdanken. Das ist es, was der mittlere Erzählteil darstellt. Dass außerdem Jesus, wenn er die Kinder als Vorbild anschaut, eine gute Kindheitserinnerung hat, ist für mich kaum anzweifelbar. Wenn sodann die Kindheitserzählungen der Maria in den Mund gelegt werden, dann ist das eine mariologische Entscheidung, die bereits Johannes in der Kana-Perikope traf: Maria bringt den Sohn Gottes in die Welt.

2) Wir wissen auch fast nichts über die Beziehungen Jesu zu seiner Mutter und seinen Geschwistern (aus welchen die spätere Tradition Stiefgeschwister oder gar Cousins machte). Aber die einzelnen Konstellationen sind real, und sie sind von Interesse, und real ist auch, dass sie vor und nach dem Tod Jesu variieren, weil das ein Grunddatum menschlichen Lebens ist. Damit kann man erzählerisch spielen, und man muss es geradezu, wenn man das Menschsein Jesu ernst nehmen will. Dabei ist egal, ob Maria unter dem Kreuz anwesend war – nur Johannes erzählt das, und er konstruiert damit eine rahmende Rolle Marias am Anfang und am Ende des irdischen Wirkens Jesu. (Immerhin beansprucht der Evangelist den Lieblingsjünger als Zeugen für diese Auskunft.) Oder ob sie in der vorpfingstlichen Urgemeinde anwesend war – wie es Lukas überliefert, und er überliefert damit zunächst nur ein Marienbild des ausgehenden ersten Jahrhunderts. Wichtig ist, dass es für die irdische Maria einen Unterschied macht, ob ihr Sohn zu Tode kommt; ob sie ihn fördern und schützen kann oder nicht; ob sie im sozialen vor- und nachösterlichen Umfeld Jesu einen Platz hat oder nicht. Das sind unweigerlich die Themen, die ein Mutter-Sohn-Verhältnis bestimmen. Wenn man sie auf eine tiefenpsychologische Ebene bringen will, ist m. E. mit jeder Maria-Jesus-Geschichte die Thematik der Individuation angesprochen: Die Selbst-Werdung Jesu, und genauso seiner Mutter. Theologisch gesehen, ist die Individuation ein Thema des Verhältnisses von Gott und Mensch. Johannes beschreibt exemplarisch in seiner Kana-Erzählung sowohl die Individuation als auch das Gott-Mensch-Verhältnis als prozesshaft und als gelungen. Das Verhältnis von Maria und Gottes Sohn bezeichnet er, immer noch in der Kana-Perikope, so: Mensch und Gott begegnen einander in einer Beziehung, die sich von einem entwicklungshemmenden Machtverhältnis befreit, aber auch frei wird von einem Streben nach größtmöglicher Unabhängigkeit. Denn Unabhängigkeit an sich ist ja kaum

die Bedeutung von Individuation, jedenfalls nicht im johanneischen Verständnis. Sondern diese Beziehung beruht auf der gegenseitigen Ermöglichung der Verwirklichung des eigenen Wesens: Schöpfer und Geschöpf, als in einem Zusammenspiel beider. Ohne dass Johannes es eigens erwähnt, ist das die ureigene Rolle der Mutter Gottes: derer, die Gott zur Welt bringt. Wenn sie nicht unbeteiligtes Gefäß der Gottwerdung sein soll, oder bloße Erzeugerin eines bloßen Menschen, oder gar umgekehrt zu einer Göttin werden soll, die einen Gott gebiert. Stattdessen wird hier Gott Gott, Christus Christus, Maria Maria.

3) Die auf andere Weise erfundene Erzählung vom Aufenthalt des Evangelisten in Ephesus dekonstruiert sich quasi von selbst, insofern diese Erzählung die Dekonstruktion von altkirchlichen und mittelalterlichen Marien- und Johannesbildern vollzieht: Jungfrauengeburt, Himmelskönigin, Gleichsetzung diverser Personen mit Namen Johannes, Aufenthalt des Johannes und der Maria in Ephesus. Mit Dekonstruktion ist hier gemeint: der rein symbolische Charakter, manchmal auch die Unmöglichkeit dieser Aussagen wird sichtbar. Mit der Tradition vom Haus der Maria in Ephesus konkurriert die Tradition der Dormitio in Jerusalem. Von einem Presbyter (d. h. „Alten") Johannes hatte Papias (um 140 n. Chr.) gehört; wir wissen nicht, wo er in Kleinasien lebte. Dass der Evangelist in Ephesus gewesen sei, meinte Irenäus (um 170 n. Chr.), der ihn aber mit dem „Herrenjünger" *und* Jünger Johannes identifizierte, was kaum ein Forscher ihm abnehmen will. Auf all dieses spielt meine Erzählung an. Eusebius (4. Jh.) will den Seher und den Evangelisten – beide angeblich begraben in Ephesus – unbedingt voneinander unterscheiden. Der Johanneskommentator Charles Barrett sieht versuchsweise den Jünger Johannes als Zeugen und Tradenten in Ephesus, unterscheidet aber von ihm die Verfasser und Herausgeber von Evangelium, Briefen und Apokalypse als seine mehr oder weniger selbständigen

Schüler. Für den dritten Teil der Erzählung wurde aus den vier Evangelisten Johannes ausgewählt, weil seine Darstellung der Maria am meisten eine irdische ist. Er wurde auch gewählt, weil Maria über den Lieblingsjünger irgendwie mit ihm personell verknüpft ist. Ephesus wurde gewählt, weil es in der Marienlegende wie auch in der Johannestradition eine vermeintliche Rolle spielt. Ferner, weil Patmos nicht weit ist, und weil die Kulte des Diokletian *und* der Diana/Artemis in Ephesus angesiedelt sind – beides wiederum für den Seher von Patmos bedeutsam, und für sein Marienbild. Die Verbindung des Evangelisten zum Seher durch Boten ist erfunden, unabhängig davon, dass manche Forscher in der Tat die Vermutung irgendeiner solchen Verbindung unterstützen. Das letzte Jahrzehnt des ersten Jahrhunderts wurde – vereinbar mit der Ansicht vieler Forscher – als Entstehungszeit dieses Evangeliums gewählt, weil sie zu einer Entstehungszeit der Apokalypse passt, die wiederum von einer Mehrheit angenommen wird. Dass der Evangelist synoptische Evangelien kannte, ist umstritten, aber möglich. Unabhängig davon ist es sehr wahrscheinlich, dass er bewusst auf ihm bekannte Geburtsgeschichten Jesu verzichtet hat bzw. sie durch die Kana-Erzählung repräsentiert.

4) Meine Auffassung schließlich, dass sich die apokalyptische Vision von der Frau, auf zwei Ebenen, auf Maria *und* auf Mutter Kirche bezieht, könnte wie ein fauler Kompromiss aus altkirchlicher Tradition (Maria) und moderner Exegese (Kirche) erscheinen. Dahinter steht meine Meinung, dass apokalyptische Bilder niemals eindimensionale literarische Konstruktionen sind (das sind sie sicher auch), sondern dass sie mehrdeutig sind durch mehrfachen Gebrauch von Texten und durch deren Wachstum, und eben durch die Wirkung des Unterbewussten. Es scheint mir belegbar zu sein, dass die „Apokalyptiker" nicht nur literarischer Arbeit, sondern meditativ-asketisch-ekstatischer Praxis nachgingen.

Außerdem muss es – das versuche ich in allen drei Teilen anzudeuten – einen auch geschichtlich greifbaren Grund dafür geben, dass Maria von der Mutter Jesu zur Repräsentantin und Schutzpatronin der Kirche wurde, auch wenn dieser Prozess am Ende des ersten Jahrhunderts erst am Anfang stand. Dieser Grund ist nicht bloß in den religiösen Gewohnheiten eines hellenistischen Kontextes zu sehen, oder im Sinne des Archetypus, wo beide Male die weibliche Seite der Gottheit bedeutsam ist. Sondern die historische Maria muss m. E. den Gemeinden konkret etwas gegeben haben. Wenn ich die Kana-Perikope in diesem Sinne auslege, nämlich dass Maria hier sozusagen als Gemeinde-Mutter handelt, dann geschieht das, weil ich glaube, dass auch der Evangelist mehr in Maria sieht als eine leibliche Mutter Jesu. Sie ist bei ihm gleich am Anfang eine Frau, die dem Sohn Gottes selbstbewusst Raum gewährt, was Mutter Kirche genauso auch zusteht – während bei den Synoptikern, wenn überhaupt, nur eine Mutter dargestellt wird, der der Sohn davonläuft. Übrigens ist Johannes Evangelista, dem ich in den Mund legte, er wolle Maria nicht als Gegenbild heidnischer Göttinnen stilisieren, mit seinem Weinwunderbericht nicht so weit weg von einer Gegendarstellung zu einer „heidnischen" Umwelt. Man kann kaum anders, als in der Kana-Perikope eine Anspielung auf den Gott Dionysos mit seinen Weinwundern zu sehen. Selbst wenn dieser Mythos bereits von Philo judaisiert worden war durch die Auslegung, dass statt Dionysos nun der göttliche Logos die Rolle des göttlichen Weinschenks spielt, wird auch Johannes nicht bloß von Philos Tradition abhängig sein, sondern als Zeitgenosse des Hellenismus auch selbst an den Gott des Weines gedacht habe müssen. Im Mythos hat Dionysos eine Amme – womöglich ist also die Maria der Kana-Perikope doch so eine Art Gegenmodell zu derselben.

Digestif

Nachwort und Nachweise

Wenn man Geschichten neu erzählt, könnte in Vergessenheit geraten, wie sie „wirklich" gehen. Wer dann ins Original blickt, stellt mitunter fest, dass man sich ohnehin längst seine eigene Variante eingeprägt hat. Oder dass sich das eigene Verständnis der Erzählung im Lauf der Jahre verändert hat. Das ist ja nicht das Schlechteste, wenn nämlich gemeint ist: Ich verstehe immer besser, und: wir verstehen immer besser. Als Korrektiv gibt es weiterhin das Original.

Vieles spricht tatsächlich dafür, biblische Geschichten neu zu erzählen. Der wichtigste Grund: Wir dürfen nicht vergessen, dass jedes Lesen Interpretation ist. Auch das Lesen der vermeintlichen Urform einer Geschichte ist Interpretation, weil man nicht hören kann ohne zu deuten. Nur die Urform zu lesen, ist nicht die Lösung.

Zwischen all den schwarzen Buchstaben eines Textes, so sagen es die Erforscher der Midraschim, gibt es noch viel mehr „weißes Feuer". Das weiße Feuer wird beim Hören lebendig und klingt unterschiedlich in unterschiedlichen Ohren. Was hat Sara in der Bedrängnis empfunden? Wut? Scham? Mut? Beim Hören meinen wir es intuitiv zu wissen. Erzähle ich dir dagegen meine Wahrnehmung, dann erst merkst du, dass du eine andere hast. Und dass die eine die andere nicht einmal immer ausschließt.

Schon viel länger zeigte uns die historisch-kritische Bibelauslegung: viele Geschichten, die wir zu verstehen meinen, werden von uns meist nur so verstanden, wie es die Generationen vor uns verstanden haben. Aber oft nicht so, wie sie bei ihrer Entstehung gemeint waren. Den Abraham haben wir seit langem durch die Brille des Paulus und des Hebräerbriefs erzählt: Abraham, Vater des Glaubens. Ist er aber nicht ursprünglich ein Vater des Gottesbundes? Und es gab noch andere Varianten. In der Antike konnte Abraham als Entdecker des Monotheismus erzählt werden. Oder als Träger eines israelitischen

Nationalismus, genauso wie umgekehrt eines hellenistisch-jüdischen Universalismus. Elia wurde von den Kirchenvätern zu dem Propheten gemacht, der Dürre und Regen schicken kann. Aber hatte er nicht das Wetter nur angesagt? In Felix Mendelssohn-Bartholdys Elias-Dichtung findet sich die geschickte Formulierung, der Prophet hätte „durch das Wort Gottes" die Dürre gebracht. Das orientalische Ambiente des Vier-Gänge-Menüs erinnert uns daran, dass die Erzählungen aus einer anderen Welt stammen, und als etwas Fremdes nicht ohne weiteres von uns im ursprünglichen Sinn verstanden werden.

Um zu veranschaulichen, wie sehr sich eigene Auslegungen über die alten Geschichten gelagert haben, erzähle ich manchmal solche inner- und außerbiblischen Traditionen mit. Man kann ja dazusagen, woher die eingefügte Passage stammt – wieso soll der Erzähler nicht manchmal aus seiner binnen-textlichen Perspektive aussteigen? In seltenen Fällen halte ich es sogar für sinnvoll, mitzuerzählen, dass die vorliegende biblische Geschichte selbst schon ein Produkt einer längeren Erzählungs- und Interpretationsgeschichte ist. Das ist etwas, wofür in einer Predigt meistens kein Platz ist, an einem Erzählabend aber schon.

Schließlich: aus hermeneutischen Gründen *muss* man Geschichten sogar neu erzählen. Was ist die Wahrheit des Abraham und des Elia in einer modernen Zeit, wo Kinderopfer und Priestermorde nicht mehr diskutabel sind? Für den biblischen Erzähler war Kindermord diskutabel. Wäre ihm klar, dass Gott gegen Kinderopfer ist, würde er Abraham nicht loben für seinen Gehorsam, sondern tadeln, dass er überhaupt zu einem Kindermord losgezogen ist. Wenn sich also in diesen alten Geschichten noch Wahrheiten für heute finden, dann erst im Dialog der alten Geschichte mit meiner eigenen Zeit. Als Baruch frage ich das moderne Publikum, was für dieses von Jeremias Gottesbild noch übrig ist. Als Paulus weise ich darauf hin, dass in ethischen Fragen für das 1. Jahrhundert andere Anforderungen gelten als für das 21. Dass Glaube Deutungsveränderungen erlebt, dass in alten Texten neue Wahrheiten zu finden sind, das wussten schon die „Alten". Der Orientale Narsai von Nisibis (5. Jh.) versuchte den Massenmord Elias an den Baalspriestern so zu verstehen, dass hier der Prophet erstens den eigenen Zorn kennenlernen und zweitens diesen von Gottes Zorn unterscheiden lernen musste – eines Gottes, der in Wahrheit im Säuseln ist und nicht im Feuer. Das passt besser zu einem barmherzigen Gottesbild. Dann hätte Elia mit seinem Massenmord nicht Recht gehabt. Narsais Verständnis steht aber „so nicht drin"; der biblische Text unterstützt möglicherweise die Interpretation, dass Gott dem Elia Recht gab.

Wer selbst erzählt, muss oft Entscheidungen treffen. Entweder ich lasse es so, wie es das Original vorgibt, oder eben nicht. Es gibt kein „vielleicht". War Lukas ein Begleiter des Paulus? Hatte Jeremia Eingebungen? Sind Tobits Dämonen materielle Geister? Hat Abraham seine Frau zweimal als seine Schwester ausgegeben oder fasst man das als Motiv-Dublette zu einer Episode zusammen? Kommentare und Auslegungen haben es leichter, sie können Deutungsmöglichkeiten anbieten und sich hinter Abstraktionen verstecken. Im Gegensatz dazu zwingt das Erzählen, konkret zu sein. Und, zumindest bei der Ich-Perspektive, es drängt dazu, Farbe zu bekennen. Wie will ich jenes Ereignis werten? Sind die Betrügereien Jakobs in Ordnung? Warum denkt Rebekka so anders als Isaak? Wie geht es Jakob mit seinen Kindern? Kann Gott Abraham den Auftrag gegeben haben, Isaak zu schlachten – oder hat Abraham nur etwas falsch verstanden (bzw. hatte ein falsches, aus seiner Zeit heraus vielleicht nachvollziehbares Bild von Gott)? Bei Abraham hat es ein Religionsgeschichtler leichter. Er gibt die Auskunft, dass sich hier ein wichtiger religionsgeschichtlicher Schritt alter Zeit spiegelt, nämlich die Abschaffung des Menschenopfers. Wer aber konkret erzählen will, muss sich für ein Gottesbild, für eine Wertung entscheiden. Erzählen wird zu einer Methode der Theologie und ist nicht bloß ihr Ergebnis.

So gesehen, erscheinen die rein praktischen Gründe, neu zu erzählen, fast nebensächlich: Man kann langatmige Passagen kurzweilig machen. Man kann umfangreiche biblische Bücher an das Maß der Aufnahmefähigkeit eines Abendpublikums anpassen. Man kann allzu Verdichtetes so aufschlüsseln, dass es lebendig und verständlich wird. Man kann Sacherklärungen und verstehensnotwendige Hintergründe spielerisch einfließen lassen. Was ist eine Terebinthe? Wer ist Baal? Wie reist man nach Rom? Wie ging es in Korinth zu? Was ist eine Mysterienreligion? Man kann witzig sein, weil die Geschichten auch schon früher der Unterhaltung dienten. Man kann Dramatik einsetzen, wo der Ernst der Lage verstanden sein will. Mir tut es gut, wenn ich anderen Erzählern anmerke, dass sie Zeitgenossen sind, die vor dem Erzählen nachgedacht haben und die dabei nicht unbewegt blieben.

Nachweise

Darf man auch etwas „neu erzählt" nennen, das von anderen Erzählern und Forschern schon längst so erzählt worden ist? Vielleicht darf es gerade der Geschichtenerzähler, wenn er ihnen dadurch seine Reverenz erweist. Und wenn man wenigstens den Anmerkungen anmerkt, woher die Ideen stammen.

Sara und Abraham: Tor Åge Bringsværd (Die wilden Götter) erzählt vom Göttlichen wunderbar menschlich und notfalls komisch, zumal wenn Gott auf Erden unterwegs ist. Egal ob ein nordischer, griechischer oder der abrahamitische Gott – amüsant darf es klingen, wenn er in Mamre einen Besuch abstattet. – Abrahams Ehefrau Sara ist im Dialog mit Stefanie Pilhofer, und die Sara meines Tobias ebenso im Dialog mit Stefanie Amberger entstanden. So konnten hoffentlich all die Verfälschungen etwas korrigiert werden, die entstehen, wenn ein Mann Frauengeschichten erzählen will. – Wer mehr über das sich wandelnde Bild von Sara und Abraham erfahren will, also ihre beachtliche Wirkungsgeschichte, kann die recht geballte Quellensammlung von Peter Hieke einsehen unter https://www.bibelwissenschaft.de/stichwort/12288/. – Ob nicht Sodom in seinen eigenen Ölvorkommen verbrannte, fragt u. A. Werner Keller (Und die Bibel hat doch recht).

Jakob: Bei dem großen Erzähler Michael Köhlmeier findet sich jene kluge Frage der Rebekka, was eigentlich ein Erstgeborener ist, wenn doch der Mutterleib als dünnwandiges Gefäß zu betrachten ist, in welches erst hineingegeben werden muss, was nachher herausgeholt wird. Auch an so manchem anderen Detail merkt man, dass ich seine Jakobserzählung schätze. – Die Liebesäpfel des Ruben gehören höchstwahrscheinlich derselben Pflanzenart an, die der Zaubereischüler Harry Potter unter dem Namen der Alraune kennenlernte. Dessen geistige Mutter Joanne K. Rowling verrät uns außerdem den Trick, wie man mit den Wurzeln der Pflanze umgehen muss. Ruben selbst musste ohne Kenntnis des Tricks klarkommen.

Josef: Josefs Erstbesitzer Potifar symbolisiert hier die Begegnung zweier Kulturen, Religionen und Wertsysteme. Karikierend verzerrt, kommt er dabei klar schlechter weg als Josef. Dennoch kamen echte ägyptologische Grundkenntnisse zum Einsatz, etwa nach Emma Brunner-Traut.

Elia: Dass man mit Elias persönlicher Gefühlslage etwas vorsichtig sein muss, wussten schon Kirchenväter wie Narsai von Nisibis. Ihre Deutungen der Eliaüberlieferung stellte seine Namens*kusine*, Schwester Éliane Poirot vom Karmel, in mehreren Monographien zusammen. Zum Zorn des Elia, und wie er ihn am Berg Horeb von Gottes Barmherzigkeit zu unterscheiden lernte, siehe ihr Élie, Archétype du Moine. Pour un ressourcement prophétique de la vie monastique. – Dass außerdem das monatelange Wohnen dieses Gottesmannes bei einer Alleinstehenden zum Beispiel auch etwas Intimes hat, und anderes, wusste sein Namensvetter Elija Avital, der fahrende Erzähler.

Jeremia: Die Erzählung ist in Kenntnis des Forschungsüberblicks zu Jeremia von Georg Fischer entstanden (Jeremia. Der Stand der theologischen Diskussion). Dass Jeremia sehr komplex und chronologisch verschoben ist, merkt bereits, wer die Bibel selber liest. Entsprechend ist in der Forschung vieles unentschieden. „Original" kann man den Jeremia jedenfalls nicht erzählen.

Die *Danielgeschichten* selbst blieben relativ wortgetreu. Die erfundene Rahmenhandlung folgt der unter Forschern vorherrschenden „Makkabäerthese", wonach das Danielbuch in den politischen Umbrüchen der Makkabäerzeit entstanden ist – siehe Klaus Kochs Standardwerk (Das Buch Daniel). Rainer Albertz zählt Daniel zur spätprophetischen und apokalyptischen Widerstandstheologie dieser Epoche. – Der weise Rat des Daniel an König Nebukadnezar, sich nach sieben Jahren in der Wildnis zu baden und zu rasieren, stammt erst aus der Feder des mittelalterlichen Geschichtenerzählers Jans Enikel. Er geht in seiner Weltchronik ganz erstaunlich frei mit den biblischen Stoffen um, um dadurch Wertvorstellungen des stadtbürgerlichen Milieus zu bedienen, wie wir von seinem Erforscher Graeme Dunphy erfahren.

Das *Buch Tobit* ist in den biblischen Apokryphen zu finden und daher unter Protestanten wenig bekannt. Es ist in seiner Anlage als fiktiver Erbauungsroman aufzufassen, in welchem Werte der jüdischen Diaspora vermittelt werden sollen.

Paulus: Hier bot sich eine Zusammenschau des Galater- und des 1. Korintherbriefes mit der Apostelgeschichte an.

Siehe etwa Stephen Tompkins (Paulus und seine Welt); kritischer und mit am aktuellsten das Paulus-Buch von Oda Wischmeier. – Mein konfliktreicher Mittelteil ist von Walter J. Hollenweger angeregt, der gleich seine ganze Erzählung so überschrieb (Konflikt in Korinth. Memoiren eines alten Mannes). – Welchen großartigen Erzählungen meine Kelto-Galater ihre leicht fränkisierten Namen wie Glaubnernix und Hinderrix verdanken, bedarf wohl keiner Quellenangabe. – Darauf, dass Lukas der Paulusbegleiter war, als der er zeitweise in der Apostelgeschichte und auch hier erzählt, bestehe ich nicht. Wenn aber oft betont wird, Paulusbriefe und Apostelgeschichte würden in Darstellung und Theologie so voneinander abweichen, dass Lukas Paulus nicht gekannt haben könne, dann kann geantwortet werden: Antike Biographie hatte keinen Anspruch, Reden wörtlich wiederzugeben, sondern diente dazu, den Gedanken des Autors (hier dann: Lukas) Raum zu geben. Auch sind sachliche Unterschiede zweier Darstellungen oft einer Konfliktsituation geschuldet, sowie der Zielrichtung der Darstellungen.

Maria: Die Versammlung der Jüdin Maria mit Jesu Jüngern in Jerusalem als Trauergemeinschaft zu deuten, und anderes, geht auf Schalom Ben-Chorins Mariabuch (Mutter Mirjam) zurück. – Die Details über die Aussteiger zur Zeit Jesu, und auch etwa die Erbschaft der 39 Morgen Acker der Familie Josef, untersuchte soziologisch Gerd Theißen (Die Jesusbewegung). – Die Wohnhöhle der Maria erklärte archäologisch Walter Bühlmann (Wie Jesus lebte). – Vom Tontauben beatmenden Jungen Jesus erzählte zuerst das so genannte Kindheitsevangelium des Thomas (2. Jh.). – Um einen Evangelisten Johannes zu formen, mussten die Fragen zur Einleitung gestellt werden. Bei der Antwort halfen Werner Georg Kümmel (Einleitung zum Neuen Testament), sowie die Kommentare von Charles K. Barrett (Johannesevangelium) und Akira Satake (Offenbarung des Johannes).

Weitere Reverenzen und Referenzen sind hoffentlich nicht versehentlich ausgelassen geblieben. Aber es gibt noch solche von allgemeiner Art. Einen starken Eindruck im biblischen Erzählen erhielt ich durch Stefan Heyms „König David Bericht". Heym macht es möglich, dass eine Geschichte gemeinsam mit ihrer eigenen Entstehungsgeschichte inmitten eines schwierigen politischen und persönlichen Interessengemenges erzählt werden kann. Und er erzählt dazu noch ihre Botschaft so, dass sie alt und neu gleichzeitig ist. – Zu meinen jüngeren Eindrücken gehört die originell echte und adressatenbewusste Erzählsprache von Wolf Haas. Ob du's glaubst oder nicht. Hat sie dich einmal, entkommst du nicht mehr. – Die Weisheit, dass du auch dem weißen Feuer zwischen schwarzen Textbuchstaben sozusagen nicht entkommst, und dass du irgendwie damit umgehen musst, haben aus der Praxis des Midrasch Peter Pitzele und Uta Pohl-Patalong in die interkommunikative Bibelauslegung „Bibliolog" überführt (Bibliolog. Gemeinsam die Bibel entdecken). – Und der bereits genannte Hollenweger hat nicht nur – als er beim Evangelischen Kirchentag 1993 mit Hans-Jürgen Hufeisen das Buch Ruth erzählte – dazu ermutigt, in der Kirche „endlich einmal ein Spektakel" zu probieren. Sondern er argumentiert schon in seinem „Konflikt in Korinth", dass biblische Auslegung immer auch narrativ sein muss.

Zu guter Letzt danke ich den Wirtsfamilien Hilde und Rudi Koch, und Nicole und Jochen Schwab mit Andrea Wagner herzlich und mit hohem Respekt vor ihrem Koch-, Gestaltungs- und Organisationstalent! Diese neun Erzählungen wären ohne sie mit Sicherheit nicht entstanden.

– ‽‽‽‽ –